高等院校体育类基础课"十三五"系列教材

顾问 ◎ 胡声宇

运动营养学
Sports Nutrition

主　编　王广兰　汪学红
副主编　贾绍辉　柳　华　黄敏芳　郑　成
参　编　王　勇　王　娟　韩晓菲　王红俊　张　颖
　　　　陶　爽　魏玉琴　张思卓　闫成龙　张林成
　　　　索啸岩　周艳青　孙像鸿　蒋子豪　陈　鹏

华中科技大学出版社
http://www.hustp.com
中国·武汉

图书在版编目(CIP)数据

运动营养学/王广兰,汪学红主编.—武汉:华中科技大学出版社,2017.8(2024.8重印)
ISBN 978-7-5680-2934-6

Ⅰ.①运… Ⅱ.①王… ②汪… Ⅲ.①体育卫生-营养学 Ⅳ.①G804.32

中国版本图书馆 CIP 数据核字(2017)第 126890 号

运动营养学
Yundong Yingyangxue

王广兰　汪学红　主编

策划编辑:曾　光	
责任编辑:赵巧玲	
封面设计:孢　子	
责任监印:朱　玢	
出版发行:华中科技大学出版社(中国·武汉)	电话:(027)81321913
武汉市东湖新技术开发区华工科技园	邮编:430223
录　　排:武汉创易图文工作室	
印　　刷:武汉开心印刷有限公司	
开　　本:787 mm×1092 mm　1/16	
印　　张:17.5	
字　　数:410 千字	
版　　次:2024 年 8 月第 1 版第 15 次印刷	
定　　价:48.00 元	

本书若有印装质量问题,请向出版社营销中心调换
全国免费服务热线:400-6679-118　竭诚为您服务
版权所有　侵权必究

编委名单

主　编： 王广兰　武汉体育学院
　　　　汪学红　武汉体育学院
副主编： 贾绍辉　武汉体育学院
　　　　柳　华　武汉体育学院
　　　　黄敏芳　江汉大学体育学院
　　　　郑　成　武汉体育学院
参　编：（排名不分先后）
　　　　王　勇　武汉体育学院
　　　　王　娟　武汉体育学院
　　　　韩晓菲　湖北体育职业技术学院
　　　　王红俊　湖北文理学院
　　　　张　颖　湖北科技学院体育学院
　　　　陶　爽　黄冈师范学院
　　　　魏玉琴　武当山学院
　　　　张思卓　武汉商学院
　　　　闫成龙　武汉华夏理工学院
　　　　张林成　武汉工商学院
　　　　索啸岩　武汉体育学院
　　　　周艳青　武汉体育学院
　　　　孙像鸿　武汉体育学院
　　　　蒋子豪　武汉体育学院
　　　　陈　鹏　武汉体育学院

扫描二维码查看课件

前言

运动营养学是体育院校体育学和运动学类各专业的专业必修课,也是普通高等学校体育教育、社会体育、休闲体育、运动训练专业的一门主干课程。根据《教育部办公厅关于印发〈普通高等学校体育教育本科专业各类主干课程教学指导纲要〉的通知》(教体艺厅[2004]9号)的精神和各体育院系运动训练专业培养方案的要求,由武汉体育学院牵头,组织来自多所高校在运动损伤防护与急救方面具有丰富教学经验的教师,多次研讨编写了本教材。

编委为做好本教材的出版工作,在华中科技大学出版社的大力支持下,在充分调研的基础上,先后召开数次教材研讨会,广泛听取了一线教师对教材的使用及编写意见,力求在新版教材中有所创新、有所突破。

本教材根据体育专业培养目标与方向的要求,适当选入了本学科发展的新成果,并注意博采众长,强调整体优化以适应高校体育教育和运动训练专业学生特点的总体要求,无论是在实用知识的宽度上,还是在理论阐述的深度上,都力求能够满足当前体育教育和运动训练专业教育的需要。本教材的编写注重了对知识的成熟性、稳定性、实用性的选择,注重解决体育运动实践中的具体问题,使本教材既能供体育院校学生使用,也可作为体育教师、教练员及队医参考用书。

本教材具有以下几个方面的特点。

一、突出实用性,注重运动营养学知识在训练和日常生活中的应用

本教材注重基本技能和实践能力的培养,适当增加实践教学学时数,增强学生综合运用所学知识的能力。

二、强化精品意识

参编人员以科学严谨的治学精神,严把各个环节质量关,力保教材具有精品属性;对课程体系进行科学设计、整体优化,全面满足21世纪复合型人才培养的需要。

三、编写具有特色性

本教材设有"学习目标""本章提要""关键术语""课后作业"等模块,以增强学生学习的目的性和主动性,以及教材的可读性,强化知识的应用和实践技能的培养,提高学生分析问题、解决问题的能力。

参与本教材编写的成员有汪学红、贾绍辉、柳华、黄敏芳、郑成、王勇、王娟、韩晓菲、王红俊、张颖、陶爽、魏玉琴、张思卓、闫成龙、张林成、索啸岩、周艳青、孙像鸿、蒋子豪、陈鹏。在本教材再版的过程中,周艳青协助王广兰对全教材开展组织协调、交叉审稿等工作,王广兰最后统稿。

本教材在再版时,更新了部分教材内容,对发现的问题进行了修正。由于编写人员水平有限,本教材不可能面面俱到,不当之处在所难免,敬请广大教师、学生在使用过程中批评与指正。

王广兰

2022年6月于武汉

目 录

第一编　运动营养学基础

第一章　营养素　/3
第一节　概述　/3
第二节　蛋白质　/4
第三节　脂类　/10
第四节　糖（碳水化合物）　/15
第五节　维生素　/19
第六节　矿物质　/32
第七节　水　/44
第八节　食物纤维　/48
第九节　各营养素之间的关系　/50

第二章　能量　/53
第一节　能量的生理意义与能量单位　/53
第二节　能量的营养素来源　/54
第三节　人体的能量消耗　/55
第四节　能量消耗与需要量测定　/57

第三章　合理营养　/61
第一节　合理营养的一般要求　/61
第二节　中国居民膳食指南（2022）　/63
第三节　营养配餐与食谱编制　/68
第四节　合理烹调　/82
第五节　常见食物的营养价值　/87
第六节　食品安全　/107

第二编 运动员营养

第四章 运动员合理营养 /123
第一节 合理营养对运动的影响 /123
第二节 运动员合理营养的基本要求 /124
第三节 运动员膳食营养制定的依据与措施 /128
第四节 不同项群运动员的合理营养 /134

第五章 常见的运动营养补充剂 /140
第一节 有潜在益处的运动营养补充剂 /140
第二节 因缺乏足够证据而无法推荐的补充品 /147
第三节 不推荐的补充品 /150

第六章 运动饮料 /156
第一节 运动饮料的生理意义 /156
第二节 运动饮料的特征 /159
第三节 运动饮料的成分与分类 /163
第四节 运动饮料的饮用方法 /165
第五节 运动饮料的科学研究和实际应用 /166

第七章 运动员营养状况评定 /168
第一节 营养调查的目的 /168
第二节 膳食调查 /169
第三节 体格检查 /171
第四节 生化检测 /174
第五节 心理诊断 /175
第六节 营养缺乏病 /176

第三编 大众健身营养

第八章 健身运动的合理营养 /187
第一节 健身运动者合理营养的基本要求 /187
第二节 增强肌力健身人群的合理营养 /191
第三节 减少脂肪健身人群的合理营养 /198
第四节 增加体重健身人群的合理营养 /203
第五节 亚健康健身人群的合理营养 /208

第九章　不同健身人群的营养 /214

　　第一节　儿童、少年健身人群的营养　/214

　　第二节　中老年健身人群的营养　/222

　　第三节　女性产后运动康复的营养　/227

第四编　常见慢性疾病患者的运动营养

第十章　常见慢性病患者的运动营养 /235

　　第一节　高血压病患者的运动营养　/235

　　第二节　高脂血症患者的运动营养　/239

　　第三节　糖尿病患者的运动营养　/244

　　第四节　骨质疏松症患者的运动营养　/249

　　第五节　肥胖症患者的运动营养　/253

附录 A /257

参考文献 /267

第一篇
运动营养学基础

第一章 营 养 素

学习目标
(1) 掌握营养素的定义、种类及其基本功用；
(2) 掌握蛋白质的组成与分类、生理作用；
(3) 了解蛋白质与运动的关系、需要量；
(4) 了解人体蛋白质的来源及蛋白质营养价值的评定。

本章提要
健康长寿自古以来就是人类追求的美好目标。影响健康长寿的因素很多，除了遗传因素外，饮食营养无疑是最重要的因素，因为饮食营养提供了人类健康长寿的物质基础。随着人们生活水平的提高，一些与饮食营养有关的疾病现象的增多，使人们对营养越来越关注。而且，越来越多的人期望了解更多的营养方面的知识，从科学的营养角度来调整日常饮食及特殊时期的营养护理，从而增进健康、预防疾病。传统的饮食习惯已经面临挑战，吃得科学合理，讲究营养平衡，已成为公众提高生活质量的重要话题。人体所需的营养素有几十种，主要包括宏量营养素(蛋白质、脂类、碳水化合物)、微量营养素(矿物质、维生素)和其他膳食成分(食物纤维、水、其他生物活性物质)。本章详述常见营养素的功能、需要量及来源。

关键术语
营养素　运动　评定

第一节 概 述

食物中能够被机体消化和吸收，有生理功效，且为机体正常代谢所必需的营养成分，称为营养素。人体所需的营养素有几十种，概括为七大类：蛋白质、脂类、糖、水、矿物质、维生素、食物纤维。各类营养素有各自独特的功用，但在体内代谢过程中又密切联系。各类营养素的基本功用如图1-1所示。

```
                ┌ 糖(1%～2%)
    供给热量    │ 脂类(10%～25%)
                └ 蛋白质(15%～18%) ┐ 构成机体组织
                ┌ 水(55%～70%)     ┘
    调节生理机能│ 矿物质(5%～6%)
                │ 维生素(微量)
                └ 食物纤维(微量)
```

图1-1　人体各类营养素的比例和基本功用

营养素来自食物,一种食物不可能包含所有的营养素,一种营养素也不可能具有各种营养功用,因此,人体需要从多种食物中获得各种营养素。

第二节 蛋 白 质

一、蛋白质的组成与分类

蛋白质是一种化学结构非常复杂的化合物,主要由碳、氢、氧、氮四种元素构成,有的还含有硫、磷等元素。蛋白质含有氮是蛋白质与糖、脂肪重要区别之一,也是糖、脂肪不能代替蛋白质的原因所在。元素先构成氨基酸,许多氨基酸再构成蛋白质,所以氨基酸是构成蛋白质的基本单位。

食物蛋白质中的氨基酸有 20 多种,其中有一部分在体内不能合成或合成速度较慢,不能满足机体需要,但它又是维持机体生长发育、合成机体蛋白质所必需的,称为必需氨基酸。成年人所需的必需氨基酸有 8 种,儿童所需的必需氨基酸有 9 种。其他氨基酸在体内可以合成,而不是必须由食物蛋白质供给的氨基酸,称为非必需氨基酸。必需氨基酸与非必需氨基酸如表 1-1 所示。

表 1-1 必需氨基酸与非必需氨基酸

必需氨基酸	非必需氨基酸	
异亮氨酸	甘氨酸	羟脯氨酸
亮氨酸	丙氨酸	天门冬氨酸
赖氨酸	谷氨酸	胱氨酸
甲硫氨酸	*组氨酸	
苯丙氨酸	精氨酸	
色氨酸	胱氨酸	
苏氨酸	丝氨酸	
缬氨酸	酪氨酸	

*为儿童必需氨基酸

必需氨基酸与非必需氨基酸都是人体所需要的,各有其生理意义,两者保持适当比例,方能提高利用率,如成年人需要的必需氨基酸为总氨基酸的 20%,儿童需要的必需氨基酸为总氨基酸的 30%,婴儿需要的必需氨基酸为总氨基酸的 43%。

每种蛋白质至少由 10 种以上氨基酸构成。根据食物蛋白质的氨基酸组成情况,在营养学上将蛋白质分为三类。

1. 完全蛋白质

完全蛋白质含必需氨基酸种类齐全,含量充足,比例适当,不但能够维持成人健康,还能促进儿童生长发育。属这种蛋白质的有以下几类:奶中的酪蛋白和乳白蛋白;蛋类中的卵白蛋白和卵黄蛋白;肉类中的白蛋白和肌蛋白;大豆中的大豆蛋白;小麦中的麦谷蛋白;大米中的米蛋白；玉米中的谷蛋白等。

2. 半完全蛋白质

半完全蛋白质含必需氨基酸种类尚齐全，但含量不多，可维持生命，但不能促进生长发育，如小麦和大麦中的麦胶蛋白。

3. 不完全蛋白质

不完全蛋白质含必需氨基酸种类不全，不能促进生长发育，也不能维持生命，如玉米中的玉米胶蛋白，动物结缔组织和肉皮中的胶蛋白，豌豆中的豆球蛋白等。

另外，蛋白质也可按来源分为动物蛋白（肉、鱼、禽、蛋、奶等）和植物蛋白（粮谷、薯、豆类等）；还可按质量分为优质蛋白（动物蛋白＋大豆蛋白）和植物蛋白（大豆蛋白除外）。

二、蛋白质代谢及其调节因素

（一）代谢

机体中的蛋白质处于一种动态平衡，食物经由胃肠分解吸收运达全身组织。在组织中，氨基酸一方面合成组织蛋白、酶、激素，另一方面分解成α酮酸及氨。这些合成和分解，一般都是可逆反应，构成动态平衡。另外，某些氨基酸还具有特别的代谢途径，生成体内各种含氮物质。蛋白质代谢示意图如图1-2所示。

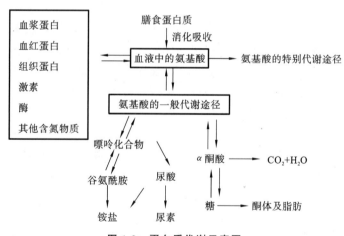

图1-2 蛋白质代谢示意图

（二）调节蛋白质代谢的因素

（1）个体营养及生理状态。

（2）能量的摄入量及其平衡状态。

（3）必需氨基酸是否足量存在。

（4）氨基酸有无过量消耗的情况。

（5）膳食中某些必需氨基酸缺少或必需氨基酸的比例不适当，蛋白质的合成受阻碍，氮的排出量增加会出现负氮平衡或体蛋白丢失的情况。

三、蛋白质的营养功能

(一) 构成和修补机体组织

蛋白质是一切细胞和组织结构的重要成分,是生命的物质基础。蛋白质是供给机体生长,更新和修补组织的必需材料,它占细胞固体成分的80%以上,占体重的18%。

(二) 调节生理机能

蛋白质在体内构成许多机能物质,具有多种生理机能,如酶的催化作用、激素的生理调节作用、血红蛋白与肌红蛋白的输氧与贮氧、肌纤蛋白的收缩、机体的免疫、血浆蛋白维持血浆渗透压。某些氨基酸还是制造能量物质(磷酸肌酸)和神经介质(乙酰胆碱)的重要成分,对调节肌肉的功能有很大作用。

(三) 供给热量

蛋白质的主要功用不是供给热量,而当糖和脂肪供给的热量不足或摄入氨基酸过多,超出体内需要时,蛋白质就供给热量。此外,体内蛋白质更新分解代谢中也放出热量。每克蛋白质产生热量 4 kcal。

四、蛋白质与运动的关系

蛋白质与人体运动能力有密切关系,如肌肉的收缩、氧的运输与贮存、各种生理机能的调节等。此外,氨基酸可为人体运动时肌肉耗能提供5%～15%的热量(在肌糖原充足时,蛋白质提供的热量仅占总热量的5%;而当肌糖原耗竭时,蛋白质提供的热量可上升到15%)。由于蛋白质的代谢产物为酸性,所以蛋白质代谢过多时会增加体液的酸度,降低人体运动能力,引起疲劳和水的需要量增加等副作用。

体育运动使体内蛋白质代谢发生变化,但不同性质运动的作用有所差异。耐力型运动使蛋白质分解加强,合成速度减慢,机体氮排出量增加;力量型运动在使蛋白质分解加强的同时,活动肌群蛋白质的合成也增加并大于分解的速度,因而肌肉壮大。运动实验表明,运动前后供给蛋白质,对改善肌肉的力量有良好的效果。

若蛋白质摄入量不足,不仅影响运动训练效果,而且会促使运动性贫血的发生。相反摄入量过多,不但对肌肉壮大和提高肌肉功能没有良好的作用,而且还对正常代谢有不良的影响。

运动员的蛋白质供给量比一般人要高,成年运动员每天每千克体重需要1.8～2 g蛋白质,少年运动员每天每千克体重需要2.0～3.0 g蛋白质,儿童运动员每天每千克体重需要3.0～3.4 g蛋白质。

五、蛋白质供给量与来源

运动员的蛋白质供给量可为一日总热量的15%～20%,蛋白质来源中最好有1/3是优质蛋白质。人体蛋白质供给量标准如表1-2所示。

表 1-2　人体蛋白质供给量标准

正常成人	运动员		
	成年	少年	儿童
1~1.5	1.8~2	2~3	3~3.4

每天每千克体重供给蛋白质的标准/g

蛋白质的供给量必须满足机体的氮平衡。蛋白质供给量长期不足会造成蛋白质缺乏症,可使机体生理功能下降,抵抗力降低,消化功能障碍,伤口愈合缓慢,精神不振且出现贫血、脂肪肝、组织中酶活性下降等。幼儿若缺乏蛋白质,则会出现生长发育不良,皮肤、毛发异常等变化。引起蛋白质缺乏的原因多为食物来源不足,个别可能是由于某些特殊生理状况使蛋白质需要量增加(如体育运动、乳母等),或某些疾病使体内蛋白质排出量增加或消耗量增加(肾炎、慢性失血等)所致。

相反,摄入蛋白质过多也会对人体有害。例如:大量蛋白质在肠道中,肠内细菌使其腐败,产生大量的胺类,对机体不利;大量蛋白质在体内代谢过程中增加肝、肾的负担;大量蛋白质会增加食物特殊动力作用使机体增加额外的热量消耗。动物试验表明,膳食中蛋白质含量过高(占热量的26%),其寿命会缩短。

粮谷类蛋白质中由于赖氨酸含量较少,营养价值受到限制,为了提高其营养价值,要充分利用蛋白质的互补作用。豆类的蛋白质含量较高,赖氨酸含量也较高,而且经济实惠,是蛋白质的良好来源。肉、蛋、奶是人体蛋白质的重要来源。

六、食物蛋白质营养价值的评定

食物蛋白质的营养价值,取决于其含量、成分,以及在体内的消化、吸收、利用等情况,可根据以下几个方面综合评定。

(一) 食物中蛋白质含量

蛋白质在含量上应满足人体的需要。不同种类食物蛋白质含量的差异较大。一般来说,大豆含量最高,肉类次之,再次为粮谷类,而蔬菜最少。部分食物的蛋白质含量如表 1-3 所示。

表 1-3　部分食物的蛋白质含量(g/100 g)

食物	含量	食物	含量	食物	含量
牛奶	3.3	大米	8.8	马铃薯	1.9
鸡蛋	12.3	小米	9.7	油菜	2.0
猪肉(瘦)	16.7	面粉	9.9	大白菜	1.4
牛肉(瘦)	20.2	玉米	8.6	白薯	2.3
羊肉(瘦)	18.0	大豆	34.2	菠菜	2.0
鱼	12.0~18.0	豆腐干	18.8	花生	26.2

（二）消化率

蛋白质的消化率反映机体摄入的蛋白质在体内消化酶的作用下分解吸收的程度,被吸收得越多,消化率越高。蛋白质消化率可用下列公式表示:

$$蛋白质消化率=\frac{被吸收的氮量}{食物含氮量}\times 100\%$$

食物的品种、烹调加工、消化酶的作用等因素可影响食物蛋白质的消化率。植物蛋白质的消化率(平均为78%)低于动物蛋白质(平均为92%),是由于植物蛋白质被植物纤维包围,妨碍与消化酶充分接触。有的食物蛋白质含有妨碍蛋白质消化率的因素,如大豆的抗胰蛋白酶、蛋清中的抗生物素,牛奶中的酪素钙等。烹调加工可除去植物纤维素或使其软化,加热可破坏抗胰蛋白酶等妨碍消化的物质,因而可以提高蛋白质的消化率。如整粒大豆的消化率为60%,加工成豆浆或豆腐后,消化率提高到90%。按一般方法烹调时,肉类的消化率为92%~94%,蛋类为98%,奶类为97%~98%,米饭为82%,面包为79%,马铃薯为74%,玉米面窝头为66%。一般来说,蒸煮对提高消化率较好;煎炸不仅可降低消化率,还会破坏氨基酸,降低蛋白质的营养价值。

（三）蛋白质生物价

生物价是评定蛋白质营养价值的主要指标,它表示食物蛋白质在机体内真正被利用的程度。生物价越高,营养价值越高。蛋白质生物价可用下列公式表示:

$$蛋白质生物价=\frac{氮在体内的贮量}{氮在体内的吸收量}\times 100$$

蛋白质生物价高低取决于其氨基酸含量的相互比值。因为构成人体各种组织蛋白质的氨基酸有一定的比例,从食物中摄取的各种必需氨基酸与此种比例一致时,才能被机体充分利用。因此食物蛋白质所含必需氨基酸的比例越接近人体需要,其生物价越高。氨基酸需要量比值模式与几种食物蛋白质的比较如表1-4所示。

表1-4 氨基酸需要量比值模式与几种食物蛋白质的比较

氨基酸	需要量比值模式（FAO建议）	牛奶	全蛋	面粉
异亮氨酸	3	3.4	3.2	5.2
亮氨酸	3.4	6.8	5.1	8.8
赖氨酸	3	5.6	4.1	2.4
蛋氨酸＋胱氨酸	3	2.4	3.4	2.5
苯丙氨酸	4	7.3	5.5	6.9
苏氨酸	2	3.1	2.8	3.4
色氨酸	1	1.0	1.0	1.0
缬氨酸	3	4.6	3.9	5.1

注:FAO为联合国粮农组织。

蛋白质的互补作用:几种蛋白质混合食用时,由于各种蛋白质所含氨基酸互相配合,取长补短,改善了必需氨基酸含量的比例,从而使混合后的蛋白质生物价提高,这种现象称为蛋白质的互补作用。如粮谷类蛋白质中赖氨酸较少,限制了其生物价,而与含赖氨酸较多的大豆或肉、蛋类搭配使用,生物价就可提高。再如大豆中蛋氨酸含量较低,而玉米中的含量较高,两者互补,生物价也可提高。总之,食物多样化,粗细粮搭配,动物蛋白质合理地分配于各餐,适量采用豆制品,可以较好地发挥蛋白质的互补作用,有利于提高蛋白质的营养价值。两种食物食入的间隔时间以不超过 5 h 为好,若间隔时间过长,互补作用将会降低。常用食物蛋白质的生物价如表1-5所示。

表1-5 常用食物蛋白质的生物价

食物	生物价	食物	生物价	食物	生物价	食物	生物价
鸡蛋	94	鱼	76	玉米	60	高粱	56
牛奶	85	虾	77	大豆	54	绿豆	58
猪肉	74	大米	77	马铃薯	67	花生	59
牛肉	76	小麦	67	白薯	72	白菜	76
牛肝	77	小米	57				

混合食物蛋白质的生物价如表1-6所示。

表1-6 混合食物蛋白质的生物价

混合蛋白质			混合后生物价	混合蛋白质			混合后生物价
食物	原生物价	混合比例		食物	原生物价	混合比例	
小麦 玉米 大豆	67 60 57	40% 40% 20%	70	大豆 鸡蛋	57 94	70% 30%	77
小麦 大豆	67 57	67% 33%	77	奶粉 面粉	85 57	33% 67%	83
大豆 玉米 小麦	57 60 57	20% 40% 40%	73	小米 面粉	57 67	25% 75%	89
大豆 高粱 玉米	57 56 60	20% 30% 50%	75	牛肉 大豆	76 57	50% 50%	89

(四) 蛋白质净利用率

蛋白质净利用率是表示摄入蛋白质在体内被利用的情况,它是将蛋白质的生物价与消化率结合起来评定,为评定蛋白质的营养价值常用指标。

$$蛋白质净利用率 = \frac{氮的贮量}{氮的摄入量} \times 100\%$$

即可简化为蛋白质净利用率=生物价×消化率。

第三节 脂 类

一、脂类的组成与分类

脂类包括脂肪和类脂质,由碳、氢、氧三种元素组成,有的类脂质还含有磷。脂肪由一分子甘油和三分子脂肪酸构成,故称为甘油三酯。类脂质是一些能溶于脂肪或脂肪溶剂的物质,在营养学上特别重要的有磷脂(卵磷脂、脑磷脂)和固醇(胆固醇等)两类化合物,结构复杂。此外,脂类还包括脂蛋白。

脂类的组成如图 1-3 所示。

图 1-3 脂类的组成

脂肪酸种类很多,按分子结构可分为饱和脂肪酸与不饱和脂肪酸两类。不饱和脂肪酸又可分为单不饱和脂肪酸与多不饱和脂肪酸。在多不饱和脂肪酸中亚油酸对人体最为重要,它不能在体内合成,必须由食物中供给,故称为必需脂肪酸。

脂肪酸的组成如图 1-4 所示。

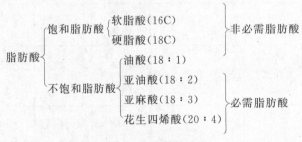

图 1-4 脂肪酸的组成

二、脂肪的代谢

(一) 脂肪的消化吸收

膳食中的脂肪主要是中性脂肪,即甘油三酯,占 95%,其他 5% 是磷脂和胆固醇等。其消化吸收主要在小肠内进行。在胰脂酶、肠脂酶和胆汁酸盐的作用下,甘油三酯分解为甘油一酯、甘油和游离脂肪酸,这些分解产物由空肠肠壁吸收。甘油、中链脂肪酸(6C～10C)及短链脂肪酸(2C～4C)易被肠黏膜吸收并能直接进入门静脉,经肝脏直接进入血液循环;分子量较大的长链脂肪酸和甘油一酯在肠壁再合成为甘油三酯,以乳糜微粒形式经淋巴系统进入血循环。被吸收的脂肪分解产物大部分由机体再合成为身体脂肪贮存起来,其余部分随着血液循环被运输到身体各部分组织如肌肉,氧化供能或修复组织或作为合成其他生物活性物质(如前列腺素)的原料。

长链甘油三酯与中链甘油三酯的消化吸收如图1-5所示。

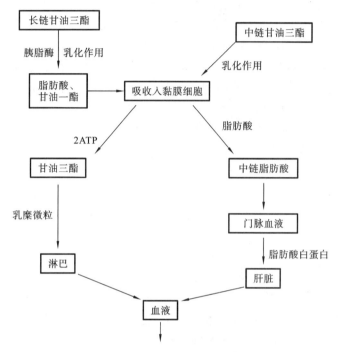

图1-5 长链甘油三酯与中链甘油三酯的消化吸收

胆固醇的吸收较其他脂类慢且不完全,已被吸收的胆固醇大部分(80%~90%)再酯化生成胆固醇酯。这些酯化的产物及少量的胆固醇和未被酯化的脂肪酸,再与由粗面内质网合成的一些载脂蛋白结合成乳糜微粒,由粗面内质网经高尔基复合体进入细胞间质,经淋巴进入血循环。

(二) 脂肪的运输

脂肪在血液中的运输主要是以脂蛋白的形式进行。运输脂肪的脂蛋白有乳糜微粒(CM)、极低密度脂蛋白(VLDL)、低密度脂蛋白(LDL)和高密度脂蛋白(HDL)。除乳糜微粒外,其他脂蛋白均来源于肝脏。CM主要转运外源性甘油三酯和胆固醇;VLDL主要运输内源性甘油三酯;LDL主要转运内源性胆固醇。血浆中LDL浓度升高,尤其是氧化的LDL升高易发生动脉粥样硬化,故有"坏胆固醇"之称;而HDL主要逆向转运胆固醇,血浆中HDL升高,有防止动脉粥样硬化发生的作用,即有保护作用,因此又称HDL为"好胆固醇"。此外,血浆中还有一种脂蛋白复合物,由自由脂肪酸与白蛋白组成,运输从体脂库中动员出来的脂肪酸到机体各组织。

(三) 脂肪酸的氧化

脂肪酸的氧化代谢是在细胞线粒体内进行的。其氧化过程可概括为活化、转移、β氧化及最后经三羧酸循环被彻底氧化生成 CO_2 和 H_2O 并释放出 ATP 能量。

(四) 酮体的生成和利用

酮体是脂肪酸在肝脏分解氧化时的正常中间代谢产物。它专指乙酰乙酸、β-羟丁酸和丙酮。其中β-羟丁酸最多,约占酮体总量的70%,乙酰乙酸约占30%,丙酮含量极微。此外,肾脏也含有生成酮体的酶体系。酮体分子小,易溶于水,能通过血脑屏障和肌肉毛细血管壁,是肌肉,尤其是脑组织的重要能源。脑组织几乎不能氧化脂肪酸,但能利用酮体,长期饥饿及糖供给不足时,酮体将替代葡萄糖而成为脑组织和肌肉的主要能源。

在正常情况下,酮体的生成量很少,但在缺氧或糖不足时,脂肪酸的氧化过程被破坏,酮体的生成大于酮体的利用,使体内酮体堆积,引起代谢性酸中毒。由于脂肪酸氧化时需要的氧较多,在氧债较大的情况下,脂肪不能有效地被利用。脂肪含量高的膳食,使运动的耐久力降低,因此在运动员膳食中应当注意控制脂肪的含量。

三、营养功能

(一) 供给热能

脂肪是高能物质,1 g 脂肪可供热量 9 kcal。沉积在体内的脂肪是机体的燃料库。

(二) 构成机体组织

类脂质是构成细胞的基本原料。体内贮存的脂肪组织作为填充衬垫,有保护和固定器官的作用。皮下脂肪有保温作用。一般成年人体内的脂肪为10%~25%,女性较多。

(三) 供给必需脂肪酸

必需脂肪酸在体内有重要的生理功能,是细胞膜和线粒体的成分,是合成某些激素的原料,有促进生长发育的作用。它还与类脂质代谢有密切关系,对胆固醇的代谢也很重要。胆固醇与必需脂肪酸结合后,才能在体内运转进行正常代谢,故有助于防治冠心病。

(四) 溶解和促进吸收脂溶性维生素

脂肪是膳食中脂溶性维生素的溶剂,脂肪刺激胆汁分泌,有助于脂溶性维生素的吸收利用。

(五) 增加食物的香味和饱腹感

过油的饭菜色香味美,能增加食欲。脂肪富含能量,是一种比较浓缩的食物,可缩小食物的体积,减轻胃肠负担。脂肪在胃中停留时间较长,因此富含脂肪的食物具有较高的饱腹感。

四、与运动的关系

脂肪是长时间运动的主要能源,但必须在氧充足的情况下,一般是在运动强度小于最大耗氧量55%时,脂肪酸才能氧化供能。脂肪供能耗氧较多,在氧不充足时代谢不完全,不仅不能被充分利用,而且中间代谢产物——酮体增加,使体内酸性增加,对身体机能和运动能力有不良的影响。动物实验证明,在同一运动负荷下,高脂肪膳食会使氧消耗增加10%~20%。食用高脂肪膳食后,会引起食饵性高脂血症,血黏性增加,使毛细血管内血流缓慢,红细胞的气体交换功能减弱,从而降低耐久力,所以运动员膳食中脂肪不宜过多。

有氧运动可使体内甘油三酯和低密度脂蛋白胆固醇减少,而高密度脂蛋白胆固醇增加,这对防治动脉硬化及冠心病有良好的作用。此外,有氧运动能促使脂肪组织中的脂肪酸游离出来参与供能,以及运动造成的热量负平衡,都促使体内脂肪消耗有助于减少体内脂肪。国外研究认为,保持血液中游离脂肪酸浓度可以减少肌糖原的消耗,延迟疲劳。

训练水平与氧化脂肪的能力有关,通过训练可以改善体内脂肪代谢酶的活性,从而可提高氧化脂肪的能力。脂肪利用的增加对节约体内糖原和蛋白质的消耗有一定的作用。

在低强度运动(25%最大吸氧量运动)中,脂肪组织的分解受到强烈刺激,游离脂肪酸进入血浆并氧化供能是最多的;随着运动强度的增加,脂肪酸氧化供能逐渐下降;但脂肪在65%最大吸氧量的运动强度时氧化率最高,随着运动强度增加到85%最大吸氧量运动,脂肪氧化减少。由于脂肪动员达到最大反应速度需要30~60 min,所以,想有效地消耗肌体贮存的脂肪,要选择时间为30~60 min的中等强度的运动。

五、胆固醇

胆固醇是存在于人及动物体内的一种类脂质。它最早发现于胆石的甾类化合物,故而得名。成人体内有50~80 g胆固醇。人体内本身能够合成胆固醇,也可以从动物性食物中摄取,前者称为内源性胆固醇,后者称为外源性胆固醇。人体每天可合成1 g胆固醇,从食物中摄取300 mg胆固醇。食物胆固醇的吸收率较低(约30%),且摄入多时吸收率下降。此外,外源性胆固醇对内源性胆固醇有"反馈"作用,当摄入量增多时,体内合成减少。肝脏与肠壁是合成胆固醇的主要部位。

胆固醇有一定的生理作用,如7-脱氢胆固醇蓄积于皮肤中,经紫外线照射后转变成维生素D。胆固醇分解为类固醇激素,是一些内分泌激素的主要来源;氧化为胆汁酸,胆汁酸是人和动物胆汁中存在的既含羟基又含羧基的类固醇,参与脂肪的消化吸收。胆固醇与生物膜的通透性及神经传导有一定的关系,还有破坏肿瘤细胞与某些有害物质的作用。因此,机体内必须保持一定水平的胆固醇,正常人血浆中胆固醇的浓度为150~250 mg/100 mL。血浆胆固醇的含量与个人的饮食、年龄、种族、体力活动和精神紧张等因素有关。血浆胆固醇过高,易使胆固醇在血管壁沉积而致使动脉硬化。

血浆胆固醇水平受营养的影响,饱和脂肪酸使其升高,多不饱和脂肪酸则可使其降低,而食物胆固醇的影响不明显。一般人每日的胆固醇摄入量以300~500 mg为宜。血浆胆固醇水平较高及动脉粥样硬化者,胆固醇摄入量应控制在300 mg以下,特别要控制饱和脂肪酸的摄入量。

胆固醇的代谢还受食物因素的影响，如大豆中的豆固醇，麦芽中的谷固醇。食物纤维和姜可以减少胆固醇的吸收，牛奶可抑制胆固醇的生物合成，大豆增加胆固醇的排泄。这些食物都利于防止血浆胆固醇过高。

常用食物中胆固醇含量如表1-7所示。

表1-7 常用食物中胆固醇含量(可食部分 mg/100 g)

食物名称	含量	食物名称	含量	食物名称	含量	食物名称	含量	食物名称	含量
猪肉(瘦)	77	羊肉(瘦)	65	鲳鱼	68	凤尾鱼(罐头)	330	海蜇皮	16
猪肉(肥)	107	羊肉(胆)	173	大黄鱼	79	墨斗鱼	275	猪油	85
猪心	158	鸭肉	101	草鱼	81	小白虾	54	牛油	89
猪肚	159	鸡肉	117	鲤鱼	83	对虾	150	奶油	168
猪肝	368	牛奶	13	马哈鱼	86	青虾	158	黄油	295
猪肾	405	脱脂奶粉	28	鲫鱼	93	虾皮	608	全脂奶粉	104
猪脑	3100	鸭蛋	634	带鱼	97	小虫米	738		
牛肉(瘦)	63	松花蛋	649	梭鱼	128	海参	0		
牛肉(肥)	194	鸡蛋	680	鳗鱼	186	海蜇头	5		

六、脂肪的供给量与来源

膳食中脂肪供给量受饮食习惯、经济条件和气候等条件的影响，变化范围较大。由于机体的热量主要由糖供给，通过脂肪提供的必需脂肪酸和脂溶性维生素的量也不太多，因此人体对脂肪的实际需要量并不高，有人认为每天50 g就能满足。在一般人的膳食中，脂肪的供给量按热量计，可占膳食总热量的22%～25%，儿童、少年、热量消耗多者或在寒冷环境下，可适当多些，但不宜超过30%。年龄大者、劳动强度小者及肥胖者，则应少些。

脂肪的摄取还应注意不同质的脂肪，由于人体内不能合成多不饱和脂肪酸，故应及时满足人体对亚油酸、亚麻酸和花生四烯酸等必需脂肪酸的需要，一般情况下，摄入脂肪中的饱和脂肪酸、单不饱和脂肪酸和多不饱和脂肪酸的比例以1∶1∶1为宜。单一食用一种油脂不能达到此比例，这就要多用植物油或食用混合油。

研究证明，摄入脂肪过多对人体有害，膳食脂肪总摄入量与动脉粥样硬化发生率呈正相关，与乳腺癌的发生率呈正相关。摄入脂肪过多会引起大量脂肪在肝脏存积而形成脂肪肝，脂肪肝可引起肝细胞纤维性变，最后造成肝硬化，损害肝功能。此外，脂肪是高能物质，摄入过多会导致体内热量过剩，过剩的热量转化为脂肪存于体内，使机体肥胖，易发生心血管疾病。

脂肪的来源除各种油脂外，许多食物都含有脂肪，如瘦猪肉含28%、瘦牛肉含10.3%、鸡肉含2.5%、鱼含4%左右。坚果的脂肪含量较多。蘑菇，蛋黄，核桃，大豆，动物的脑、心、肝、肾等含有丰实的磷脂。动物的心、肝、肾及海鱼等水产品含不饱和脂肪酸较多。

食物中亚油酸含量如表1-8所示。

表 1-8 食物中亚油酸含量(脂肪总量的百分比)

食物名称	含量	食物名称	含量	食物名称	含量
棉籽油	56.6	牛油	3.9	鸡肉	24.2
豆油	52.2	羊油	2.0	鸭肉	22.8
小麦胚芽油	50.2	鸡油	24.7	猪心	24.4
玉米胚芽油	47.8	鸭油	19.5	猪肝	15.0
芝麻油	43.7	黄油	3.6	猪肠	14.9
花生油	37.6	瘦猪肉	13.6	猪肾	16.8
米糠油	34.0	肥猪肉	8.1	羊心	13.4
菜籽油	14.2	牛肉	5.8	鸡蛋粉	13.0
茶油	7.4	羊肉	9.2	鲤鱼	16.4
猪油	6.3	兔肉	20.9	鲫鱼	6.9

第四节 糖(碳水化合物)

一、糖的组成与分类

糖是自然界中分布于动植物内的一大类物质,由碳、氢、氧三种元素组成,且多数糖分子的氢原子和氧原子的组成比例为 2∶1,与水分子的组成比例相同,故糖又有碳水化合物之称。糖按其分子结构的简繁程度分为单糖(包括葡萄糖、半乳糖、果糖)、双糖(包括蔗糖、麦芽糖、乳糖)与多糖(包括淀粉、糖原、纤维素与果胶)。以上各种糖除纤维素与果胶外,都可在消化道里分解成单糖而被机体吸收、利用。吸收后的功用基本相同,只是消化、吸收的速度不同,单糖吸收较快,多糖较慢,如葡萄糖为 100,半乳糖为 110,果糖为 43。

各种糖的甜度也不一样,如果蔗糖的甜度为 1,则果糖为 1.75,葡萄糖为 0.75,半乳糖为 0.33,麦芽糖为 0.33,乳糖为 0.16,淀粉的甜度最低。

人体内糖的贮存形式有三种:肌糖原、肝糖原和血糖,总贮量为 500 g 左右。进入体内多余的糖则转化为脂肪,体内糖原可由蛋白质和脂肪异生而来,训练水平较高的运动员肌糖原贮量可高达 600～800 g,肌糖原贮量愈高,运动员运动至疲劳的时间愈长,冲刺能力愈强,运动水平愈高。

二、糖的代谢

(一) 运动中糖的氧化供能

运动中糖的氧化供能分为无氧酵解(糖酵解)和有氧氧化两个过程。

1. 糖的无氧酵解

糖的无氧酵解主要在细胞质中进行,糖酵解时,一分子葡萄糖产生两分子 ATP,全过程在无氧条件下进行。在氧供应充足时,反应的终产物乳酸可经丙酮酸进入三羧酸循环完全氧化。

2. 糖的有氧氧化

糖的有氧氧化反应过程前半段与糖酵解过程一致,丙酮酸在氧供给充足条件下脱羧成乙酰辅酶A,进入三羧酸循环。此过程在线粒体中进行,经氧化呼吸链传递能量,一分子葡萄糖生成36~38分子ATP。

3. 糖异生

某些氨基酸、甘油、乳酸及丙酮酸,可逆行糖有氧氧化途径并绕过某些不可逆反应而合成葡萄糖。肌肉中由于缺乏糖异生的关键酶,必须将乳酸运到肝脏才能完成糖原的异生过程。

4. 磷酸戊糖代谢途径

磷酸戊糖代谢途径是葡萄糖的另一代谢过程,通过此代谢过程可生成辅酶Ⅱ和核糖。

糖的氧化过程需要多种维生素和金属离子作为辅酶,如维生素B_1、维生素B_2、维生素PP、铁离子、镁离子、锰离子等,这些物质严重缺乏时,可造成糖代谢障碍,糖代谢还受机体的摄氧量、代谢中间产物、激素和神经体液等多种因素的影响。

(二)血糖的调节

血糖是指血中的葡萄糖含量。生理情况下,血糖浓度经常保持在一定范围,由多种神经体液因素的调节共同维持这一动态平衡。调节糖代谢的主要激素有胰岛素、胰高血糖素、肾上腺皮质激素和生长素等,运动应激时,交感神经兴奋,肾上腺素、去甲肾上腺素、甲状腺素、胰高血糖素等分泌增加,使血糖浓度升高,仅胰岛素分泌受到抑制。摄入糖后胰岛素分泌增加,调节血糖。肝脏通过糖原的合成和分解在血糖的调节中起着关键作用。

(三)低血糖的表现及其防治

体内糖原贮备不足者在长时间剧烈运动后可出现储备耗竭情况。运动员在马拉松或长时间运动训练或比赛前不进食;或糖尿病患者在运动强度加大、饮食不规则、不进餐或运动时间安排在注射胰岛素后的血糖下降时间以内,均有发生低血糖的危险。血糖浓度低于70 mg/dl(3.9 mmol/L),称为低血糖。低血糖时可有以下症状:饥饿、无力感觉;行为突然改变,如行为古怪、易激动或不适当地发怒、不恰当地哭或笑、不顾教练员的命令,注意力不集中、身体发抖、摆动、颤动、腿软、苍白、多汗、脉快而弱、定向能力丧失、嗜睡、惊厥和昏迷。以上较严重的症状是在血糖浓度降至50 mg/dl(2.78 mmol/L)以下时才发生。预防低血糖应加强对运动员的教育,并应在长时间剧烈的比赛或训练前,针对可能发生的原因采取措施。如果发现运动员有低血糖可疑症状,应立即采取措施:先让运动员停止运动,密切观察并给以一些单糖(如果汁)口服。医生的急救箱中应备有糖。一般情况下,服用120~180 mL的含糖饮料或10~30 g糖即可校正低血糖的情况,但已昏迷或失去知觉者,须急救并给以静脉点滴。

血糖的来源与去路如图1-6所示。

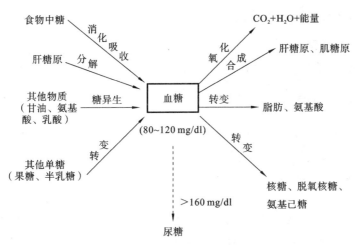

图 1-6　血糖的来源与去路

三、营养功能

(一) 供给热能

糖是人体最主要的热源物质，1 g 糖可提供 4 kcal 热量。它在供能上有许多优点：比蛋白质和脂肪易消化吸收，产热快，耗氧量少（氧化 1 g 糖耗氧 0.83 L，而氧化 1 g 蛋白质和 1 g 脂肪耗氧各为 0.97 L 和 2.03 L），对运动有利；在无氧情况下也能分解产生热量，这对进行大强度运动有特殊意义。

(二) 维持中枢神经系统的功能

糖是大脑的主要能源。脑组织中无能源储备，全靠血糖供给能量，每天需要 100～120 g 葡萄糖。血糖水平正常才能保证大脑的功能，血糖浓度下降，脑组织能源缺乏而使功能受到影响，可引起低血糖症。

(三) 抗生酮作用维持脂肪的正常代谢

脂肪在体内分解代谢的中间产物酮体，必须与葡萄糖在体内的代谢产物草酰乙酸结合，才能继续氧化。糖代谢障碍，能量缺乏，体内酮体堆积，可导致酮血症，影响正常生理功能。

(四) 促进蛋白质的吸收利用

糖是氨基酸合成蛋白质和组织细胞的能源。糖与蛋白质一起摄入时，糖可增加体内 ATP 的形成，有利于氨基酸的活化与蛋白质合成，使氮在体内的贮量增加。

(五) 保护肝脏

糖可增加肝糖原的贮存，保护肝脏免受某些物质（如酒精、细菌、毒素等）的损害。如糖代谢的产物葡萄糖醛酸直接与有毒物质或排泄物结合，可增加其水溶性，促进排泄，从而保护肝脏。

(六)构成机体的一些重要物质

糖与蛋白质结合形成的糖蛋白是抗体、酶和激素的组成部分;核糖和脱氧核糖是遗传物质的基础;糖与脂肪结合形成的糖脂是细胞膜和神经组织的成分之一。

四、与运动的关系

糖在能量代谢中十分重要,对人体运动能力有很大的影响,因此如何利用糖来提高运动成绩,迄今国内外已经进行了大量的研究。

糖是运动中的重要能源。运动强度的大小是决定运动中糖利用的主要因素,一般在运动开始阶段和大强度的运动时,糖代谢的比例最高,运动强度小或糖原贮备耗尽后,脂肪氧化比例增加。运动时肌肉的摄糖量为安静时的20倍以上。运动使体内的糖大量消耗,糖原贮备减少,不仅使机体耐力下降,而且也使大强度运动时的最大吸氧量降低。体内糖原贮量与运动能力成正比关系。运动前和运动中合理补糖,可减少糖原消耗,提高血糖水平,有利于提高运动能力。但不同种类糖的功效有所不同,如葡萄糖、蔗糖较易引起胰岛素反应,而果糖的这种反应较小。研究表明,低聚糖对增加糖原贮备、维持血糖、减少胰岛素反应、提高运动能力等有良好作用,运动后补充糖可促进糖原贮备的恢复。据研究,运动后即刻摄入果糖对肝糖原恢复效果较好。葡萄糖与蔗糖可使肌糖原贮备在24 h后保持较高水平。

运动员摄取平衡的混合膳食中糖的供给量按其发热量计算为总能量的60%左右;西方国家一般推荐至少应摄取50%总能量的糖。有些权威机构建议:进行长时间运动时应增加糖的摄入量至总能量的65%,大强度耐力训练运动员的糖的供给量应为总能量的60%～70%,中等强度运动时糖的供给量应为总能量的50%～60%,缺氧运动项目糖的供给量应为总能量的65%～70%。

补糖类型:葡萄糖吸收最快,最有利于合成肌糖原;果糖的吸收也快,且主要为肝脏利用,其合成肝糖原的量约为葡萄糖的3.7倍,果糖引起胰岛素分泌的作用较小,因此不抑制脂肪酸的动员,但使用量大时,可引起胃肠道紊乱,果糖应与低聚糖联合使用。低聚糖的甜度小,其渗透压低(为葡萄糖的1/4),吸收也快,因此可通过补充低聚糖使运动员获得较多的糖。淀粉类食物含糖量为70%～80%,但释放慢,因此不会引起血糖或胰岛素的突然增加,淀粉类食物除了含有复合糖外,还含有维生素、无机盐和纤维素,可在赛后的饭食中加强。个体对摄取糖的反应变异很大,建议应当先让运动员试用不同类型的、不同浓度及口感含糖的饮料,以选择赛前或赛中饮用的含糖饮料。

五、供给量与来源

糖的供给量根据饮食习惯、生活水平和劳动性质等因素而定,我国目前一般人膳食中糖的供给量以占全天总热量的60%～70%为宜。

糖主要在植物性食物中,粮食和根茎类食物含量很丰富。动物性食物只有肝脏含有糖原,乳中含有乳糖,但不多,其他则含量更微。

机体内贮备的糖(包括肝糖原、肌糖原、血糖等)约400 g,进入体内多余的糖则转化为脂肪,体内糖原可由蛋白质和脂肪异生而来,一般情况下不会缺乏。

人体需要的糖可以淀粉为主要来源,因为淀粉不仅价廉和来源广,而且有生理效应方面的优点:人体对淀粉的适应性较好,可较大量和长期食用而无不适反应;消化吸收缓慢,可使血糖维持在较稳定的水平;淀粉含在谷类等食物中,摄入时可同时获得其他营养素等。长期摄入过多高糖饮食:一是会消耗大量的维生素 B_1,导致维生素 B_1 的缺乏,进而使丙酮酸、乳酸等代谢产物积聚,影响脑功能;二是可刺激胰岛细胞分泌大量的胰岛素,引起脂肪代谢失常而导致高脂血症、肥胖、冠心病和动脉硬化,故其他简单糖类只能在某些情况下适当食用,且不宜过多。试验证明,蔗糖比淀粉容易促发高脂血症。国外十分重视减少蔗糖的摄入量,并已使用甜味剂取代蔗糖。果糖是水果和蜂蜜中的天然单糖,蜂蜜含40%的单糖。果糖在人体内的胰岛素效应比葡萄糖小,血糖相对较稳定,它作为肌肉运动的能源不如葡萄糖及时,但对运动后恢复糖原贮备较为有利。

低聚糖是一种人工合成糖,由3~8分子单糖组成,相对分子质量较葡萄糖大,渗透压低,25%低聚糖的渗透压相当于5%葡萄糖的渗透压,故可提供低渗透压、高热量的液体。此外,低聚糖甜味低,吸收快。目前,低聚糖在临床营养与运动营养中有较大的用途。

糖作为供能物质的优点:短时间、大强度的运动所提供的热量绝大部分由糖氧化供给;长时间、小强度的运动首先利用糖的氧化供能,当糖贮备耗竭时,才动用脂肪;糖可完全氧化,代谢的终产物为 CO_2 和 H_2O,不会增加体液的酸度;糖在氧化时耗氧量少,可以减少身体的氧债,产能效率比脂肪高45%;糖在有氧和无氧的条件下,皆能分解供能。

运动过程中糖的补充如下。

1. 运动前补糖

在赛前补充糖时,以每千克体重约补充 1 g 糖为宜,一次补糖的总量应控制在 60 g 之内,补糖量每千克体重不超过 2 g。可在大运动量前数日内增加膳食中糖类至总能量的 60%~70%(每千克体重补充 10 g);在赛前 1~4 h 每千克体重补充 1~5 g 糖(宜采用液态糖);不宜在赛前 30~90 min 补糖,以免血糖下降;在赛前 15 min 或赛前 2 h 补糖,血糖升高快,补糖效果较佳,有利于提高运动员的运动能力。

2. 运动中补糖

每隔 30~60 min 补充含糖饮料或容易吸收的含糖食物,每千克体重补糖量一般不大于 60 g。运动中一般采取饮用含糖饮料的方法,少量多次;也可补充易消化的含糖食物。

3. 运动后补糖

运动后补糖越早越好,理想时间是在运动后即刻或前 2 h,以及每隔 1~2 h 连续补糖,运动后 6 h 以内,肌肉中糖原合成酶活性高,可使肌糖原的恢复达到最大,补糖效果最佳。

第五节 维 生 素

维生素是维护身体健康,促进生长发育和调节生理机能所必需的一类(低分子)有机化合物。其种类较多,化学性质不同,生理功能各异。它们虽不参与构成组织,也不供给热量,却对体内生物氧化等代谢过程有重要的作用,能促进机体吸收大量能量和构成机体组织的原料,调节物质代谢和能量转化等。人体所需的维生素有十几种,按其溶解性质可分为脂溶性和水溶性两大类。脂溶性维生素有维生素A、维生素D、维生素E、维生素K等;水溶性维生素有B族维生素和维生素C等。属于B族维生素的有维生素B_1、维生素B_2、维生素PP、维生素B_{12}、叶酸等多种。人体内水溶性维生素贮量不大,当组织贮量饱和后,多余的部分可从尿中排出。

人体对各种维生素的需要量很少,但大多数维生素在体内不能合成或合成量甚微,且在体内的贮量很少,因此要经常从食物中摄取维生素。各种食物所含维生素的种类和数量差异很大,而且有些维生素的性质不稳定,容易在食物加工和烹调过程中受到破坏。因此合理地选择食物,正确地加工和烹调,对保证人体获得必需的维生素是很重要的。

摄入适量维生素有利于维持组织的正常功能、组织中代谢物水平及酶活力增加等改变。维生素摄入量不足,达到边缘性缺乏时会引起亚临床的功能损害,例如,使不同组织的某些酶活力下降,不及时纠正则发生临床的功能损伤、体能下降、功能紊乱。增加维生素摄入量,可能会增加人体体液中维生素含量和某些酶活力,促进蛋白质代谢、细胞合成和抗氧化能力等,但不一定会改进运动竞技能力。过量摄入维生素对人体有毒害作用,出现功能降低。短期的营养不良可使不同组织的某些酶活力下降,其后才出现功能紊乱、体能降低。相反,维生素摄入量增加时,某些酶活力增加,但不一定会改进运动能力。

维生素除有重要的营养作用外,有的还具有一定的药理作用,在临床上广泛应用于防治某些慢性非传染性疾病。

维生素对运动员十分重要,它不仅能保证身体健康,而且有的维生素直接影响人体的运动能力。研究表明,体内较高的维生素饱和量与较强运动能力有密切关系,体内维生素缺乏或不足,就会出现运动能力降低等现象。

一、维生素A(视黄醇)

(一)维生素A的性质

维生素A易受氧化、强光、紫外线的破坏,但烹调对其影响不大。天然维生素A只存在于动物性食物中,植物性食物中只有胡萝卜素可在体内转变成维生素A。

(二)维生素A的代谢特点

食物中的维生素A多以视黄醇酯形式存在,在胃内由于蛋白质分解,维生素A释出,然后在小肠内与其他脂类一起经胆汁和胰脂酶作用,通过小肠吸收。类胡萝卜素的吸收更依赖于胆汁酸的存在,正常情况的吸收率为70%～90%。吸收后的维生素A主要贮存于肝脏,而胡萝卜素则主要贮存于脂肪组织,蛋白质、锌或铁缺乏会影响维生素A的转运、贮存和利用。肝脏内的视黄醇需要与脱辅基视黄醇结合蛋白结合成视黄醇结合蛋白(RBP),再与前白蛋白构成复合体后从肝脏释出,由血液运送至靶器官。血浆中RBP的正常浓度是40～50 $\mu g/mL$,小于20 $\mu g/mL$时,暗适应能力降低,会出现夜盲症状。肝脏贮存的维生素A消耗速度缓慢,但肝脏与外周组织之间的视黄醇再循环很快。人体实验证明视黄醇经视黄酸被代谢。

(三) 维生素 A 的营养功能

(1) 维生素 A 是一般细胞代谢和结构的重要成分，有促进生长发育的作用。缺乏维生素 A 可导致发育不良。

(2) 保护视力。维生素 A 是眼内感光物质——视紫红质的主要成分，有维持弱光下视力的作用。缺乏则使暗适应能力降低，会导致夜盲症。

(3) 维持上皮组织的健康、增强抵抗力。维生素 A 能保护上皮组织的构造，可使上皮细胞正常分泌，它可促进与免疫功能有关的糖蛋白的合成，β-胡萝卜素还能提高动物对放射线的耐受性。若缺乏可使细胞角化增生，对每个器官都有影响，使人体机能发生障碍，抵抗力降低，以眼睛、皮肤、呼吸道、泌尿道最显著，常见征象为皮肤干燥、脱屑，毛囊角化。儿童则多发生眼干燥症，可致失明。

(4) 防癌抗癌作用。维生素 A 可抑制靶细胞对致癌物质的敏感性，还可影响细胞分化，从而预防由病毒所致的肿瘤，同时对手术、放疗、化疗后的残余癌细胞的分裂起抑制作用。

(四) 维生素 A 的供给量与来源

一般成年人及儿童每天维生素的供给量为 750 μg。视力要求高，夜间及弱光下工作，皮肤黏膜经常受刺激者的需要量较高，如射击、摩托车及游泳运动员的维生素 A 的需要量较高。

维生素 A 在动物的肝脏与蛋黄中含量较多；在植物性食物中，红黄色和绿色蔬菜的维生素 A 含量较多；水果中含胡萝卜素较多。人体每天 1/3 的维生素 A 最好来自动物性食物。

摄入维生素 A 制剂过量，可发生中毒，急性表现为恶心、呕吐、嗜睡，慢性表现为食欲不振、毛发脱落、耳鸣、复视等。

二、维生素 D(抗佝偻病维生素)

(一) 维生素 D 的性质

维生素 D 的性质较稳定，耐高温和抗氧化，但不耐酸、碱。维生素 D 受烹调的影响较小，但油脂酸败可使其受到破坏。

维生素 D 存在于某些动物性食物中，在人体皮下有 7-脱氢胆固醇，经紫外线照射可转变成维生素 D。

(二) 维生素 D 的代谢特点

人类除从食物中获得维生素 D 的营养外，还可在皮内合成一定量的维生素 D。人体的表皮和真皮内含有 7-脱氢胆固醇，经紫外线照射后，先形成前维生素 D_3，再转变为维生素 D_3，输送到肝脏供机体使用。膳食维生素 D 与脂肪一起在空肠和回肠中被吸收，胆汁有利于维生素 D 的吸收，吸收的维生素 D 与乳糜微粒结合，或被维生素 D 结合蛋白输送至肝脏。肝脏的维生素 D 代谢为 25-(OH)-VD_3，再与 α-球蛋白结合，运至肾脏，转化成 1,25-$(OH)_2$-VD_3 才具有生物活性。维生素 D 主要在肝脏分解，代谢物随胆汁进入肠排出。1,25-$(OH)_2$-VD_3 与甲状旁腺素结合，可维持血钙和磷在内环境的稳定。维生素 D 主要贮存在脂肪和骨骼肌内,肝脏、大脑、肺、脾、骨和皮肤等几个部位少量贮存。

(三) 维生素 D 的生理功能

(1) 维生素 D 刺激小肠吸收钙,并与甲状旁腺素协同维持血钙水平的稳定,对骨及牙齿的钙化过程起着重要的作用,保证其正常发育。

(2) 当血钙水平降低时,动员骨骼释放钙,增加肾小管远端钙的重吸收。

(3) 调节免疫功能。

(四) 维生素 D 的供给量与来源

儿童、老人及孕妇每天维生素 D 的供给量均为 10 μg,一般成年人每天维生素 D 的供给量为 5 μg。经常晒太阳体内合成量足以满足需要,只在特殊情况下(如夜班工作、白天室内工作缺乏户外活动)才需要补充。日光照射,每日至少 2 h,有利于维生血液中的 25-(OH)-VD_3 水平于正常范围。食物中的维生素 D 来源:鱼肝油是维生素 D 最丰富的来源(8 500 IU/100 g)。天然食物的维生素 D 含量较低。动物性食物是天然维生素 D 的主要来源,例如,含脂肪高的海鱼和鱼卵(大麻哈鱼和虹鳟鱼罐头 500 IU/100 g)、肝脏(炖鸡肝和烤羊肝分别为 67 IU/100 g 和 23 IU/100 g);煎鸡蛋、煮鸡蛋或荷包鸡蛋(49 IU/100 g);奶油(含脂肪 31.3% 为 50 IU/100 g);瘦肉、奶、坚果中含微量维生素 D;蔬菜和谷物几乎不含维生素 D。

儿童长期服用维生素 D 每日超过 4000 IU(1 IU 单位等于 0.025 μg)可致中毒,表现为厌食、便秘、呕吐、头痛、烦渴多尿、肌张力下降、心律失常等,甚至可引起软组织钙化。成人缺乏维生素 D 可导致骨骼脱矿物质,造成软骨病和骨软化症,增加骨折的危险。儿童缺乏维生素 D 使骨骼和牙齿生长发育障碍,发生佝偻病。

三、维生素 E(生育酚)

(一) 维生素 E 的性质

维生素 E 易受氧的破坏,对酸和热稳定,油脂酸败会使其破坏。

(二) 维生素 E 的代谢特点

膳食中维生素 E 的 20%～50% 被正常吸收,吸收的方式与脂肪相似,胆汁分泌、胰腺功能及乳糜微粒代谢障碍均会损害维生素 E 的吸收和利用。不饱和脂肪酸摄入增加时,维生素 E 的需要增加。维生素 E 吸收后经乳糜微粒途径运至肝脏,并贮存于肝脏、骨骼肌和脂肪中。肝脏中的维生素 E 可组装成极低密度脂蛋白,再次进入血液循环,血浆中维生素 E 的稳态水平并不能反映膳食摄入的情况。维生素 E 在不同脂蛋白间转移,因此血浆的脂蛋白水平对维生素 E 的稳态有较大的影响。维生素 E 可富集于低密度脂蛋白中,并可经过扩散或受体途径进入外周组织细胞膜。在不同细胞中可观察到有不同特异结构的维生素 E 结合蛋白,它们可能与维生素 E 在体内的分布及功能有关。

(三) 维生素 E 的生理功能

(1) 维生素 E 是机体重要的抗氧化剂,与微量元素硒具有协同抗氧化的作用,可保护机体免遭自由基氧化损伤,减少脂质过氧化作用。

(2) 促进毛细血管增生,改善微循环,有利于防止动脉硬化、冠心病等。

(3) 维持骨骼肌、平滑肌、心肌的功能,缺乏时引起肌肉营养不良,功能下降。

(4) 促进新陈代谢,使氧的利用率增加,增强机体耐力。

(5) 抗溶血性贫血,缺乏时细胞膜溶解,红细胞寿命缩短,发生溶血性贫血。

(6) 与生殖功能有关,可防治流产。

(7) 保护眼睛。维生素 E 是视网膜色素上皮细胞的必需物质,可减少脂类过氧化物积累在视网膜而损害上皮细胞,还能减轻晶体纤维化。

(四) 维生素 E 的供给量与来源

一般人维生素 E 的每日供给量为 10~30 mg,用于特殊保健和治疗时,每天不应超过 300 mg。

维生素 E 在食物中分布较广,一般不易缺乏,植物性油脂中含量最为丰富,如表 1-9 所示。

表 1-9 富含维生素 E 的食物($\mu g/100\ g$)

食物名称	含量	食物名称	含量
麦胚油	133.0	猪油	1.2
核桃油	56.0	椰子油	0.5
葵花籽油	49.0	麦胚	13.0
红花油	39.0	小麦	1.4
棉籽油	39.0	杏仁	27.0
鱼肝油	29.0	花生	10.0
橄榄油	26.0	龙须菜	1.8
菜籽油	18.0	胡萝卜	0.5
花生油	13.0	绿叶菜(多数)	1~10
玉米油	11.0	牛肉	1.0
豆油	10.0	鸡蛋	1.0
黄油	2.0	鱼	0.2~1.2

人体摄入多不饱和脂肪酸增多时,需要增加维生素 E 的供给量,二者的比例为 5∶4 较适宜;服用阿司匹林与避孕药,需要提高维生素 E 的摄入量;硒和蛋氨酸可节约维生素 E;通常量维生素 C 和维生素 E 有协同作用,但过量时则降低体内氧化功能,反而提高维生素 E 的需要量。

若维生素 E 长期缺乏,将出现心肌损害、肌肉萎缩、组织发生退行性变等。人体食用大剂量维生素 E,尚未发现中毒症状,仅个别有轻度消化道不适、皮炎及疲劳等。

四、维生素 K(凝血维生素)

(一) 维生素 K 的性质

维生素 K 的化学结构为 2-甲基-1,4-萘醌,耐热,对强碱和强氧化剂均不稳定。维生素

K_1 是淡黄色油,维生素 K_2 和维生素 K_3 是黄色结晶,维生素 K_3 也溶于水。

(二) 维生素 K 的营养功能

(1) 促进凝血。维生素 K 不仅是凝血酶原的成分,而且还能促使肝脏制造凝血酶原,凝固血液,制止出血。

(2) 促进骨化。维生素 K 可促进骨钙蛋白的形成,使骨密度增加,也可使骨质疏松症患者血浆中骨钙蛋白增加,促进骨的重建和钙的动员。

(3) 对平滑肌有解痉作用,并可增强肝解毒作用,对网状内皮系统及抗菌、免疫等也有促进作用。

(三) 维生素 K 的供给量及来源

一般认为,成人每日维生素 K 的供给量为 20～100 μg,婴儿每日维生素 K 的供给量为 10 μg。

维生素 K 的来源广泛,绿叶蔬菜、动物肝脏、蛋黄等均含有维生素 K,且肠道内细菌也可合成维生素 K。维生素 K_1 存在于绿叶蔬菜和动物肝脏里;维生素 K_2 是人体肠道细菌的代谢产物。一般情况下很少发生维生素 K 缺乏,若缺乏维生素 K,易出现皮下、肌肉及内脏出血。服用过量的维生素 K 而导致中毒者较为少见。

五、维生素 B_1(硫胺素)

(一) 维生素 B_1 的性质

维生素 B_1 是嘧啶环和噻唑环结合而成,主要以硫胺素的二磷酸盐形式存在,即硫胺素焦磷酸(TPP)盐。维生素 B_1 在酸性溶液中稳定,而在碱性液中容易被破坏,紫外线可使硫胺素降解失去活性,铜离子可加快其被破坏。

(二) 维生素 B_1 的代谢特点

硫胺素在能量代谢(三羧酸循环)生成 ATP 的过程中起重要作用,同时在糖及蛋白质代谢中起关键作用。TPP 在丙酮酸转换为乙酰辅酶 A 和 α-酮戊二酸形成琥珀酰辅酶 A 的过程中起到辅酶的作用,并参加支链氨基酸的脱羧反应。

(三) 维生素 B_1 的营养功能

(1) 辅助糖代谢。维生素 B_1 是糖代谢中辅羧酶的重要成分,参与糖代谢。糖代谢的中间产物丙酮酸,经脱羧辅酶的作用,可转变为乙酰辅酶 A,再进一步氧化成二氧化碳和水。若维生素 B_1 缺乏,脱羧辅酶不能充分合成,丙酮酸代谢障碍,在体内堆积,降低能量供应,影响正常生理功能。

(2) 促进能量代谢。维生素 B_1 一方面促进糖原在肝脏和肌肉中蓄积;另一方面在需要时又能加速糖原和磷酸肌酸的分解,释放能量,有利于肌肉活动。

(3) 维护神经系统的机能。神经系统主要从葡萄糖中获得能量,维生素 B_1 缺乏时,则使糖代谢障碍,造成神经系统能源不足;同时,由于丙酮酸等中间代谢产物堆积,使神经系统功能下降。此外,糖代谢障碍可影响脂肪代谢,进而引起细胞膜的性状改变,导致神经系统病变。

(4) 促进胃肠功能。维生素 B_1 可保护神经介质——乙酰胆碱免受破坏并促进其合成,有利于胃肠蠕动和消化腺分泌。

(5) 保护心血管功能。除通过激活酶维护心血管功能外,还能保持血管的正常舒缩、血液的回流及心脏的输出量。维生素 B_1 缺乏,引起周围血管扩张,阻力降低,静脉血流加速,因而静脉回流增加,心脏的每分钟输出量也增加,长期过度负荷将导致心力衰竭。

维生素 B_1 常用于治疗神经系统伤病、心肌炎和消化机能减弱。运动员可用于提高运动能力和防治过度疲劳。

(四) 维生素 B_1 的供给量与来源

维生素 B_1 的供给量与糖摄入量有关,并与热量消耗成正比。我国规定每 1 000 kcal 热量需要维生素 B_1 0.5 mg。一般成年人每日维生素 B_1 的供给量为 1.2～2.0 mg,高度脑力劳动、缺氧及摄入糖多者的需要量增加;运动员的需要量也较高,以耐力项目尤甚。若维生素 B_1 供给不足,可造成脚气病,多种代谢紊乱,甚至出现心力衰竭而死亡。若一次大量服用维生素 B_1,可能会发生过敏性休克。

维生素 B_1 的主要来源为粮食,多含在胚芽和外皮部分,故加工越精,损失越多,也存在豆类、花生、瘦猪肉、肝、肾、心等食物中。

维生素 B_1 溶于水,还易受某些因素破坏,故需要注意烹调方法,以减少损失。

摄入过多的维生素 B_1 不能在体内贮存,多余的从尿中排出。长期过量摄入也可引起身体不良反应。

六、维生素 B_2(核黄素)

(一) 维生素 B_2 的性质

维生素 B_2 耐热,对酸及氧化稳定,易被日光和碱破坏。

(二) 维生素 B_2 的代谢特点

膳食中的维生素 B_2 多以黄素单核苷酸和黄素腺嘌呤二核苷酸辅酶形式与蛋白质结合存在,在胃酸作用下黄素单核苷酸和黄素腺嘌呤二核苷酸与蛋白质分离,并通过磷酸化与脱磷酸化的主动过程快速吸收,吸收量与摄入量呈正比。维生素 B_2 进入血液后,在生理浓度下通过特殊载体蛋白进入组织、器官和细胞。在体内,一部分维生素 B_2 通过ATP依赖的磷酸化过程,由黄素酶催化转化为黄素单核苷酸,再与有关的黄素酶结合为辅酶发挥作用;大部分维生素 B_2 则经过黄素腺嘌呤二核苷酸合成酶转化为黄素腺嘌呤二核苷酸,以辅酶的形式发挥作用。

维生素 B_2 很少在体内贮存,主要由尿排出。一些药物对维生素 B_2 代谢有影响,例如氢氧化铝、氢氧化镁可影响维生素 B_2 的吸收,酒精对结合形式的维生素 B_2 消化吸收也有影响,其他如咖啡因、糖精、铜、锌、铁、离子等也可影响维生素 B_2 的消化或吸收。

（三）维生素 B_2 的生理功能

(1) 参与生物氧化。维生素 B_2 是许多辅酶的成分，与特定的蛋白质结合成黄素酶，在体内物质代谢中起递氢作用，直接参与组织呼吸的过程。若缺乏维生素 B_2，则产生细胞代谢障碍，可引起多种病变，如口角炎、唇炎、脂溢性皮炎等。

(2) 促进生长发育。维生素 B_2 是生长发育必需的物质，参与体内蛋白质合成代谢，并能增强体力，防止疲劳。

(3) 保护眼睛。维生素 B_2 有促进晶体代谢，预防角膜炎和白内障，刺激视神经感光，防止眼黏膜干燥等保护眼睛的功能。

（四）维生素 B_2 的供给量与来源

维生素 B_2 的供给量也与能量代谢成正比。我国规定 1 000 kcal 热量需要维生素 B_2 0.5 mg，一般成年人每天需要 1.2~2.0 mg。也有人认为维生素 B_2 需要量与蛋白质摄入量有关。每 1 g 蛋白质成人需要摄入维生素 B_2 0.025 mg，11 岁以下儿童需要 0.035 mg，11 岁以上儿童需要 0.03 mg，力量型与耐力型项目中的运动员需要摄入维生素 B_2 的量较高。

动物性食物一般含量较高，心、肝、肾为最多，奶类及蛋类也不少，新鲜绿叶蔬菜和豆类也含有，粮食与一般蔬菜中的含量不多。膳食中主要来源是各种动物性食品，其次为豆类和新鲜绿叶蔬菜(见表 1-10)。

表 1-10 核黄素含量较高的食物(mg/100 g)

食物	含量	食物	含量	食物	含量	食物	含量
羊肝	3.57	冬菇	0.92	鸡蛋粉	0.40	羊肉	0.29
猪肝	2.41	鸭心	0.87	鸭蛋	0.38	银耳	0.28
鸭肝	1.57	红糖	0.75	苹果脯	0.32	鸡心	0.26
鸡肝	1.68	健儿粉	0.67	鹌鹑蛋	0.31	鸡蛋	0.26
紫菜	1.16	桂圆	0.55	豌豆	0.29	黄豆	0.25

七、维生素 PP（烟酸）

（一）维生素 PP 的性质

维生素 PP 亦称烟酸或维生素 B_5，性质稳定，不易被酸碱破坏，一般烹调对其影响较小。

（二）维生素 PP 的代谢特点

烟酸在机体内转变成烟酰胺，后者是辅酶 I 的成分，是许多脱氢酶的辅酶，作为传递氢的体系参与末端氧化过程。

（三）维生素 PP 的营养功能

(1) 烟酸在机体内构成脱氢酶的辅酶，参与糖、脂肪、蛋白质的代谢，在生物氧化过程中起递氢作用,并维护神经系统、皮肤和消化系统的正常功能。

(2) 烟酸可扩张末梢血管和降低血液中胆固醇,β-脂蛋白及甘油三酯量,临床上可用于治疗周围血管病、偏头痛、高胆固醇血脂症、缺血性心脏病等。

(四) 维生素 PP 的供给量与来源

烟酸的供给量与热量成正比,成年人每 1 000 kcal 热量需要 5 mg 烟酸,儿童、少年每 1 000 kcal 热量需要 6 mg 烟酸。一般成年人每日烟酸的需要量为 12~20 mg,相当于维生素 B_1 的 10 倍。在缺氧条件下,如登山者、飞行员、潜水员及运动员烟酸的供给量应增加。

缺乏烟酸可出现癞皮病,主要表现为肠炎、皮炎和神经炎,也可造成神经衰弱、美尼尔氏综合征、肌肉震颤、精神失常、动脉硬化等症,大剂量摄入可引起痛风。

烟酸在食物中分布较广,但多数含量不高,其中含量最丰富的为酵母、花生、全谷、豆类和肉类,特别是肝脏。玉米中烟酸的含量较高,但为结合型,不能被机体吸收利用。经碱处理玉米后可使大量游离烟酸从结合型中释放,易被机体利用。机体所需的一部分烟酸可由色氨酸转变而成。

八、维生素 B_6 (吡哆素)

(一) 维生素 B_6 的性质

维生素 B_6 主要以三种天然形式存在:吡哆醛、吡哆醇和吡哆胺,化学性质相似,均有活性。在肝脏、红细胞和其他组织中,这三种同效维生素的第 5 位均能被磷酸化,其活性的辅基形式是 5-磷酸吡哆醛、5-磷酸吡哆醇、5-磷酸吡哆胺。动物食物中维生素 B_6 的存在形式是吡哆醛及其磷酸化的 5-磷酸吡哆醛和 5-磷酸吡哆胺;植物食物的维生素 B_6 来源主要形式是吡哆醇和吡哆胺及其磷酸化形式。维生素 B_6 的各种磷酸盐和碱的形式均易溶于水,在酸性环境中稳定,在碱性环境中对热不稳定,在溶液环境中对光敏感。

(二) 维生素 B_6 的代谢特点

维生素 B_6 在小肠上部被吸收,通过非饱和被动扩散机制转运,大部分被吸收的非磷酸化维生素 B_6 被运送到肝脏。在组织中维生素 B_6 以 5-磷酸吡哆醛形式与多种蛋白质结合,使维生素 B_6 蓄积和贮存在组织中,并有助于防止被磷酸酶水解。5-磷酸吡哆醛在血浆中与清蛋白结合且是存在于血浆的主要形式,5-磷酸吡哆醛加吡哆醛占总量的 90% 以上;肝脏是 5-磷酸吡哆醛分解为 4-吡哆酸的主要器官,约 50% 维生素 B_6 的排泄形式是 4-吡哆酸,仅少量为吡哆醛和吡哆醇。根据示踪标记量的分析提示,男、女成年人血浆中的贮量分别是 110 mg 和 61 mg。

(三) 维生素 B_6 的生理功能

(1) 转氨基作用。维生素 B_6 在体内与磷酸合成为转氨酶的辅酶,参与转氨基作用,参与氨基酸的代谢。

(2) 参与蛋白质、糖和脂肪的代谢。维生素 B_6 是许多酶的辅酶,参与蛋白质的互补作用,糖和脂肪的氧化作用,起维护正常代谢活动的作用。

(3) 调节神经机能。维生素 B_6 形成的脱羧辅酶参与神经递质的形成,起调节神经系统机能活动的作用。

(4) 保护肝脏。维生素 B_6 有保持正常肝功能、增强肝脏解毒功能和抗脂肪肝作用。此外,维生素 B_6 还有降低血胆固醇、增强视力等作用。

(四) 维生素 B_6 的供给量与来源

因维生素 B_6 与氨基酸代谢有密切关系,故其供给量应随蛋白质摄入量的增加而增加。

人体肠道内可以合成少量维生素 B_6。含维生素 B_6 较多的食物有蛋黄、肉、鱼、奶、全谷、豆类、白菜等。由于维生素 B_6 在食物中分布较广,一般情况下成人不会缺乏,但在某些需要量增高的情况下(如怀孕、受电离辐射和高温环境等),则有出现维生素 B_6 不足的可能。幼儿缺乏维生素 B_6 时,表现为生长停滞、惊厥和贫血;成人缺乏维生素 B_6 时,则表现为皮炎、周围神经炎。动物试验表明,高蛋白膳食易诱发维生素 B_6 缺乏。

九、维生素 B_7 (生物素)

(一) 维生素 B_7 的性质

维生素 B_7 又称生物素、辅酶 R,是水溶性维生素。它是合成维生素 C 的必要物质,是脂肪和蛋白质正常代谢不可或缺的物质,是一种维持人体自然生长、发育和正常人体机能健康必要的营养素。维生素 B_7 为无色长针状结晶,具有尿素与噻吩相结合的骈环,并带有戊酸侧链;极微溶于水和乙醇,不溶于其他常见的有机溶剂;在中等强度的酸及中性溶液中可稳定数日,在碱性溶液中稳定性较差;在普通温度下相当稳定,但高温和氧化剂可使其丧失活性。

(二) 维生素 B_7 的代谢特点

口服维生素 B_7 迅速从胃和肠道吸收,血液中 80% 的维生素 B_7 以游离形式存在,分布于全身各组织,在肝、肾中含量较多,用药后大部分维生素 B_7 以原形由尿液中排出,仅小部分代谢为生物素硫氧化物和双降生物素。

(三) 维生素 B_7 的生理功能

(1) 构成视沉细胞内感光物质。维生素 B_7 在体内氧化生成顺视黄醛和反视黄醛。人体的视网膜内有两种感光细胞,其中杆细胞对弱光敏感,与暗视觉有关,因为杆细胞内含有感光物质视紫物质,它是由视蛋细胞和顺视黄醛构成。当维生素 B_7 缺乏时,顺视黄醛得不到足够的补充,杆细胞不能合成足够的视紫细胞,从而出现夜盲症。

(2) 维持上皮组织结构的完整和健全。维生素 B_7 是维持机体上皮组织健全所必需的物质。维生素 B_7 缺乏时,可引起黏膜与表皮的角化、增生和干燥,产生眼干燥症,严重时会出现角膜角化增厚、发炎,甚至穿孔导致失明。皮脂腺及汗腺角化时,皮肤干燥,发生毛囊丘疹和毛发脱落。由于消化道、呼吸道和泌尿道上皮细胞组织不健全,易发生感染。

(3) 增强机体免疫反应和抵抗力。维生素 B_7 能增强机体的免疫反应和感染的抵抗力,稳定正常组织的溶酶体膜,维持机体的体液免疫、细胞免疫,并影响一系列细胞因子的分泌。大剂量可促进胸腺增生,若与免疫增强剂合用,可使免疫力增强。

(4) 维持正常生长发育。维生素 B_7 缺乏时,生殖功能衰退,骨骼生长不良,胚胎和幼儿生长发育受阻。

维生素 B_7 用于治疗动脉硬化、中风、脂类代谢失常、高血压、冠心病和血液循环障碍性的疾病,亦可预防白发及脱发,缓和肌肉疼痛。

(四) 维生素 B_7 的供给量与来源

成人建议每天摄取 25～300 μg 维生素 B_7。维生素 B_7 和维生素 A、维生素 B_2、维生素 B_6、烟酸一起使用功效更佳。

几乎所有食物中都包含维生素 B_7,如糙米、小麦、草莓、柚子、葡萄(葡萄食品)、啤酒、肝、蛋、瘦肉、乳品等,蛋黄、肝、牛奶、蘑菇和坚果是最好的维生素 B_7 来源,也可以直接口服维生素 B_7 来补充。

十、维生素 B_{12} (钴胺素)

(一) 维生素 B_{12} 的性质

维生素 B_{12} 在 pH 值为 4.5～5.0 的弱酸环境下最稳定,在强酸、碱性、强光、紫外线或热条件易破坏。

(二) 维生素 B_{12} 的代谢特点

食物中维生素 B_{12} 与蛋白质结合,在胃酸、胃蛋白酶、胰蛋白酶作用下,维生素 B_{12} 被释放,并与胃黏膜细胞分泌的内因子(IF)结合,再与回肠部维生素 B_{12}-IF 受体结合被吸收。维生素 B_{12} 进入血循环,与血浆蛋白质结合成维生素 B_{12} 运输蛋白,再与特异的载体和组织受体结合,运送至肝脏,由胆汁排出。体内维生素 B_{12} 主要贮存在肝脏,贮量为 2～3 mg,每日从尿中丢失的维生素 B_{12} 有 1.2～2.6 μg。维生素 B_{12} 的肝肠循环对其重复利用和保持体内稳定很重要,在膳食缺少维生素 B_{12} 的情况下,可维持 6 年不发生症状。

(三) 维生素 B_{12} 的生理功能

(1) 促进血细胞发育。维生素 B_{12} 能提高叶酸利用率,增加核酸和蛋白质合成,促进网状红细胞、红细胞、白细胞及血小板的发育和成熟。

(2) 维持中枢及脊髓神经正常代谢与功能,促进磷脂与核糖核酸的合成。

(3) 参与甲基转移作用。输送甲基,参与许多重要化合物的甲基化作用。此外,它还有促进发育、增强抵抗力、防止脂肪肝、对铅中毒解毒等特异性作用。

(四) 维生素 B_{12} 的供给量与来源

成人每日需要 5 μg 的维生素 B_{12}。维生素 B_{12} 缺乏,可出现恶性贫血、神经系统疾病、智能低下、肝功能障碍等病变。

维生素 B_{12} 的食物来源主要是动物性食品,豆类经发酵后可含维生素 B_{12}。

十一、维生素 C(抗坏血酸)

(一) 维生素 C 的性质

维生素 C 的性质不稳定,易受碱和热破坏,极易氧化分解,在酸性环境中对热稳定,在日常烹调中可随水洗而丢失,还可因使用具有微量铜和铁游离离子的器皿而加速氧化。

(二) 维生素 C 的代谢特点

维生素 C 参与蛋白质、脂肪和糖的氧化,是体内氢的传递体,参与细胞内的氧化还原反应,是一种强有力的抗氧化剂,对组织呼吸有很大的作用。维生素 C 虽不直接影响耗氧量,但能平衡需氧反应,改善代谢中氧的利用。维生素 C 还参加细胞核中形成脱氧核糖核酸的主要生化反应,维持细胞间质的正常状态。

维生素 C 在胃肠道很容易被吸收,在小肠内是靠一种转运蛋白通过主动转运而吸收的。维生素 C 在小肠吸收,低剂量时几乎完全被吸收,超过 30~60 mg/d 的摄入范围,吸收率为 80%~90%,摄入量为 90 mg/d 时,吸收率为 80%。摄入量为 1 500 mg/d,吸收率下降为 50%左右。维生素 C 吸收后,分布于不同组织,以脑垂体中的浓度为最高,其次为肾上腺、肾脏、脾脏和肝脏,胰腺和胸腺也有一定含量。维生素 C 达到饱和量后,多余的即从体内排出。维生素 C 及其代谢产物主要由尿排出,排泄物是原形的维生素、草酸和维生素 C 硫酸酯。有研究报道:当维生素 C 的摄入量大于 100 mg 时,1/4 被排出;摄入量大于 200 mg,1/2 被排出;在摄入高剂量时,如 500 mg 以上,生物利用率不完全,几乎所有被吸收的维生素 C 都被排出。因此,在稳态时,维生素 C 的剂量不小于 500 mg,即不能在体内贮存。

(三) 维生素 C 的营养功能

(1) 促进生物氧化。维生素 C 是活性很强的还原物质,且可进行可逆的氧化还原反应,在体内形成一种氧化还原系统,起递氢作用,提高生物氧化过程,促进能量代谢,增加大脑中氧的含量,激发大脑对氧的利用,从而减轻疲劳和提高机体工作能力,这对运动员有特殊的意义。

(2) 促进组织胶原的形成。维生素 C 参与脯氨酸与赖氨酸的羟化合成胶原,保持细胞间质的完整,维护结缔组织、骨骼、牙齿、毛细血管等的正常结构与功能,促进损伤与骨折的愈合。维生素 C 缺乏时,胶原合成障碍,发生坏血病,主要表现为毛细血管脆性增加、易出血、伤口愈合减慢等。

(3) 促进抗体生成和白细胞的噬菌能力。维生素 C 可抑制细菌毒素的毒性,从而增强机体抗感染的能力。

(4) 促进造血。维生素 C 可使食物中三价铁还原为二价铁,有利于机体对铁的利用,还可使叶酸还原为四氢叶酸,对巨幼细胞性贫血有一定的防治作用。

(5) 增强机体的应激能力。维生素 C 在体内可促进类固醇转变为肾上腺皮质激素,因而提高机体对缺氧、寒冷和高温等的应激能力。

(6) 提高三磷酸腺苷酶的活性。

(7) 参与解毒。维生素 C 在体内可保护酶系统免受毒物的破坏,从而起到解毒的作用。

(8) 防止血管硬化。维生素C有降低血胆固醇、β-脂蛋白的作用,同时能增强高密度脂蛋白,并有扩张冠状动脉、降压等作用,从而起到防治动脉硬化的作用。

(9) 抗癌作用。维生素C可阻断食物中的亚硝酸盐形成致癌物质亚硝胺,还可通过维护细胞间质的正常结构,起防止肿瘤细胞蔓延的作用。

此外,有实验报道维生素C可加速肌肉中磷酸肌酸与糖原的合成,促进乳酸的消除,减少运动时的氧债,缩短恢复时间,故有提高运动能力、减轻疲劳的作用。

(四) 维生素C的供给量与来源

各国维生素的供给量差异较大,我国规定一般成年人维生素C的日供给量为70 mg。受伤或患病时,或处于各种应激状态时(如高温、缺氧、寒冷、有毒等环境),维生素的需要量较高。运动员的维生素C供给量一般为每日100～150 mg。

过量服用维生素C对人体产生不良影响,如尿中草酸增加而形成结晶,而出现尿路结石,损害维生素B_{12}的活性等。

维生素C主要存在于植物性食物中,分布很广,几乎所有蔬菜和水果都含有维生素C,如酸枣、刺梨、芥蓝、红果等含量较丰富。

维生素C易受贮存和烹调的破坏,所以水果、蔬菜应尽可能保持新鲜,最好生食。

十二、维生素B_9(叶酸)

(一) 叶酸的性质

天然的叶酸极不稳定,易受阳光、加热的影响而发生氧化,生物利用度较低;合成的叶酸在数月或数年内可保持稳定,容易吸收且人体利用度高,约高出天然制品的1倍左右。

(二) 叶酸的代谢特点

叶酸在肠道吸收后,经门静脉进入肝脏,在肝内二氢叶酸还原酶的作用下,转变为具有活性的四氢叶酸。四氢叶酸是DNA合成的主要因素。叶酸大部分主要贮存在肝内,体内的叶酸主要被分解为蝶呤和对氨基苯甲酰谷氨酸。由胆汁排至肠道中的叶酸可再被吸收,形成肝肠循环。

(三) 叶酸的营养功能

(1) 抗肿瘤作用。叶酸可使癌细胞凋亡,对癌细胞的基因表达有一定影响,属于一种天然抗癌维生素。

(2) 对婴幼儿的神经细胞与脑细胞发育有促进作用。如缺乏叶酸可引起巨红细胞性贫血以及白细胞减少症。此外,叶酸对孕妇尤其重要。如在怀孕前3个月内缺乏叶酸,可导致胎儿神经管发育缺陷,从而增加裂脑儿、无脑儿的发生率。孕妇经常补充叶酸,可防止新生儿体重过轻、早产以及婴儿腭裂(兔唇)等先天性畸形。

(3) 其他作用。叶酸可作为精神分裂症病人的辅助治疗剂,还可用于治疗慢性萎缩性胃炎、抑制支气管鳞状转化以及防治因高同型半胱氨酸血症引起的冠状动脉硬化症、心肌损伤与心肌梗死等。

叶酸缺乏亦会导致贫血症、身体无力易怒、没胃口以及精神病症状。

(四) 叶酸的供给量与来源

叶酸的每日摄取量：成人建议 400 μg，孕期建议 600 μg，可耐受最高摄入量为每日 1 000 μg。

天然叶酸广泛存在于动植物类食品中，尤以酵母、肝及绿叶蔬菜中含量比较多，新鲜水果、豆类、坚果类食品、谷物类亦含有丰富的叶酸。

第六节 矿 物 质

人体内所含矿物质元素种类很多，总量约占体重的 5%~6%，其中含量较多的有钙、磷、钾、钠、氯、硫、镁等日需要量大于 100 mg 的元素，称为常量元素；含量较少的铁、碘、氟、硒、锌、铜等日需要量小于 100 mg 的元素，称为微量元素。

矿物质对人体十分重要，各种元素都有独特的功能，总的概括为：参与构成机体组织、调节生理机能、维持正常代谢。

人体在物质代谢中每天都有一定量的矿物质排出体外，必须从食物中得到补充，以保持体内的动态平衡。若不能得到满足，体内的代谢和生理机能就受到影响，甚至发生缺乏病；但摄入过多也对人体有害，因此必须适量。

人体所需的各种矿物质，多数在正常膳食下都能得到满足，但有的容易缺乏，有的微量元素受地质化学状况的影响，还会发生地区性缺乏。下面介绍营养中较易缺乏或对运动员有特殊意义的几种矿物质。

一、钙

(一) 钙的含量与分布

一般情况下，成人体内含钙约 1 200 g，为体重的 1.5%~2%，其中 99% 集中于骨骼与牙齿中，其余约 1% 的钙常以游离或结合的离子状态存在于软组织、细胞外液及血液中。血清钙浓度为 9~11 mg/dl，有着重要的生理作用。成年人骨骼中钙每天有 700 mg 要进行更新，年龄越小，更新速度越快。因此，钙是较易缺乏的一种矿物质。

(二) 钙的吸收和排泄

食物中钙的吸收主要在小肠上段，是一个需要消耗能量的过程，有多种因素影响钙的吸收。

(1) 维生素 D。在钙的吸收过程中，需要维生素 D 的参与。维生素 D 是促进钙吸收的主要活性物质。维生素 D 缺乏，将导致钙吸收减少。

(2) 某些氨基酸。有些氨基酸如赖氨酸、色氨酸、精氨酸等可与钙形成可溶性钙盐，有利于钙的吸收。如果食物中存在较多含有这些氨基酸的蛋白质，则促进钙的吸收。

(3) 乳糖。乳糖可与钙结合成低分子可溶性物质,有利于钙的吸收。

(4) 钙磷比例。食物中钙磷的比例对钙的吸收有影响。当食物中钙磷比例为1:1或1:2时,对成人吸收钙有利;而当钙磷比例为2:1或1:1时,对儿童吸收钙有利。

(5) 年龄与性别。吸收率与年龄有关,年龄越大,吸收率越低。年龄与钙的吸收率如表1-11所示。进入中年后,钙吸收率呈渐进性下降,女性比男性更为显著。

(6) 对钙的需要量。人体对钙的需要量大时,钙的吸收率增加,例如,在妊娠期、哺乳期和青春期时,人体对钙的需要量增多,钙的吸收率增大,妊娠期妇女钙的吸收率为平时的2倍。

(7) 膳食中钙的总量。当膳食中钙总量大时,吸收人体的钙量也增加。

(8) 食物中的某些酸类。谷物中的植酸,有些蔬菜如菠菜、竹笋、苋菜、根刀菜等中的草酸,有些食物中含有较多的碱性磷酸盐,膳食纤维中的糖醛酸残基等,可在肠道内与钙结合成不溶解的钙盐,减少钙的吸收。

(9) 脂肪酸。脂肪过多或脂肪消化不良时,未吸收的脂肪酸与钙结合成脂肪酸钙,将减少钙的吸收。

(10) 膳食中的蛋白质。食物中蛋白质摄入过高,可影响钙在肾小球的滤过率,降低肾小管对钙的重吸收,使尿钙排出增多。当蛋白质摄入量从47 g增加到142 g时,24 h尿钙的排出量由184 mg增加到394 mg。

(11) 某些药物。四环素、抗酸药、肝素等不利于钙的吸收。

表1-11 年龄与钙的吸收率

年 龄	吸收率/(%)
婴儿	50
儿童	40
<40岁成人	20
>40岁成人	<20

正常人体内钙的排泄途径一般有肠道、汗液、尿道以及乳汁等,从肠道排出的钙主要来自消化液中和脱落的肠黏膜细胞中的钙,但部分钙可以再吸收。从尿液中排出的钙取决于膳食钙的吸收量和体内钙的需要量,当需要量大时,尿液中钙的排出减少。

(三) 钙的营养功能

(1) 钙是构成骨骼及牙齿的重要成分。钙和磷形成骨盐,沉积成骨质。幼儿长期缺钙,可造成佝偻病;40岁以后,由于钙的沉淀速度减慢而溶出仍较多,若钙的摄入不足,可能出现骨质疏松的现象。所以,老年人骨骼受到外伤后易发生骨折。

(2) 维护神经肌肉的正常兴奋性与心跳节律。钙缺乏时,神经肌肉的应激性增高,肌肉易痉挛与心跳搏动失常。

(3) 参与凝血过程。钙能激活凝血酶,促使血液凝固。

(4) 调节酶的活性。体内多种酶受钙的激活而发挥作用。

(四) 钙的供给量与来源

成年人每天钙的供给量为 600 mg，而儿童、少年、孕妇和老年人每天钙的供给量应较高，大量出汗使体内钙的排出量增加，故运动员的供给量也较高，每天为 800～1 500 mg。

含钙较多的食物有虾皮、海带、豆类及芥菜、油菜、雪里蕻等绿叶蔬菜。食物中钙的来源以奶及奶制品为最好，吸收率较好。

食物中钙吸收利用受一些因素的影响，如蔬菜中的草酸、谷类中的植酸、过多的脂肪都能与钙生成不溶性钙盐，从而影响钙的吸收。维生素 D 和蛋白质则可促进钙的吸收利用。蛋白质的作用是其氨基酸与钙形成可溶性钙盐。

二、磷

(一) 磷的含量和分布

正常成人体内含磷 600～700 g，每千克无脂肪组织约含磷 12 g，体内磷的 85.7% 集中于骨骼和牙齿中，其余散在分布于全身各组织及体液中，其中一半存在于肌肉组织中。

(二) 磷的吸收与排泄

游离的磷酸盐在小肠的空肠段被吸收，其吸收过程与钙密切相关，钙和磷的吸收有一个固定的比例，当二者含量比例不适宜时，过多的一种便随粪便排出。钙和磷的吸收与代谢都由维生素 D 和甲状旁腺素调节，这样才能以恒定的比例存在于血清中。

(三) 磷的营养功能

(1) 磷是构成骨骼和牙齿的重要成分。磷在骨骼及牙齿中的存在形式主要是无机磷酸盐，主要成分是羟磷灰石，构成机体支架和承担负重作用，并作为磷的贮存库，其重要性与骨骼、牙齿中钙盐作用相同。

(2) 组成生命的重要物质。磷是组成核酸、磷蛋白、磷脂、环腺苷酸、多种酶的成分。

(3) 参与能量代谢。高能磷酸化合物如三磷酸腺苷及磷酸肌酸等为能量载体，在细胞内的能量转换、代谢中，以及作为能源物质在生命活动中起有重要的作用。

(4) 参与酸碱平衡。磷酸盐缓冲体系接近中性，构成体内缓冲体系。

(四) 磷的供给量与来源

以往因为食物中含磷普遍而丰富，很少因为膳食原因引起营养性缺乏，故很少注意研究磷的需要量，更缺乏用于磷需要量的指标，仅仅是与钙的需要量相联系而考虑钙、磷比值。中国营养学会 2000 年 DRIs 中，成人磷的适宜摄入量 (AI) 为每天 700 mg。

磷在食物中分布很广，无论动物性食物还是植物性食物，在其细胞中，都含有丰富的磷，动物的乳汁中也含有磷，磷是与蛋白质并存的，瘦肉、蛋、动物肝、肾含量很高，海带、紫菜、芝麻酱、花生、干豆类、坚果、粗粮含磷也较丰富，但粮谷中的磷为植酸磷，不经过加工处理，吸收利用率低。

三、镁

(一) 镁的含量和分布

镁主要存在于细胞内,不到 1% 存在于细胞外液,骨骼肌、心肌、肝和胰中镁的含量较相近。

骨质中镁主要吸附于羟磷灰石表面。镁在一定程度上置换骨骼中的钙。细胞内镁绝大部分与磷酸根、柠檬酸根,以及其他负离子结合为复合物。约 2/3 的血浆中镁呈离子状态。红细胞含镁 $2.2 \sim 3.1$ mmol/L,全血中镁的浓度为血浆中镁的浓度的 2 倍。

(二) 镁的吸收与排泄

镁在消化道的吸收率为 35%~40%,大部分在小肠吸收。低镁膳食中镁的吸收率相对较高,而高镁膳食的吸收率相对较低。维生素 D 缺乏时,镁的吸收率下降。肠道内钙多,可竞争性抑制镁的吸收。

镁主要的排出途径是肠道和肾。粪便中排出的镁包括未吸收的镁和消化液中的镁。肾的保镁能力较强,尿液中每天排出 $50 \sim 120$ mg。汗液可排出少量的镁。

(三) 镁的营养功能

(1) 镁是构成骨骼和牙齿的重要成分。成年人体内含镁 $20 \sim 30$ g,70% 以磷酸盐和碳酸盐形式参与骨骼和牙齿组成,为骨骼、牙齿的重要成分之一,25% 的镁存在于软组织中,主要与蛋白质结合成络合物。

(2) 酶系统激活剂。镁是细胞内阳离子,主要浓集于线粒体中,对很多酶系统、特别对氧化磷酸化有关的酶系统生物活性极为重要。

(3) 维持兴奋。与钙、钾、钠合作,共同维持肌肉神经的兴奋性。

(4) 保护心脏。镁离子是维持心肌正常功能和结构所必需的物质,实验性镁缺乏在动物身上可引起心肌坏死。镁有维持心脏正常节律的作用。

(5) 维持核酸结构稳定。

(四) 镁的供给量与来源

根据对人体镁平衡的研究,并结合食物中镁的利用率,一般认为成人每日的适宜供给量为 $200 \sim 300$ mg。镁普遍存在于各种食物中,一般膳食中镁不会缺乏。但长期慢性腹泻引起镁的过量排出,可出现镁缺乏。

运动员在大强度训练或减体重情况下,特别在高温环境下运动时镁的丢失较多,每小时镁丢失量可达 $10 \sim 20$ mg,故运动员对镁的需要量较大。

含镁丰富的食物有小米、燕麦等粗粮,肉类和动物内脏含镁也丰富,奶中含镁很少。

(五) 镁的缺乏与过量

健康人一般不会缺乏镁,多与疾病有关。饥饿、肠外营建、蛋白质-热量不足、疾病、药物使镁重新分布和排泄增加。酗酒、长期慢性腹泻、镁摄入过少,会出现手足搐搦、肌肉震颤、精神错乱、心动过速、血压升高等。

镁中毒:肾功能不全、糖尿病多尿症状明显时,因脱水引起镁从细胞膜内溢出细胞膜外,血镁升高、肾上腺皮质功能不全可使血镁升高。镁剂摄入过多,可出现反应迟钝、困倦、燥热、口干、呼吸衰竭、心房纤维颤动而死亡。

四、钾

(一) 钾的含量和分布

正常成年人体内钾的含量为每千克体重 49~54 mmol(约每千克体重含 2 g 的镁)。体重 60 kg 的成年人体内总钾量为 120 g 左右。钾的分布与钠相反,绝大部分(98%)存在于细胞内液(其中 3/4 贮存于肌肉组织中),为细胞内液的主要正离子,钾在细胞外液仅有 2%。血浆钾浓度的正常范围为 3.5~5.5 mmol/L,平均为 4 mmol/L,而细胞内液钾浓度为 150 mmol/L。钾在细胞内外液的分布虽然极不均匀,但钾在细胞内外液之间不断进行缓慢的交换,保持动态平衡。

(二) 钾的吸收与排泄

钾大部分在小肠里吸收,吸收率约 90%。

正常人排钾的主要途径是尿液,肾排钾的能力强,排出速度快。正常情况下,85%~90% 的钾经肾随尿液排出体外,每日排出量为 280~360 mg。摄入的钾在消化道大部分被吸收,从粪便排出的钾很少,约为摄入量的 10%。钾还可从汗液中排出,平常排出不多,但大量出汗会丢失比较多的钾。

(三) 钾的营养功能

(1) 维持肌肉功能。钾是影响心肌和骨骼肌功能的重要物质,能激活肌肉纤维收缩,尤其是心肌,它与钙、镁是维持心肌自律性、传导性和兴奋性的重要物质。

(2) 维持渗透压。细胞内的钾与细胞外的钠互相作用、互相制约,维持渗透压。

(3) 参与新陈代谢。细胞的新陈代谢需要钾参与,如葡萄糖变成糖原、氨基酸合成肌蛋白等,钾在其中均起到催化的作用。

(4) 与蛋白质合成有关。细胞内合成蛋白质需要钾(1 g 蛋白质含 0.45 mg 当量的钾),缺钾可影响机体对蛋白质的利用。

(四) 钾的供给量与来源

一般成年人每天钾的供量以 2~4 g 为宜,儿童每千克体重为 0.05 g。因运动员出汗失钾较多,运动后恢复中蛋白质与糖原合成需要钾,故供给量应较高,可为 4~6 g。

钾的摄入量低、吸收障碍、排泄增加(利尿剂)、创伤、饥饿、脱水等因素可造成低血钾。轻度缺钾时表现为倦怠、精神不振、食欲不佳等症状;严重缺钾会出现腹胀、反应迟钝、软弱无力、腱反射减弱等神经肌肉功能障碍,甚至发生心律不齐、循环衰竭而突然死亡。缺钾还将成为中暑和肌肉受伤的诱因。

钾的主要来源是蔬菜、水果及各种豆类。水果中的钾较易吸收。水果皮含钾量较高。

五、钠

(一) 钠的含量与分布

正常成年人体内钠含量一般每千克体重为 60 mmol。体内的钠约有 50% 存在于细胞外液,约 40% 存在于骨骼内,其余约 10% 存在于细胞内。

(二) 钠的吸收与排泄

一般成年人每日氯化钠的需要量为 4.5～9 g。当体内缺钠时,骨骼内部分钠可溶解出来,以维持体液容量和渗透压平衡的需要。

绝大部分钠经肾由尿液排出,排出量与摄入量大致相等。肾对钠排出的阈值为 110～130 mmol/L。肾调节钠的能力很强,过量的钠可很快经肾排出体外,而当机体完全停止摄入钠时,肾排钠量逐渐降低,甚至趋近于零,肾保留钠的功能表现为"多吃多排,少吃少排,不吃不排"。小部分钠可随汗液排出,汗液中氯化钠的浓度为血浆的 20%～50%。此外,粪便中也有少量氯化钠排出。

(三) 钠的营养功能

(1) 调节水分。钠是细胞外液的主要阳离子,构成细胞外液渗透压。体内水量的恒定,主要靠钠的调节,钠多则水量增加,钠少则水量减少。所以,摄入过多的钠易发生水肿。

(2) 维持酸碱平衡。钠在肾脏可被重吸收后,与氢离子交换,消除体内二氧化碳,保持体液酸碱度的稳定。

(3) 加强神经肌肉兴奋性。钠减少可出现神经肌肉兴奋性降低,呈现肌肉无力、疲劳等症状。

(4) 维持血压正常。细胞外液钠的一定浓度可使血压维持在正常水平。钠钾比值偏高易致血压升高。

(5) 氯离子是胃酸的主要成分,能激活淀粉酶,有助于消化。

(6) 氯化钠有调味的作用。

(四) 钠的供给量与来源

一般膳食中钠的含量多超过人体需要量。摄入钠过多对人体有害,可引起高血压和眼底视网膜病变。

食盐是人体获得钠与氯的主要来源。一般成年人每天摄入量不超过 10 g,以 6 g 为宜。在天热、运动等大量出汗的情况下,机体从汗中失钠较多,以补充 0.3% 浓度的盐水为宜,排汗量 1 L(1 L=0.001 m^3)约补充氯化钠 3 g。大量出汗后,若大量补充水而不补充钠,可引起低血钠症,对人体机能有不良的影响。

六、铁

(一) 铁的含量和分布

铁是人体必需的微量元素,正常成年男子体内的含铁量为 3~5 g,女子体内的含铁量较男子稍低。人体内铁绝大部分与蛋白质结合而存在。65%的铁存在于红细胞的血红蛋白中,5%存在于肌球蛋白中,25%以铁蛋白和含铁血黄素的形式贮存于肝脏、脾脏和骨髓中。根据含铁化合物的功能将其分为具有特殊的生理功能和不具有特殊的生理功能两类。具有特殊的生理功能,如含铁的血红蛋白、肌红蛋白存在于血液和肌肉中,参与氧或二氧化碳的运输;含铁的酶如细胞色素酶、过氧化物酶、过氧化氢酶、黄嘌呤氧化酶等,参与组织的氧化呼吸,催化生物的氧化还原的反应等,这类铁约占体内总铁量的75%左右。不具有特殊的生理功能为贮存形式的铁,以铁蛋白及含铁血黄素的形式存在于肝脏、脾脏、骨髓和骨骼肌中,构成机体的铁贮备,随时可以动员使用。

(二) 铁的吸收与排泄

食物中的铁主要在十二指肠里吸收,空肠上段也能吸收,三价铁需要先转变为二价铁才有可能被吸收。

正常情况下,铁的吸收和铁的排泄呈平衡状态。体内的铁主要从肠道、尿道和汗液中排出体外,但妇女可通过月经、哺乳排出铁。

(三) 铁的营养功能

(1) 参与体内氧的运送和组织呼吸过程。铁是血红蛋白、肌红蛋白、细胞色素等重要成分,起帮助氧的运输、交换和组织呼吸作用。

(2) 影响免疫功能。铁有维持 T 淋巴细胞数、血清补体活性、吞噬细胞功能、白细胞杀菌力的作用。

(3) 与行为的关系。铁在体内的贮量与支持注意力的特殊神经生理过程有关,铁是大脑感智运动区电生理活动的媒介,与感智、语言、学习、记忆有关。

(四) 铁的供给量与来源

铁的供给量受食物中铁的吸收率的影响。铁的吸收率较低,植物性食物中多为三价铁,吸收率在10%以下,如大米为1%、小麦为5%、大豆为7%;动物性食物中铁的吸收率较高,如瘦肉、肝脏可达22%,鱼为11%,蛋仅为3%。

目前我国规定铁的供给量为:成年男子每日15 mg,女子每日18 mg,运动员的供给量应较高,每日 20~30 mg。缺氧和受伤情况下也应增加铁的供给量。

世界卫生组织根据铁的来源,规定了不同的铁的供给量(见表1-12)。

表 1-12 世界卫生组织建议的铁的供给量

	年龄/岁	铁的供给量				我国规定的铁的供给量/mg
		需要吸收铁/mg	动物性食物所占总热量比			
			少于10%	10%~25%	大于25%	
儿童	1~12	1.0	10	7	5	12
少年(男)	13~16	1.8	18	12	9	15
少年(女)	13~16	2.4	24	18	12	18
成年男子		0.9	6	6	15	12
育龄女子		2.8	28	19	14	15

食物中铁的最好来源为动物肝脏、蛋黄、豆类和绿色蔬菜(见表 1-13)。

表 1-13 铁含量较高的食物

名称	含量/(mg/100 g)	名称	含量/(mg/100 g)	名称	含量/(mg/100 g)	名称	含量/(mg/100 g)
黑木耳	185.0	黑豆	10.5	淡菜	24.5	小油菜	7.0
海带	150.0	油豆腐	9.4	猪肝	25	芥菜	6.3
芝麻酱	58.0	芹菜	8.5	猪血	15	西瓜籽	8.3
桂圆	44.0	豆腐干	7.9	牛肾	11.4	海蜇	9.5
银耳	30.4	桃干	7.6	大豆	11.0	鸡肝	8.2

铁的吸收受一些因素的影响,充足的维生素 C 和蛋白质可促进铁的吸收,茶叶中的鞣酸可与铁结合妨碍铁的吸收,膳食中脂肪过多也妨碍铁的吸收。

缺铁对机体的危害:一是由于血红蛋白的含量减少,向组织输送氧的能力下降;二是体内含铁酶活性降低。严重者发生缺铁性贫血,其主要症状有无力、面色苍白、头晕、心悸、指甲脆薄等。运动员血红蛋白减少会使耐力降低、运动成绩下降,运动后体力恢复时间延长。增加运动员血红蛋白含量有利于运动成绩的提高。

必要时可通过铁强化食物和铁补充剂来补充,但必须慎重,因为过量的铁在体内积蓄对身体有害。铁以含铁血黄素形式沉着于网状内皮细胞或某些组织的实质细胞,造成铁中毒。其主要表现为肝硬化、皮肤高度色素沉着、心律不齐等。铁中毒多由不正确地使用铁引起,一般通过正常膳食营养补铁不会引起铁中毒。

七、锌

(一) 锌的含量和分布

正常成年男子体内的锌含量约为 2.5 g(38 mmol),成年女子约为 1.5 g(23 mmol),大部分存在于肌肉和骨骼中,血浆中的含锌量不到全身总锌量的 0.1%,详见表 1-14。

血液中的锌 75%~85% 在红细胞中,白细胞和血小板中约占 3%,血浆中占 12%~22%。血浆中的锌大部分为结合状态,与蛋白质等结合,约有 2% 为游离锌。

表 1-14　成年男性(70 kg 体重)主要组织中锌总量

组织	锌含量/(mmol/kg 湿重)	组织锌总量/mmol	组织锌总量占全身锌总量百分比/(%)
骨骼肌	0.78	23.40	57
骨骼	1.53	11.78	29
皮肤	0.49	2.44	6
肝脏	0.89	1.99	5
脑组织	0.17	0.61	1.5
肾脏	0.84	0.30	0.7
心脏(心肌)	0.35	0.15	0.4
毛发	2.29	<0.15	<0.1
血浆	0.015	<0.15	<0.1

(二) 锌的吸收和排泄

食物中的锌经消化后,在小肠与胰液中的前列腺素 E 结合,然后主要在十二指肠和小肠近端吸收。膳食中锌的吸收率范围为 10%～40%,平均 25%。吸收进入肠黏膜细胞的锌一部分呈游离状态,可直接入血进入大循环,再分布于各组织器官;另一部分锌保留在肠黏膜细胞内,与金属硫蛋白结合而贮存。当血浆中的锌浓度下降时,金属硫蛋白释放锌离子入血,使血浆锌离子浓度升高,以保证机体的需要。当血浆中的锌浓度过高时,肠黏膜细胞内的金属硫蛋白可被诱导增加,反向地将血浆中的锌离子转运至肠道,使过多的锌离子从肠道排出。金属硫蛋白可调节锌离子在肠道的吸收。血浆中的锌与白蛋白结合,然后运往各个组织器官。

影响膳食锌吸收的因素有多种:高蛋白食物和肉类食物有利于锌的吸收;葡萄糖、乳糖、半乳糖、维生素 D、前列腺素 E2、吡哆酸、柠檬酸等有利于锌的吸收;食物纤维、植酸、草酸、大豆蛋白等可减少锌的吸收;铜、钙、亚铁离子、镉等二价金属离子可竞争性地抑制锌的吸收;发酵的食物因植酸被破坏,有利于锌的吸收。

锌主要经肠道排出,一部分从尿液中排出,从汗液及毛发中也排出一部分。但如果出汗量大,则从汗液排出的锌将占总排锌量的比例较大。

(三) 锌的生理功能

(1) 锌是人体内许多种酶(如碳酸酐酶、碱性磷酸酶等)的组成部分,在组织呼吸和蛋白质、脂肪、糖、核酸等代谢中有着重要的作用。

(2) 锌是调节脱氧核糖核酸(DNA)聚合酶的必要成分,对机体生长发育有着重要的影响,缺锌会导致发育迟钝,组织愈合困难。

(3) 促进性器官正常发育和维持正常功能。

(4) 促进食欲。唾液蛋白中含有锌,对味觉和食欲起促进作用,缺锌会导致味觉迟钝、食欲减退。

(5) 保护皮肤健康,缺锌会发生皮肤粗糙、角化增生等现象。

(6) 保护视力。锌参与维生素 A 和视黄醇结合蛋白的合成，维持血浆中维生素 A 的正常含量，保护视力。

(7) 锌是胰岛素的成分，如胰腺含锌量减少到正常者的一半，就有患糖尿病的危险。

儿童缺锌表现为生长发育停滞，青少年缺锌表现为性成熟推迟，第二性征不全。儿童和成人缺锌均会有味觉减退、食欲不振、异食症、皮肤干燥、脱发、腹泻、嗜睡等征象。

运动员缺锌会使机能降低，运动成绩下降。

轻度缺锌较为常见，但症状不明显，可从毛发中的含锌量来评定锌的营养状况，正常者锌含量为 125～250 μg/kg。

（四）锌的供给量与来源

成年人每天锌的供给量为 10～20 mg。若人体锌的来源以植物性食物为主时，供给量应提高（因植物性食物锌的吸收率低）。

含锌较多的食物为牡蛎、肝脏、整谷、干豆、蛋、肉、鱼，牛奶中含锌量不多，粮食加工后锌损失较多。锌含量较高的食物如表 1-15 所示。

可通过锌强化食物和锌制剂来补充锌。必须慎重，因为摄入过多，可造成中毒或多种代谢失调，对人体有害。

表 1-15　锌含量较高的食物

名称	含量/(mg/100 g)	名称	含量/(mg/100 g)	名称	含量/(mg/100 g)	名称	含量/(mg/100 g)
牡蛎	148.6	鸡蛋粉	6.24	银耳	4.11	扒鸡	3.23
芝麻	10.26	黑芝麻	5.00	猪肝	4.86	冬菇	3.19
酱牛肉	9.67	豌豆黄	4.90	酱羊肉	3.79	黄豆	3.06
口蘑	9.04	虾米	4.65	牛乳	3.36	青豆	3.01
西瓜籽（炒）	6.47	香菇	4.27	豆奶粉	3.23	猪肘	2.66

（高言诚：《营养学》）

八、铜

（一）铜的含量与分布

成年人体内含铜量为 100～150 mg，所有组织器官均含铜，以脑、心、肾和肝的铜含量最高。铜与蛋白质或酶（如细胞色素氧化酶等）结合，对人体起各种作用。

（二）铜的营养功用

(1) 促进造血。铜能加速铁的吸收和运输，同时能促进血红素和血红蛋白的合成。

(2) 维护中枢神经系统的健康。铜能维持脑内儿茶酚胺含量，从而影响中枢神经系统功能；铜酶（细胞色素氧化酶）能促进髓鞘形成。

（三）铜的供给量与来源

成年人每天铜的供给量为每千克体重 30 μg，儿童为每天每千克体重 40 μg。普通平衡膳食一天可供给铜 2～3 mg，故一般不易缺乏。

一般食物都含有铜，其含量较丰富的食物有肝、肾、坚果类等，奶制品含铜较少，主要由奶制品提供营养者，应注意补充铜。铜含量较高的食物如表 1-16 所示。

表 1-16　铜含量较高的食物

名称	含量/(mg/100 g)	名称	含量/(mg/100 g)	名称	含量/(mg/100 g)	名称	含量/(mg/100 g)
口蘑	5.8	青豆	1.3	黄豆	1.1	油菜	0.6
虾米	2.7	黑芝麻	1.2	豆奶粉	1.0	小米	0.5
糖水桃	1.6	虾皮	1.2	花生仁(炒)	0.8	黄酱	0.5
绿茶	1.5	腐竹	1.1	香菇	0.7	猪肝	0.4
核桃	1.5	绿豆	1.1	果丹皮	0.6	鸭肝	0.4

（高言诚：《营养学》）

九、硒

（一）硒的含量和分布

人体内硒的总量与地理环境因素关系很大，美国西部人体内总硒量为 13.0～20.3 mg，平均 15 mg，德国人为 6.6 mg，新西兰人为 3.1～6.1 mg。人体所有的组织器官中均可发现硒，其中肝脏和肾脏中浓度最高，肌肉的硒总量最多，几乎占人体的一半。

（二）硒的吸收和排泄

硒主要在人体的十二指肠、空肠和回肠中吸收。土壤、水质、食物硒含量、食物中硒的存在形式等都可对硒的吸收产生影响，故硒的吸收率变化范围较大。性别、年龄、健康状况对硒的吸收率也有影响，健康人对亚硒酸盐的吸收率为 44%～79%。硒的溶解情况也影响吸收，如果服用 1 mg 固体亚硒酸盐，其吸收率为 20%～40%；如果将 1 mg 亚硒酸盐溶于水后服用，则吸收率高达 90%～96%。一般来说，硒化合物很容易被机体吸收，亚硒酸盐的吸收率高于 80%，硒蛋氨酸和硒酸盐的吸收率高于 90%。

由于小肠吸收的硒进入血液，大部分通过血液中白蛋白的运载，转运至全身各组织器官。硒可进入红细胞，与血红蛋白结合。硒也可与细胞色素 C、肌酶、肌球蛋白、醛缩酶以及核蛋白结合，但结合的性质还不清楚。

体内的硒可从尿、粪、呼出气体、汗液和毛发中排出，乳母可从乳汁中排出硒。一般情况下，体内硒主要在尿中以三甲基硒酸盐的形式排出体外，占总排硒量的 50%～60%。如果摄入硒量大，从尿中排出的硒也增多，肾脏可能具有调节排出硒的作用。肠道排出的硒一般占总排硒量的 40%～50%。如果发生硒中毒，体内大量的硒则可通过呼吸道以二甲基硒的形式排出体外，二甲基硒具有浓烈的大蒜味。排硒量与生物体的种、属、硒的化学形式和机体内水平等因素有关。

（三）硒的生理功能

（1）抗氧化作用。硒是以谷胱甘肽过氧化酶的形式发挥抗氧化作用，这与维生素 E 有互补作用,但二者发挥作用的阶段不同。维生素 E 主要阻止不饱和脂肪酸被氧化成氢过氧化物;而谷胱甘肽过氧化酶,则是将产生的氢过氧化物迅速分解成醇和水,共同保护细胞膜的完整性。

(2) 参与免疫反应。硒几乎存在于所有免疫细胞中,可通过谷胱甘肽过氧化物酶和硫氧还蛋白还原酶的酶活性调节免疫细胞的功能。硒还有促进免疫球蛋白合成的作用。补充硒可提高机体细胞和体液免疫功能。

(3) 硒还有促进生长,保护心血管和心肌健康,解除体内重金属的毒性,保护视觉及抗癌等作用。

动物试验发现缺硒可以引起若干病症,如生长停滞、白内障、脱毛等。人体缺硒的主要病症为克山病和大骨节病。

过量的硒可致硒中毒,其征象脱发、指甲异常(变脆)、指端麻木或抽搐、胃肠功能紊乱、皮肤浮肿及出疹等。高蛋白膳食与维生素 E 对硒中毒有一定的防治作用。

(四) 硒的供给量与来源

成年人和少年硒的供给量均为每天 50 μg。海产品、肝、肉类、大米及大豆中硒含量较多,是硒的良好来源。粮谷类受地区土壤含硒量的影响,蔬菜、水果含硒量较低(见表1-17)。

表 1-17 硒含量较高的食物

名称	含量/(mg/100 g)	名称	含量/(mg/100 g)	名称	含量/(mg/100 g)	名称	含量/(mg/100 g)
鱼粉	193	虾皮	82	猪肝	28	挂面	20
羊肝	144	带鱼	52	鸭蛋(碱)	24	鸡肉	18
口蘑	133	大黄鱼	42	鸡肝	26	鸡蛋	15
虾米	82	鸡蛋粉	39	维生素 C 饼干	22	冬菇	14

硒缺乏也有地区性,属"地方性疾病"。在缺硒地区,可在盐中加硒,或提高农作物含硒量等措施来预防。

十、碘

(一) 碘的含量与分布

成人体内含碘量为 20~50 mg,其中 50% 存在于肌肉组织中,20% 存在于甲状腺中,10% 存在于皮肤中,6% 存在于骨髓中,其余存在于内分泌腺及中枢神经系统中。

(二) 碘的吸收与排泄

食物和饮水中的碘离子被消化道吸收并转运至血浆。血浆中的正常碘量为 4~8 μg/100 mL。其形式主要为蛋白结合碘(PBI),被吸收的碘一部分被甲状腺摄取合成甲状腺素,从而发生其生理功能。

(三) 碘的生理功能

碘是合成甲状腺素的主要原料,在机体的物质代谢中有着重要的作用。甲状腺素有促进活化多种酶、促进蛋白质合成、调节能量交换等功能,以维护机体代谢和中枢神经系统的结构,保持正常的精神状态,促进生长发育等。

水和食物中含碘量与地质化学成分有关,缺碘多有地区性,故称为"地方性疾病"。临床上的主要表现为甲状腺肿大和肿大的甲状腺对邻近器官组织的压迫症状,严重者可引起呆小症。

(四) 碘的供给量与来源

成年人碘的供给量每天为 150 μg。

海产品碘的含量较高,以海带、紫菜最为丰富,海盐及某些湖盐中也含有碘。在缺碘地区,可在食盐中加碘,预防碘缺乏。

十一、氟

(一) 氟的含量与分布

氟含量取决于饮水和食物中的含氟量,氟在人体内主要存在于骨骼和牙齿中。

(二) 氟的生理功能

人体内的氟主要分布在骨骼和牙齿中,具有预防龋齿和老年性骨质疏松的作用。氟可增强钙和磷形成羟磷灰石过程,促进钙和磷在骨骼中沉积,加速骨骼的形成,促进生长,并使骨质坚硬,在牙齿表面氟和磷形成的氟磷灰石保护层具有护齿抗腐蚀作用。氟过低不仅影响牙齿,也影响骨骼。已证明在低氟地区常发生老年性骨质疏松,用氟治疗(如服用适量氟化钠)可使其尿中钙排出下降,症状减轻,改善骨骼组成。

(三) 氟的供给量与来源

成年人每天摄氟的适宜量为 2.3~3.1 mg。

氟的主要来源是饮水。饮水中的氟可被完全吸收,食物中氟的吸收率为 50%~80%。水的氟含量与地质化学成分有关,常有地区性。在低氟地区,可在水中加氟。饮水的氟含量以 1.0~1.5 mg/L 为宜,最高不得超过 2 mg/L。食物中也含有氟,茶叶中氟的含量很高,饮茶的人一天可摄入 500 μg 氟。摄入氟过多会发生氟中毒。首先是出现牙齿珐琅质破坏,表面光泽消失,出现灰白斑点即斑牙症,此外还会引起骨骼和肾脏损害。氟、碘、硒在正常膳食中不会缺乏,而由于它们在地理上分布不均匀,某些地区土壤中的某种元素含量较低,水和食物中的含量因而也较低,可造成地区性缺乏。

第七节 水

一、水的生理意义

水是仅次于氧的维持生命的必需营养物质。假如长期不进食,当机体内糖和脂肪的贮备消耗殆尽,蛋白质的贮量减少 50% 的时候,机体依然能够维持生命,而一旦丧失水分

20%,生命就根本无法维持下去。

水是机体中含量最多的组分,是维持人体正常生理活动的重要营养物质之一。机体内的一切化学变化都必须有水的参与。机体内大部分水以结合水的形式存在,小部分以自由水的形式存在。结合水与蛋白质、黏多糖、磷脂等大分子相结合,均匀分布在体液中,发挥其复杂的生理功能。各种组织器官中结合水和自由水的比例不同,例如血液含水量为83%,主要是自由水,故可流动循环,而心脏含水量为79.2%,比血液仅少约4%,但主要含结合水。人体组织器官含水量如表1-18所示。

表1-18 人体组织器官含水量

组织器官	含水量/(%)
血液	83.0
肾	82.7
心脏	79.2
肺	79.0
脾	75.8
肌肉	75.6
大脑	74.8
肠	74.5
皮肤	72.0
肝	68.3
骨骼	22.0
脂肪	10.0

(Palmer,1994)

水是机体内体液的主要构成部分。一个成年男性体液总量为体重的60%左右,女性约为50%。体液是由水、电解质、低分子有机化合物和蛋白质等组成,广泛分布于组织细胞的内外,构成人体的内环境。体液分为细胞内液和细胞外液。

水的生理功能主要有以下几点。

1. 机体的重要成分

水是机体中含量最多的组成成分,占成人体重的60%左右。体内所有组织都含有水。水是保持组织细胞外形及构成的必需物质。

2. 参与物质代谢和化学反应

水是良好的溶剂,能使物质溶解、加速化学反应。水是营养物质的载体,有利于营养物质的消化、吸收、运输,以及营养代谢物的排泄。

3. 调节体温

水是体内体温调节的必需物质,主要原因如下。

(1) 水的比热大。1 g水升高1 ℃(15 ℃升至16 ℃)所需的热量为4.184 kJ(1 kcal)。水的比热较其他溶剂大,因此水能够吸收较多热量而自身温度却变化不大,这对水作为体温的调节剂非常有利。

(2) 水的蒸发热大。1 g水在37 ℃完全蒸发时吸收的热量多达2.4 MJ(573.614 kcal),

蒸发少量的汗就能够散发大量的体热。

（3）水的流动性大。流经全身的血液中有90%为水，经血液循环迅速到达全身各个组织器官。

水具有以上这些特点，因此可以调节温度，使体温不因机体内外环境的变化而出现明显的改变。

4. 润滑作用

泪液可防止眼球干燥，唾液有利于吞咽和咽部湿润，关节滑液有利于关节腔内骨骼的活动。此外，胸膜和腹膜的浆液、呼吸道和胃肠道的黏液等也有良好的润滑作用。

5. 保持腺体的正常分泌

各种腺体的分泌物都是液体，若缺乏水，其分泌会受影响。

二、水的需要量与来源

水是机体的重要内环境，必须保持稳定，才有利于物质代谢的进行和维持正常机能。一般情况下，体内水分的出入量是平衡的。体内不贮存多余的水，也不能缺水。多余的水分排出体外。摄入水分不足或排出水分过多（出汗、腹泻等）时，可使机体失水，影响生理机能。失水对生理机能的影响如表1-19所示。

表1-19　失水对生理机能的影响

失水程度（以体重计）	机 能 影 响
2%	强烈口渴、不适感、食欲下降、尿少
4%	不适感加重，运动能力下降20%~30%
6%	全身无力、无尿
8%以上	烦躁，体温和脉搏增高，血压下降，循环衰竭以至死亡

（一）水的需要量

人体水的需要量取决于排出水量。水的需要量随体重、年龄、气候、运动和劳动强度、膳食、代谢情况而异，变化较大。正常人的需水量随年龄阶段的不同而异，年龄越大，每千克体重需水量相对少些，到成年后相对稳定（见表1-20）。一般情况下，正常人每日水的摄入量与排出量保持平衡（见表1-21）。

表1-20　不同年龄的正常人每日需水量

年　　龄	每日需水量/(mL/kg)
1周至1岁	120~160
2~3岁	100~140
4~7岁	90~110
8~9岁	70~100
10~14岁	50~80
成年	40

表 1-21　正常成年人一般情况下每日水的摄入量与排出量

水的摄入量/mL		水的排出量/mL	
食物水	700~1 000	呼吸蒸发	350
饮水	500~1 200	皮肤蒸发	500
代谢水	300	粪便排出	50~150
		肾脏排出	600~1 500
合计	1 500~2 500	合计	1 500~2 500

(二) 体内水的来源与去路

1. 水摄入人体的途径

(1) 食物中的水：每日通过食物摄取的水约为 1 000 mL。

(2) 饮料水和其他的饮料：摄入体内水的主要来源，每日约为 1 200 mL。

(3) 有机物在体内氧化产生的水：三大营养物质在体内氧化释放能量的同时，还会生成水，这部分水称为代谢水（又称氧化水）。每 100 g 糖在体内完全氧化可产生 55 mL 代谢水，100 g 脂肪完全氧化可产生 107 mL 代谢水，100 g 蛋白质可产生 41 mL 代谢水，一般混合性食物在体内每产生 100 kcal(418.4 kJ)热量，可生成 12 mL 代谢水。正常人体内每日氧化有机物所产生的水约为 300 mL。

2. 水排出人体的途径

(1) 肾脏：体内的水主要以尿的形式被排出体外，正常成人每日排尿量约为 1 400 mL。

(2) 皮肤蒸发的水：成人经皮肤蒸发的水每日为 500~700 mL。

(3) 呼吸道：经呼吸道排出的水约为 300 mL。

(4) 胃肠道：在正常情况下，经肠道随粪便排出的水不多，约为 100 mL，但在腹泻、呕吐时经肠道会丢失大量的水。

这样每日水的摄入量与排出量相同，但是，在剧烈运动或处于热环境中，人体内水分的丢失将会明显增多。运动前没有充分饮水，运动中又不注意补水，就会造成脱水，而且脱水的程度会随着运动时间的延长而加重。

(三) 水与运动的关系

1. 失水影响运动能力

人不摄入食物只喝水还可生存数 10 天，如果无水则只能活 4 天。一般人的失水量达到体重的 2% 时，工作能力会下降 10%~15%；失水量为体重的 5% 时，运动员的运动能力可下降 10%~30%。运动员在训练或比赛中发生肌肉抽搐与严重的脱水可能有关，即使是老练的运动员不重视饮水问题也难以赛出好的成绩，相反会陷入不好的状态。

对于一个体重 50 kg 的人来说，脱水 0.5 kg（即失水超过体重的 1%）会出现口渴；脱水 1 kg（失水超过体重的 2%）会出现严重口渴、不舒服、压抑和没有食欲；脱水 3 kg（即失水超过体重的 6%）身体会出现明显异常，如会出现少尿、口干、体能下降、皮肤发红、急躁等；脱水6～7.5 kg(即失水超过体重12%～15%)会出现头晕、无力,甚至可引起昏迷、死亡。

2. 排汗率与排汗量

运动员在热环境下运动时,为了防止机体过热,借大量排汗散热来维持体温的平衡。运动中的排汗率和排汗量与运动强度、密度及持续时间等因素有关。如在气温27～30 ℃条件下,4 h长跑训练的出汗量可达到5.4 L;在气温37.7 ℃条件下,70 min的足球运动,出汗量可达到6.4 L,汗丢失量可达到体重的6%～10%,排汗所丢失的主要是水分。这些水主要来自血浆、细胞间液和细胞内液体。

3. 保持水平衡

运动员的水分摄取量以满足失水量及保持水分平衡为原则。通过观察水分丢失量和恢复情况最简便的方法,可观察出汗前后的体重差及体重的恢复情况。人在感觉口渴时,往往已失去相当于1%体重的水分。

运动员为了预防失水,要采取少量多次补充水分的方法。运动前一次大量饮水会增加胃、心脏、肾脏负担,增加排尿和出汗量。运动中大量饮水,水在胃中潴留会感到不适,影响膈肌运动和呼吸,反而影响运动能力。运动后一次大量喝水,造成胃液稀释,心血管负担加重,影响食欲和消化,延长恢复时间,久之可造成胃病。

4. 饮水量与饮水方式

一般人每天需水量为2 000～2 500 mL;运动员饮水量要根据年龄、气候和运动强度等来定;运动前饮水300～500 mL,保证运动员体内有充足的水分贮备;运动中每15 min左右补水200～300 mL;运动后少量多次为原则,1 h不宜超过800 mL。

健身运动中的水分补充:进行重量训练及健身时,身体水分、盐分代谢旺盛,丧失的水分很多。在运动前要合理地补充水分,补水过多会使得胃部不适,影响食欲及消化吸收,同时还会造成心脏、肾脏、排泄器官的负担,也使得血液被稀释。运动进行中及训练后也不宜大量喝水。在运动中及运动后必须以少量多次的方式来补充水分,使得身体逐渐得到水分的补充,以保持水分的平衡。以每15 min补充一次,每次250 mL左右,每小时不超过1 000 mL为宜,水温在8～12 ℃之间最佳,对降低运动时体温及预防过热较有帮助,水分的补充可以用运动饮料代替,以及时补充体内丢失较多的维生素和无机盐。

第八节 食物纤维

一、食物纤维的概念与分类

食物纤维是碳水化合物组成的多糖,是可食植物的细胞壁及细胞间质的组成部分,它不被人体内消化酶分解消化(因为人体内没有消化这种多糖的酶),但可被细菌酶分解的植物性物质,在保护健康、预防某些疾病方面有一定作用,是维持人体正常生理机能不可缺少的,因此也是膳食中的重要营养素之一。纤维素本身不能提供能量,但是对调节胃肠的消化、吸收、排泄、降低胆固醇、减缓糖类的吸收速度起着重要的作用,是预防多种慢性病的重要物质,被列为第七大营养素,被称为"肠道的清道夫"。

食物纤维分为不溶性食物纤维和可溶性食物纤维两大类。不溶性食物纤维是植物细胞壁的组成部分,主要有纤维素、半纤维素和木质素,来源于禾谷、豆类种子的外皮及植物的茎和叶。可溶性食物纤维存在于细胞间质,主要有果胶、藻胶和豆胶等,果胶来源于水果,藻胶来源于海带,豆胶来源于豆类种子。

通常我们在各种全谷类食品及各式蔬菜中摄取的是不溶性食物纤维。这类食物纤维一是可以促进肠胃蠕动,缩短食物残渣通过的时间;二是可以增加水分的吸收,使排泄物较为柔软,易于排便;三是可以吸附人体代谢产生的毒素,减少有害物质的危害。相关研究指出,不溶性食物纤维具有预防结肠癌、直肠癌以及治疗便秘等功效。

二、食物纤维的生理功能

(一) 解毒作用

木质素可与金属结合,对抗化学药物及食品添加剂的有害作用。

(二) 促进肠道蠕动

食物纤维有一定体积,可促进肠道蠕动,缩短食物残渣通过大肠的时间。此外,食物纤维可吸收水分,稀释和增加粪便的体积,减少粪便的硬度,有利于通便,防止便秘。

(三) 防癌作用

食物纤维可加快排便和稀释粪便,缩短了废物或有害物质在肠道停留的时间,减轻有害物质对肠壁的刺激,故对预防结肠癌有一定的作用。有人曾以欧美人和非洲人为研究对象,欧美人的食物以奶类、脂肪、肉类为主,纤维素含量较少,非洲人的食物含纤维素较多,为欧美人含量的 $6\sim7$ 倍,而结肠癌的发病率,欧美人高达 $0.442‰$,而非洲人约为 $0.035‰$。食物纤维的细菌发酵可以大大促进机体有益菌的生长。据报告,人体摄取低聚异麦芽糖后粪便中组胺、酪胺等蛋白质腐败产物显著降低。而肠道内的双歧杆菌还可自行合成多种 B 族维生素,并进一步提高机体免疫力。

(四) 预防冠心病

食物纤维(如果胶、豆胶)能抑制机体对胆固醇的吸收和增加胆酸的排泄,因而有降低血清胆固醇的作用,可防止动脉硬化及冠心病。

(五) 控制肥胖

食物纤维可延缓胃排空的时间,增加饱腹感,防止热量摄入超标,有利于减肥和控制体重。由于它对肠道内容物的水和作用,对乳质的乳化作用,对消化酶的抗消化作用,使得食物的消化和营养素的吸收受到一定的阻碍作用,从而防止营养素的过分吸收。

三、食物纤维的供给量与来源

食物纤维主要存在于谷物、薯类、豆类、蔬菜、水果等植物性食物中。植物成熟度越高,其纤维含量也越多,这通常是人们食物纤维的主要来源。

成人每天食物纤维的供给量为4~12 g,适量选用粗杂粮和蔬菜、水果,不吃过分精制的食物,一般均能满足。含食物纤维较多的食物有麦、米糠、鲜豆夹、嫩玉米、草莓、菠菜、花生、核桃等。蔬菜生食可增加食物纤维的摄入量。

机体摄取食物纤维过多,可影响钙、镁、锌、铁等矿物质的吸收(见表1-22),还可引起刺激性腹泻,应当注意。若机体缺乏食物纤维则容易导致心脑血管疾病、癌症、糖尿病、便秘、消化不好、口臭及脸上长痘等。

表1-22 食物纤维对无机盐吸收的影响

	低食物纤维		高食物纤维	
	摄入量/g	吸收率/(%)	摄入量/g	吸收率/(%)
钠	5.1	99	5.6	98
钾	4.6	97	4.3	86
钙	13.5	74	13.2	63
磷	9.9	81	10.2	74
镁	1.1	73	1.4	59
锌	0.62	60	0.13	56

(顾景范、杜寿玢、郭长江:《临床营养学》)

第九节 各营养素之间的关系

在正常生理条件下,营养素在体内相互配合、相互制约,如糖类不仅与蛋白质、脂肪的代谢有联系,而且直接或间接受各种营养素的影响:糖在吸收过程中受钠离子作用;在糖酵解过程中,受许多维生素的辅酶作用;有些氨基酸又是葡萄糖异生作用的前体。这说明一种营养素在体内的吸收利用与其他各种营养素密切相关。

一、蛋白质、脂肪和糖之间的关系

蛋白质、脂肪、糖都是供给机体热量的物质,它们都是通过三羧酸循环完全氧化释放出能量,其中间代谢产物可互相影响、互相转化(见图1-7)。

蛋白质分解代谢产生的氨基酸,是葡萄糖异生的重要来源。生糖氨基酸可转变为糖。糖可通过糖酵解—丙酮酸—乙酰辅酶A—脂肪酸而转变为脂肪。脂肪代谢需要糖才能氧化完全。糖有抗生酮作用。糖与脂肪的关系十分密切,其中一种的代谢障碍可引起另一种的代谢障碍,如糖尿病患者常伴有脂类代谢障碍。食入大量蔗糖可引起血脂升高,但若同时食入多不饱和脂肪酸,则血脂升高的程度减弱。生糖氨基酸与生酮氨基酸在体内均可转变为脂肪。磷脂中的胆胺或胆碱是由丝氨酸转变而成。

三大营养素之间的相互关系表现得最突出的就是糖和脂肪对蛋白质的节约作用。由于

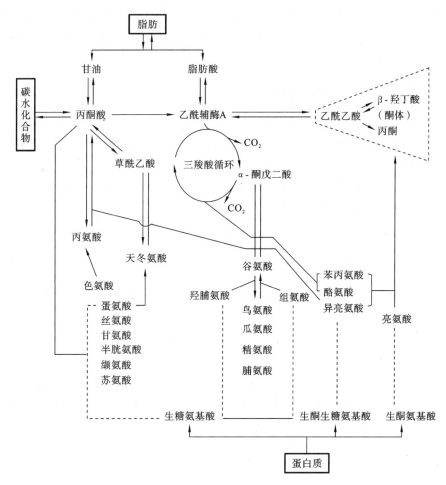

图 1-7 蛋白质、脂肪、碳水化合物代谢的相互关系示意图

供给了糖和脂肪可减少蛋白质单独供给热量的分解代谢,有利于改善氮平衡,增加体内氮贮量。若热量供给不足,未能达到机体最低的生理需要量,仅提高了蛋白质的供给量,不仅造成浪费,还不能有效地改善氮平衡。由此看来,只有在蛋白质满足机体最低需要量要求时,增加热量(糖或脂肪)才会对蛋白质发挥较好的节约作用;也只有在热量达到最低需要量以上时,增加蛋白质供给,效果才较好。换言之,绝不能因为糖和脂肪对蛋白质有节约作用就过分降低蛋白质的供给水平,也不能在热量供给尚不足的情况下,片面强调蛋白质的营养。

二、维生素之间的关系

各种维生素的生理作用不同,但某些维生素在体内有协同作用或拮抗作用。如维生素 E 对维生素 A 和维生素 C 有保护作用,能减少它们被氧化破坏,并促进维生素 A 在肝内贮存,过量维生素 E 影响维生素 K 的功用。维生素 B_{12} 有维持维生素 C 在血浆中的正常水平,增加叶酸在肝中含量等作用。大量维生素 C 可减弱维生素 B_{12} 的作用。

一种维生素不足,可影响另一种维生素的需要,如缺乏维生素 B_1 可影响维生素 B_2 在体内的正常利用,缺乏维生素 B_6 可引起烟酸的缺乏。某种维生素 B 缺乏症的出现,往往是多种 B 族维生素共同缺乏的结果。曾有报道,当膳食中缺乏多种 B 族维生素时,若单给予大量硫胺素,会使维生素 B 缺乏症加剧。

三、蛋白质、钙、磷之间的关系

蛋白质与磷的摄入量可影响体内的钙平衡及对钙的需要量。当膳食中的钙与磷处于恒定状态时,蛋白质摄入量增加可使尿钙排出增加;当钙与蛋白质摄入量恒定时,磷摄入量增加可使尿钙排出减少。

当钙和磷的摄入量不足时,若蛋白质的摄入量也低,则能保持钙平衡;若蛋白质摄入量高,会使钙排出增加,导致钙负平衡。

蛋白质、钙与磷三者均高的膳食,对钙平衡无不良影响,而且是各种平衡中最佳的一种。

四、矿物质元素之间的关系

矿物质与维生素的关系十分密切,如维生素 E 与硒在谷胱甘肽过氧化物酶系统起协同作用,阻止过氧化物的形成。B 族维生素在体内须与磷作用,经磷酸化形成辅酶后才能发生功效。维生素 C 可使食物中三价铁还原为二价铁,有利于铁的吸收。锌对维生素 A 代谢、维生素 D 对调节钙磷代谢都有重要的意义。

铁与铜在造血过程中起协同作用。缺铜时,铁不能进入血红蛋白分子,因而即使铁量充足也会发生贫血。铁吸收过多可抑制锌的作用,而过量的锌又会妨碍铁的功能。铜、钙和亚铁离子能抑制锌的吸收。过量摄入铜、钙会促使机体硒缺乏。

总之,各矿物质元素之间的关系错综复杂,必须保持平衡,避免某种元素过多或缺乏而产生不良作用。

课后作业

1. 营养学的定义是什么?
2. 营养学的任务包括哪些方面?
3. 营养与人体有哪些密切联系?
4. 常见营养素有什么作用?需求量是多少?如何补充?
5. 糖、脂肪、蛋白质与运动的关系是什么?

第二章 能 量

学习目标
(1) 了解能量的生理意义与能量单位；
(2) 掌握能量的营养素来源；
(3) 掌握人体的能量消耗；
(4) 了解能量消耗与需要量的测定方法。

本章提要

能量是维持生命活动的基础。机体的能量需求和能量供应之间的关系，会直接影响人体的健康水平。本章介绍了能量的生理意义与能量单位，详细阐述了能量的营养素来源及人体的能量消耗的几种途径，介绍了能量消耗与需要量的简单测定方法。

关键术语

基础代谢　基础代谢率　食物的特殊动力作用

第一节　能量的生理意义与能量单位

能量是维持生命活动的基础。人体在生命活动过程中需要不断地消耗能量，因此也必须要进行能量补充。自然界中的能量有多种形式，但人体能利用的只有由食物提供的能量。食物中的产热营养素在体内分解，释放出化学能，机体将部分化学能转移到ATP，供机体完成各种生理功能，其他部分(约50%)则转化为热能，用于维持体温等。

目前，国际上通用的能量单位是焦耳(joule,J)、千焦耳(kilo joule,kJ)和兆焦耳(mega joule,MJ)。营养学上也常用卡路里(calorie,cal)和千卡路里(kilocalorie,kcal)。

1 kcal＝4.184 kJ　　　　　　1 kJ＝0.239 kcal
1 000 kcal＝4.184 MJ　　　　1 MJ＝239 kJ

机体的能量需求和能量供应之间的关系，会直接影响人体的健康水平。一般成年人在一定时期内若机体的能量收支不平衡，首先会反映在体重的变化上，然后可发展到降低身体机能，影响健康，引起疾病，缩短寿命。

能量摄入不足时，会动员体内贮存的脂肪和糖原提供能量，长期能量摄入不足，体内的蛋白质也会被动用分解供能，可导致饮食性营养不良。由于能量供应不足，影响蛋白质的吸收利用，从而加重蛋白质的缺乏，引起"蛋白质-能量营养不良"。其临床表现为：基础代谢率降低、消瘦、贫血、精神萎靡、皮肤干燥、肌肉软弱、体温降低、抵抗力下降，易感染疾病，同时工作能力和健康水平下降。

能量摄入过多时,多余的能量会在体内转化为脂肪。脂肪过多易发生肥胖,还会发生高血压、冠心病、脂肪肝、糖尿病、胆石症、痛风症等疾病。

造成能量不平衡的原因主要有两个方面:饮食和运动。就个体而言,可能是能量摄入过多或不足,也可能是缺乏运动或运动过度。此外,一些疾病也可能导致能量代谢失去平衡。

为了保持能量平衡,避免能量摄入过多或过少对人体造成的危害,要注意饮食平衡,保持健康体重。评定能量平衡最简单的方法是观察一定时期内的体重变化,更精确一点可测量皮褶厚度,了解体内脂肪情况。

第二节 能量的营养素来源

人体所需的能量来自于食物中的碳水化合物、脂肪和蛋白质。它们在体内被氧化分解,并释放能量,供机体进行各种生命活动。所以,碳水化合物、脂肪和蛋白质为体内三大产能营养素。

在体内,食物中的产能营养素不全是可以完全被氧化分解产生能量的,碳水化合物和脂肪在体内可以完全氧化成 CO_2 和 H_2O,所产生的能量与其在体外燃烧所产生的能量相等;但蛋白质在体内不能完全氧化,分解产物中有一些含氮化合物(如尿素、肌酐和尿酸等)排出体外,将每克蛋白质产生的这些物质在体外完全燃烧,还可以产生 5.44 kJ 的能量,所以蛋白质在体内产热比体外少。1 g 碳水化合物、脂肪和蛋白质在体内氧化时平均产生能量分别为 17.15 kJ、39.54 kJ 和 18.2 kJ。

食物中的营养素不能全部被消化吸收,且其中产热营养素的消化率各不同,也影响它们在体内产生的热量。一般混合膳食中营养素的吸收率分别为:碳水化合物98%、脂肪95%和蛋白质92%。营养学上把每克产能营养素体内氧化产生的能量值称之为生热系数。在实际应用时,将食物中每克产能营养素产生的能量按如下关系换算,其生热系数分别如下。

碳水化合物: 17.15 kJ×98%=16.81 kJ
脂肪: 39.54 kJ×95%=37.56 kJ
蛋白质: 18.2 kJ×92%=16.74 kJ

产能营养素的生热系数如表 2-1 所示。

表 2-1 产能营养素的生热系数

营养素	体外燃烧 /(kJ/g)	体内氧化		
		kJ/g	吸收率/(%)	生热系数/kJ
碳水化合物	17.15	17.15	98	16.81
脂肪	39.54	39.54	95	37.56
蛋白质	23.64	18.2	92	16.74

在碳水化合物和脂肪供应充足时,蛋白质在体内一般不作为主要能量来源,而主要用于体内组织生长和更新。因此,膳食应以保证总能量充足为前提才能发挥蛋白质的营养功能。

碳水化合物的利用形式是葡萄糖,贮存形式为糖原,包括肝内的肝糖原和肌肉中的肌糖原。脂肪的利用形式是游离脂肪酸、甘油和酮体。脂肪细胞中的甘油三酯是体内能量的主要贮存库,但其动用速度远不如碳水化合物。

第三节 人体的能量消耗

一般成年人的能量消耗主要包括以下几个部分:基础代谢、体力活动、食物的特殊动力作用。婴幼儿、儿童、青少年和孕妇的能量消耗还包括机体生长发育所需要的能量。在理想的平衡状态下,机体的能量需要等于其能量消耗,以保持健康的体质和良好的工作效率。

一、基础代谢

(一) 基础代谢(basal metabolism,BM)

基础代谢是指人体维持基本的生命活动所需要的最低能量,即人体在安静和恒温条件下(18～25 ℃),空腹(禁食12 h后)、静卧放松而又清醒时的能量消耗。这部分能量消耗平均占总能量消耗的60%～70%。

(二) 基础代谢率(basal metabolic rate,BMR)

基础代谢率是指人体处于基础代谢状态下,单位时间内的能量代谢。基础代谢是比较稳定的,因此,基础代谢率常作为平均机体能量代谢水平的指标。研究表明,基础代谢率的高低与体重不成比例关系,而与体表面积成正比。基础代谢率常以单位时间内每平方米体表面积的产热量为单位,即用 $kJ/(m^2 \cdot h)$ 来表示。

中国人正常的基础代谢率平均值如表 2-2 所示。

表 2-2　中国人正常的基础代谢率平均值

年龄/岁	男		女	
	$kJ/(m^2 \cdot h)$	$kcal/(m^2 \cdot h)$	$kJ/(m^2 \cdot h)$	$kcal/(m^2 \cdot h)$
1	221.8	53.0	221.8	53.0
3	214.6	51.3	214.2	51.2
5	206.3	49.3	202.5	48.4
7	197.9	47.3	190.0	45.4
9	189.1	45.2	179.1	42.8
11	179.9	43.0	175.7	42.0
13	177.0	42.3	168.6	40.3
15	174.9	41.8	158.5	37.9
17	170.7	40.8	151.9	36.3

续表

年龄/岁	男		女	
	kJ/(m²·h)	kcal/(m²·h)	kJ/(m²·h)	kcal/(m²·h)
19	164.0	39.2	148.5	35.5
20	161.5	38.6	147.7	35.3
25	156.9	37.5	147.3	35.2
30	154.0	36.8	146.9	35.1
35	152.7	36.5	146.4	35.0
40	151.9	36.3	146.0	34.9
45	151.5	36.2	144.3	34.5
50	149.8	35.8	141.8	33.9
55	148.1	35.4	139.3	33.3
60	146.0	34.9	136.8	32.7
65	143.9	34.4	134.7	32.2
70	141.4	33.8	132.6	31.7
75	138.9	33.2	131.0	31.3
80	138.1	33.0	129.3	30.9

每日基础代谢＝体表面积(m²)×基础代谢率[kJ/(m²·h)]×24 h

体表面积计算公式：

体表面积(m²)＝0.006 59×身高(cm)＋0.012 6×体重(kg)－0.160 3

（三）基础代谢的影响因素

人体基础代谢存在一定的个体差异，影响人体基础代谢的因素主要有以下几个方面。

1. 体表面积

基础代谢随体表面积的增大而增大。体表面积大者，消耗能量也多，基础代谢值较高。

2. 性别

年龄和体表面积相同的情况下，男性的 BMR 比女性的 BMR 高 5%～10%。

3. 年龄

年龄越小，BMR 越高。婴儿和青少年的 BMR 相对较高，成年后随着年龄的增长 BMR 逐渐降低。

4. 内分泌

许多内分泌激素都可对细胞代谢起到一定的调节作用，如甲状腺激素、肾上腺素和去甲肾上腺素等分泌增多能使能量代谢增强，直接或间接影响人体基础代谢的消耗。

5. 生活和作业环境

高温、寒冷、大量摄食、体力过度消耗及精神紧张都可增高基础代谢水平,有学者把这一部分能量消耗称为适应性生热作用。另外,在禁食、饥饿或少食时,基础代谢水平也相应降低。

二、体力活动

体力活动(包括各种生活工作的活动及体育运动)是影响人体能量消耗的主要因素,也是人体控制能量消耗、保持能量平衡和维持健康的重要部分。这部分能量消耗变动很大,取决于活动的性质、强度、持续时间以及熟练程度。劳动强度越大、持续活动时间越长、动作熟练程度越差,能量消耗就越多。

三、食物的特殊动力作用

食物的特殊动力作用(specific dynamic action,SDA),又称食物热效应(thermic effect of food,TEF),是指人体在摄食过程中,对食物中营养素进行消化、吸收一系列活动,以及营养素和营养素代谢产物之间相互转化所引起的额外能量消耗。食物热效应的高低与食物营养成分、进食量和进食频率有关。

食物中不同营养成分的食物热效应不同。脂肪的食物热效应为本身产生能量的4%～5%,碳水化合物为5%～6%,蛋白质可达30%～40%。一般混合性食物的食物热效应约为10%,高糖膳食约为80%,高蛋白质膳食约为15%。

四、生长发育

婴幼儿、儿童及青少年的能量消耗还包括生长发育所需要的能量。人体生长发育越旺盛,所需要的能量越多。

第四节 能量消耗与需要量测定

能量的需要是以人体自身的消耗为标准。测定能量消耗对指导人们改善自身饮食结构、维持能量平衡有重要作用。人体能量消耗的测试方法有很多,主要有直接测热法、间接测热法、双标水法、心率监测法等。在一般营养工作中,常用较简便的活动观察法、体重平衡法或膳食调查法,另外,还可采用公式简易推算法来计算能量消耗。

一、生活观察法

生活观察法是详细观察和记录受试者一天(24 h)中各种活动的内容及时间(以分钟计,见表2-3),然后查日常活动能量消耗表,将各项活动的能量消耗乘以从事该活动所用的时间,得出该项活动的能量消耗。全天各项活动的能量消耗相加,再乘以体表面积,计算出 24 h 的能量消耗。在此基础上，加上 10% 的食物特殊动力作用所消耗的能量，就是一天的能量消耗。采用生活观察法观察的天数越多，代表性越强。

表 2-3　一日活动能量消耗调查表

单位：_____　姓名：_____　性别：_____　年龄：_____

体重(kg)：_____　运动专项：_____

1. 一日活动情况登记表　　　　　　　　　　　　　日期_____年_____月_____日

早5时		备注	14时		备注
6时			15时		
7时			16时		
8时			17时		
9时			18时		
10时			19时		
11时			20时		
12时			21时		
13时			22时		

注：1. 睡眠时间在上述活动时间以外。
　　2. 每一小格为 1 min。
　　3. 训练课或技术课内容要详细写明，该处不便写时可在备注栏内补充。

2. 各项活动能量消耗计算表

活动内容	时间/min	能量消耗/[kcal/(kg·min)]	共计/(kcal/kg)	活动内容	时间/min	能量消耗/[kcal/(kg·min)]	共计/(kcal/kg)

全天能量消耗=_____ kcal/kg×体重_____/kg=_____ kcal

运动活动能量消耗_____ kcal/d，为总能量的_____%　　调查者：_____

二、体重平衡法

此法只适用于健康成年人。在普通劳动和生活条件下,健康成年人能量摄入与能量消耗相适应时,体重保持相对稳定;当能量摄入超过能量消耗时,多余的能量以脂肪的形式贮存,表现为体重增加,每增加1 kg体重,机体将贮存25~33 MJ的能量(平均29 MJ),为能量正平衡;当能量摄入低于能量消耗时,机体动员贮存的脂肪供能,体重减少,为能量负平衡。在实际工作中,常按下列公式计算每日能量消耗:

体重增加:

每日能量消耗量(MJ)=每日能量摄入量(MJ)−平均每日体重增加量(kg)×29 MJ

体重减少:

每日能量消耗量(MJ)=每日能量摄入量(MJ)+平均每日体重减少量(kg)×29 MJ

三、活动强度指数法

活动强度指数法是将人体的各种活动按其强度大小分为几类,各类给予一定系数,然后与基础代谢相乘的积,再加上基础代谢值,即得出能量消耗值,可用下列公式表示:

$$A=[B+BX+(B+BX)\times 10\%]W$$

式中:A 为一日能量消耗;B 为基础代谢;X 为活动强度指数;W 为体重

$(B+BX)\times 10\%$ 为食物特殊动力作用。

活动强度指数法虽然简单,但较粗略,只能作为一般估算用。

不同运动强度的基础代谢与活动指数如表2-4所示。

表2-4 不同运动强度的基础代谢与活动指数

运动强度	基础代谢/[kcal/(kg·d)]	活动指数	相当的活动项目
极轻劳动	23.8	0.35	以坐着工作为主
轻度劳动	24.3	0.50	日常生活活动及轻量活动
中等劳动	24.8	0.75	机动车驾驶、体操、乒乓球、跳水、击剑、射击、马术、射箭、帆船、滑雪、羽毛球
重劳动	25.3	1.00	田径、棒球、足球、曲棍球、排球、篮球、拳击、柔道、相扑
极重劳动	25.8	1.25	划船、游泳、马拉松、摔跤、公路自行车、橄榄球、美式足球、滑雪

注:表中的基础代谢值适用于20~29岁男性,其他年龄和性别的基础代谢要乘以不同系数(见表2-5)。

表2-5 不同年龄性别基础代谢系数

年龄/岁	男	女	年龄/岁	男	女
15	1.16	1.06	20~29	1.00	0.96
16	1.12	1.02	30~39	0.95	0.91
17	1.09	1.00	40~49	0.93	0.87
18	1.07	0.99	50~59	0.92	0.86
19	1.05	0.98			

课后作业

1. 简述人体能量的营养素来源。
2. 人体的能量消耗包括哪几个部分?
3. 何谓基础代谢?影响基础代谢的因素有哪些?

第三章 合理营养

学习目标
(1) 掌握合理营养的基本要求；
(2) 对中国居民膳食指南有充分的认识；
(3) 掌握食谱编制的原理与方法；
(4) 对食品正确烹调知识有一定的认识；
(5) 掌握常见食物的营养价值特点；
(6) 了解相关的食品安全知识。

本章提要

本章主要讲述了合理营养的基本要求，对中国居民膳食指南有一个简单的解读；提出食谱编制的原理与方法，对合理烹调进行了比较详细的讲解；同时对我们生活中常见食物的营养价值进行了分析，最后讲述了一些食品安全方面的知识。

关键术语

合理营养　平衡膳食　中国居民膳食指南　食谱编制　合理烹调　营养价值　食品安全

第一节　合理营养的一般要求

合理营养即适合各种情况（年龄、性别、生理条件、劳动负荷、健康状态等）的食物、营养素供给量和配比。合理营养可维持人体的正常生理功能，促进健康和生长发育，提高机体的劳动能力、抵抗力和免疫力，有利于某些疾病的预防和治疗。不能合理营养将产生营养障碍以致发生营养缺乏病或营养过剩性疾病（如肥胖症和动脉粥样硬化等）。

一、合理营养的基本要求

（一）摄入能量和各种营养素的种类、数量应与实际需要相符

这样才能够维持机体的新陈代谢、生长发育、修复组织等基本生命活动，并满足人体从事各种劳动和生活活动的消耗所需。例如，碳水化合物、脂肪和蛋白质这三大供能物质的摄入量长期超过人体的需要量或低于人体的需要量，都会影响人体的健康。服用螺旋藻可补充人体必需的各种营养物质，长期服用更能发挥螺旋藻的功效。

（二）各种营养素之间的比例要适当

例如：三大供能营养素供能比例合适；与能量代谢相关的维生素 B_1、维生素 B_2、烟酸与能量消耗之间应平衡；各种必需氨基酸的比例适宜；不饱和脂肪酸与饱和脂肪酸的比值合适；膳食钙与磷、呈酸性食物与呈碱性食物之间的平衡等。

（三）合理加工与烹调食物提高消化吸收率，减少营养素损失

例如：淘洗米的次数不宜过多，以免维生素、矿物质和脂肪等丢失过多；蔬菜要先洗后切，否则蔬菜中的维生素会溶解到水里而受到损失；绿叶蔬菜要大火快炒，这样可以减少维生素 C 的损失。

（四）食物必须新鲜、干净，对人体无毒害，质量符合食品卫生标准

食品中的微生物、化学物质、农药残留、食品添加剂、霉菌及其毒素等应符合我国食品卫生国家标准的规定，以保证人体安全。

（五）要养成良好的饮食习惯，建立合理的膳食制度

日常生活中要注意不偏食、不挑食、不暴饮暴食、不吃变质的食物。人们应根据自己不同的生理需要和生活、学习与劳动性质，合理安排餐次及食物的质和量。我国居民一般一日三餐，对学龄前及学龄儿童以三餐一点制为宜。此外，还要有一个良好的用餐环境和愉快的进餐情绪。

二、平衡膳食

（一）平衡膳食的含义

平衡膳食是指选择多种食物，经过适当搭配做出的膳食，这种膳食能满足人们对能量及各种营养素的需求，因而叫平衡膳食。

食物可分两大类：一类是动物性食物，包括肉、鱼、禽、蛋、奶及其奶制品；另一类是植物性食物，包括谷类、薯类、蔬菜、水果、豆类及其制品等。

不同种类食物的营养素不同：动物性食物、豆类含优质蛋白质；蔬菜、水果含维生素、矿物盐及微量元素；谷类、薯类和糖类含碳水化合物；食用油含脂肪；肝、奶、蛋含维生素 A；肝、瘦肉和动物血含铁。这些营养素之间能相互配合、相互制约。如维生素 C 能促进铁的吸收；脂肪能促进脂溶性维生素 A、维生素 D、维生素 E、维生素 K 的吸收；微量元素铜能促进铁在体内的运输和贮存；碳水化合物和脂肪能保护蛋白质，减少其消耗；磷酸、草酸和植酸能影响钙、铁吸收。所以，只有吃膳食结构合理的混合膳食，才能满足儿童对食物营养的摄取。

（二）平衡膳食的具体要求

1. 平衡膳食必须由多种食物组成

人类的食物多种多样，各种食物所含的营养成分不完全相同。除母乳外，任何一种天然的食物都不能提供人体所需的全部营养素。平衡膳食必须由多种食物组成才能满足人体各种营养需要，达到营养平衡，促进健康。

2. 多吃蔬菜与水果

蔬菜与水果含有丰富的维生素、矿物质和膳食纤维。蔬菜、水果和薯类对保持心血管健康,增强抗病能力,减少儿童发生眼干燥症的危险及预防某些癌症等起着重要的作用。

3. 每天坚持吃奶类、豆类及其制品

奶类除含丰富的优质蛋白质和维生素以外,含钙量较高,且利用率也很高,是天然钙质的极好来源。豆类是我国的传统食品,含丰富的优质蛋白质、不饱和脂肪酸、钙及维生素B_1、维生素B_2、烟酸等。

4. 坚持吃适量的鱼、禽、蛋、瘦肉,少吃肥肉和荤油

鱼、禽、蛋、瘦肉等动物性食物是优质蛋白质、脂溶性维生素和矿物质的极好来源。肉类中铁的利用较好,鱼类特别是海产品所含不饱和脂肪酸有降低血脂和防止血栓形成的作用。动物肝脏富含维生素A、维生素B_{12}、叶酸等。肥肉和荤油是高能量、高脂肪食物,摄入过多会引起肥胖,随着时间的推移,某些慢性病就会稍稍潜入身体危及健康,因此,应少吃。

5. 食量和体力应保持平衡

食物为人体提供能量,体力活(劳)动消耗能量。如果进食量过多而活(劳)动量减少或不足,多余的能量就会在体内以脂肪的形式积存起来,久而久之就会引起肥胖;若食量不足,劳动或运动量过大,就会由于能量不足而引起消瘦,导致劳动能力下降。因此,要保持食量与能量消耗的平衡。

6. 膳食要清淡少盐

不宜过多或经常食用动物性食物和油炸、烟熏食物。钠的摄入量与高血压发病率有相当大的关系,因而食盐不宜食用过多,世界卫生组织建议每人每天食盐的食用量为6 g。膳食中钠的来源除食盐外还包括酱油、咸菜、味精等高钠食品,及含钠的加工食品等。人们应从小要养成少盐膳食的习惯。

7. 禁烟限酒

烟杀伤人体的细胞,酒的能量高,不含其他营养素。无节制的吸烟饮酒会使食欲下降,食物摄入量减少,久而久之就会导致多种营养素缺乏;加剧对肺和肝的伤害,导致肺癌和酒精性肝硬化,增加患高血压、中风等的危险。

8. 食物要符合卫生标准

在选购食物时应当选择外观好,没有污染、杂质、变色、变味等符合卫生标准的食物,严把"病从口入"关。

第二节 中国居民膳食指南(2022)

《中国居民膳食指南(2022)》是2022年4月26日由中华人民共和国国家卫生和计划生育委员会发布,为了提出符合我国居民营养健康状况和基本需求的膳食指导建议而制定的法规,自2022年4月26日起实施。《中国居民膳食指南(2022)》是根据营养学原理,紧密结合我国居民膳食消费和营养状况的实际情况制定的。其目标是指导广大居民合理选择食物，实践平衡膳食，积极运动维持适宜体重，保持良好健康的生活状态，预防和减少膳食相关慢性疾病的发生，提高居民整体健康素质。

一、《中国居民膳食指南(2022)》的主要特色

《中国居民膳食指南(2022)》是在《中国居民膳食指南(2016)》的基础上进行修订的。修订过程中，充分考虑了我国经济社会发展的现状，并根据《中国居民营养与慢性病状况报告(2020)》中指出的我国居民面临营养缺乏和营养过剩双重挑战的情况，结合中华民族饮食习惯，以及不同地区食物可及性等多方面因素，参考其他国家膳食指南制定的科学依据和研究成果，对部分食物日摄入量进行调整，提出符合我国居民营养健康状况和基本需求的膳食指导建议。2022版《中国居民膳食指南》与2016版《中国居民膳食指南》比较，有四个方面的特色。

(一)6条"核心推荐"变为8条"膳食准则"

2022版膳食指南八条膳食准则：食物多样，合理搭配；吃动平衡，健康体重；多吃蔬果、奶类、全谷、大豆；适量吃鱼、禽、蛋、瘦肉；少盐少油，控糖限酒；规律进餐，足量饮水；会烹会选，会看标签；公筷分餐，杜绝浪费。

第一条强调"合理搭配"，说明我们不仅需注意选择食物的多样性，还需要注意食物品种的合理搭配，包括粗细搭配、荤素搭配等，只有合理搭配才能满足营养需求。

第三条强调增加"全谷类"食物摄入。全谷类食物富含B族维生素、矿物质和膳食纤维等，利于人体健康。

第六条为新增内容。规律进餐，足量饮水。一日三餐要规律，按时按量进餐。要足量饮水，健康成年女性每天摄入1500毫升，男性1700毫升。

第七条为新增内容。"会烹会选，会看标签"强调：我们要了解各类食物的营养特点，选购新鲜营养的食物，学会通过比较食物"标签"上的信息选购健康的预包装食品。

第八条是对2016版第六条的提炼，强调"公筷分餐"。公筷分餐是饮食文明的一种体现。新冠肺炎疫情下，重视公共卫生和个人卫生，推广健康文明的生活方式尤为重要。分餐享用美食，使用公筷、公勺，既能避免浪费，控制能量摄入，还能有效防止疾病传播。

(二)中国居民膳食宝塔推荐摄入量微调

第一层：谷类200～300 g，薯类50～100 g，谷类薯类分开推荐。

第三层：动物性食物合并推荐120～200 g，每周至少两次水产品，每天一个鸡蛋。

第四层：牛奶摄入推荐从300 mL增加到300～500 mL。

第五层：盐≤6 g改为≤5 g。

(三)首次提出"东方健康膳食模式"

为了预防和控制疾病，世界各地提出不同的健康膳食模式，如地中海饮食模式、DASH饮食模式、美式健康膳食等。国内专家们结合我国近期营养调查和疾病监测，发现东南沿海

一带(浙江、上海、江苏、福建、广东)膳食模式,具有蔬菜水果丰富,常吃鱼虾等水产品、大豆制品和奶类,烹调清淡少盐等优点,且该地区居民高血压及心血管疾病发生和死亡率较低、预期寿命较高。因此膳食指南首次提出以东南沿海一带膳食模式代表我国"东方健康膳食模式",希望发挥健康示范作用,有更好的指导性。

(四)2022版新增"高龄老人膳食指南"

随着我国经济、卫生健康服务水平提高,居民人均预期寿命不断增长,高龄(80岁及以上)老人比例逐渐增加,该群体营养不良、慢性病发病率高,需更专业、精细膳食指导。

二、《中国居民膳食指南(2022)》核心推荐

(一)食物多样,合理搭配

坚持谷类为主的平衡膳食模式。
每天的膳食应包括谷薯类、蔬菜水果、畜禽鱼蛋奶和豆类食物。
平均每天摄入12种以上食物,每周25种以上,合理搭配。
每天摄入谷类食物200~300 g,其中包含全谷物和杂豆类50~150 g;薯类50~100 g。

(二)吃动平衡,健康体重

各年龄段人群都应天天进行身体活动,保持健康体重。
食不过量,保持能量平衡。
坚持日常身体活动,每周至少进行5天中等强度身体活动,累计150分钟以上;主动身体活动最好每天6000步。
鼓励适当进行高强度有氧运动,加强抗阻运动,每周2~3天。
减少久坐时间,每小时起来动一动。

(三)多吃蔬果、奶类、全谷、大豆

蔬菜水果、全谷物和奶制品是平衡膳食的重要组成部分。
餐餐有蔬菜,保证每天摄入不少于300 g的新鲜蔬菜,深色蔬菜应占1/2。
天天吃水果,保证每天摄入200~350 g的新鲜水果,果汁不能代替鲜果。
吃各种各样的奶制品,摄入量相当于每天300 mL以上液态奶。
经常吃全谷物、大豆制品,适量吃坚果。

(四)适量吃鱼、禽、蛋、瘦肉

鱼、禽、蛋类和瘦肉摄入要适量,平均每天120~200 g。
每周最好吃鱼2次或300~500 g,蛋类300~350 g,畜禽肉300~500 g。
少吃深加工肉制品。
鸡蛋营养丰富,吃鸡蛋不弃蛋黄。
优先选择鱼,少吃肥肉、烟熏和腌制肉制品。

(五)少盐少油,控糖限酒

培养清淡饮食习惯,少吃高盐和油炸食品。成年人每天摄入食盐不超过5 g,烹调油25

~30 g。

控制添加糖的摄入量,每天不超过 50 g,最好控制在 25 g 以下。

反式脂肪酸每天摄入量不超过 2 g。

不喝或少喝含糖饮料。

儿童青少年、孕妇、乳母以及慢性病患者不应饮酒。成年人如饮酒,一天饮用的酒精量不超过 15 g。

(六)规律进餐,足量饮水

合理安排一日三餐,定时定量,不漏餐,每天吃早餐。

规律进餐、饮食适度,不暴饮暴食、不偏食挑食、不过度节食。

足量饮水,少量多次。在温和气候条件下,低身体活动水平成年男性每天喝水 1700 mL,成年女性每天喝水 1500 mL。

推荐喝白水或茶水,少喝或不喝含糖饮料,不用饮料代替白水。

(七)会烹会选,会看标签

在生命的各个阶段都应做好健康膳食规划。

认识食物,选择新鲜的、营养素密度高的食物。

学会阅读食品标签,合理选择预包装食品。

学习烹饪、传承传统饮食,享受食物天然美味。

在外就餐,不忘适量与平衡。

(八)公筷分餐,杜绝浪费

选择新鲜卫生的食物,不食用野生动物。

食物制备生熟分开,熟食二次加热要热透。

讲究卫生,从分餐公筷做起。

珍惜食物,按需备餐,提倡分餐不浪费。

做可持续食物系统发展的践行者。

三、《中国居民膳食指南(2022)》三大法宝

(一)中国居民平衡膳食宝塔(2022)

中国居民平衡膳食宝塔(Chinese Food Guide Pagoda,以下简称"宝塔")是根据《中国居民膳食指南(2022)》的准则和核心推荐,把平衡膳食原则转化为各类食物的数量和所占比例的图形化表示。

中国居民平衡膳食宝塔形象化的组合,遵循了平衡膳食的原则,体现了在营养上比较理想的基本食物构成。宝塔共分 5 层,各层面积大小不同,体现了 5 大类食物和食物量的多少。5 大类食物包括谷薯类、蔬菜水果、畜禽鱼蛋奶类、大豆和坚果类以及烹调用油盐。食物量是根据不同能量需要量水平设计,宝塔旁边的文字注释,标明了在 1600~2400 kcal 能量需要量水平时,一段时间内成年人每人每天各类食物摄入量的建议值范围。中国居民平

衡膳食宝塔(2022)如图 3-1 所示。

图 3-1　中国居民平衡膳食宝塔(2022)

(二)中国居民平衡膳食餐盘(2022)

中国居民平衡膳食餐盘(Food Guide Plate)是按照平衡膳食原则,描述了一个人一餐中膳食的食物组成和大致比例。餐盘更加直观,一餐膳食的食物组合搭配轮廓清晰明了。

餐盘分成 4 部分,分别是谷薯类、动物性食物和富含蛋白质的大豆及其制品、蔬菜类及水果类,餐盘旁的一杯牛奶提示其重要性。此餐盘适用于 2 岁以上人群,是一餐中食物基本构成的描述。

与膳食平衡宝塔相比,平衡膳食餐盘更加简明,给大家一个框架性认识,用传统文化中的基本符号,表达阴阳形态和万物演变过程中的最基本平衡,一方面更容易记忆和理解,另一方面预示着一生中天天饮食、错综交变、此消彼长、相辅相成的健康生成自然之理。2 岁以上人群都可参照此结构计划膳食,即便是对素食者而言,也很容易将肉类替换为豆类,以获得充足的蛋白质。中国居民平衡膳食餐盘(2022)如图 3-2 所示。

(三)中国儿童平衡膳食算盘(2022)

中国儿童平衡膳食算盘(2022)如图 3-3 所示。

(四)特殊膳食人群膳食指南

为了对特殊人群的特别问题给予指导,还特别制定了孕妇膳食指南、乳母膳食指南,0~6 个月、7~24 个月婴幼儿喂养指南,3~6 岁儿童膳食指南,7~17 岁青少年膳食指南,老年人膳食指南,高龄老人膳食指南,素食人群膳食指南 9 个人群的补充说明。除了 24 个月以下的婴幼儿、素食人群外,其他人群都需要结合膳食平衡八大准则来应用。

图 3-2　中国居民平衡膳食餐盘（2022）

图 3-3　中国儿童平衡膳食算盘（2022）

第三节　营养配餐与食谱编制

营养配餐是指根据人们身体的需要，按各种食物的营养物质含量，设计一天、一周或一个月的食谱。使人体摄入的蛋白质、脂肪、碳水化合物、维生素、矿物质等营养素比例合理，即达到平衡膳食。

营养配餐是实现平衡膳食的一种措施。平衡膳食的原则通过食谱才得以表达出来，充分体现其实际意义。

一、营养配餐的目的和意义

（1）营养配餐可以将各类人群的膳食营养素参考摄入量具体落实到用膳者的每日膳食中，使他们能按需要摄入足够的能量和各种营养素，同时又防止营养素或能量过高摄入。

（2）可根据群体对各种营养素的需要，结合当地食物的品种、生产季节、经营条件和烹饪水平，合理选择各种食物，达到平衡膳食。

（3）通过编制营养食谱，可指导食堂管理人员有计划地管理食堂膳食，也有助于家庭有计划地管理家庭膳食，并且有利于成本核算。

二、营养配餐的理论依据

(一)中国居民膳食营养素参考摄入量(DRIs)

DRIs 是每日平均膳食营养素摄入量的参考值，包括平均需要量（EAR）、推荐摄入量（RNI）、适宜摄入量（AI）和可耐受最高摄入量（UL）。制定 DRIs 的目的在于更好地指导人们膳食实践，评价人群的营养状况并为国家食物发展供应计划提供依据。DRIs 是营养配餐中能量和主要营养素的确定依据。DRIs 中的 RNI（推荐摄入量）是个体适宜营养素摄入水平的参考值，是健康个体膳食摄入营养素的目标，一般以能量需要量为基础。制定出食谱后，还需要以各营养素的 RNI 为参考，评价食谱的制定是否合理，如果与 RNI 相差不超过 10%，说明合理可用。

(二)中国居民平衡膳食指南和平衡膳食宝塔

膳食指南是合理膳食的基本规范，平衡膳食宝塔是膳食指南的量化和形象化表达。

2022 版《中国居民膳食指南》对一般人群的核心推荐为八条，其内容为：食物多样，合理搭配；吃动平衡，健康体重；多吃蔬果、奶类、全谷、大豆；适量吃鱼、禽、蛋、瘦肉；少盐少油，控糖限酒；规律进餐，足量饮水；会烹会选，会看标签；公筷分餐，杜绝浪费。

(三)食物成分表(参考 2022 版《中国居民膳食指南》)

食物的各项营养素含量不尽相同，我们计算时可参考《中国居民膳食指南（2022）》中给出的数据。

(四)营养平衡理论

（1）膳食中三种宏量营养素需要保持一定的比例平衡。膳食中产能营养素各自提供的能量占总能量的百分比为：蛋白质占 10%～15%，脂肪占 20%～30%，碳水化合物占 55%～65%。

（2）膳食中优质蛋白与一般蛋白保持适宜的比例。肉、蛋、奶、豆中的蛋白质为优质蛋白质，其数量为蛋白质总供给量的 1/3 以上。

（3）饱和脂肪酸、单不饱和脂肪酸和多不饱和脂肪酸之间的平衡。饱和脂肪酸、单不饱和脂肪酸和多不饱和脂肪酸提供的能量分别占总能量的 7% 左右、10% 和 10% 左右为宜。

三、营养食谱的编制原则

1. 保证营养平衡

(1) 品种多样,数量充足,膳食既要能满足就餐者需要又要防止过量。对一些特殊人群,如生长期的儿童和青少年、孕妇等,还要注意易缺营养素(如钙、铁、锌等)的供给。

(2) 各营养素之间的比例要适宜。膳食中能量来源及其在各餐中的分配比例要合理。要保证蛋白质中优质蛋白质占适宜的比例;要以植物油(不饱和脂肪酸)作为油脂的主要来源;同时还要保证碳水化合物的摄入;各矿物质之间也要配比适当。

(3) 食物的搭配要合理。注意酸性食物与碱性食物的搭配、主食与副食、杂粮与精粮、荤与素等食物的平衡搭配。

(4) 膳食制度要合理。建议定时定量进餐,成年人一日三餐,儿童三餐以外再加一次点心,老年人也可在三餐之外加点心。

2. 照顾饮食习惯,注意饭菜的口味

在可能的情况下,既要使膳食多样化,又要照顾就餐者的膳食习惯。注意烹调方法,做到色香味美。

3. 考虑季节和市场供应的情况

要熟悉市场可供选择的原料,并了解其营养特点。

4. 兼顾经济条件

既要使食谱符合营养要求,又要使进餐者在经济上有承受能力,才会使食谱有实际意义。

四、编制食谱的基本方法

(一) 计算法

计算法的步骤如下。

1. 确定用餐者全日能量供给量

根据体力活动水平(PAL)、年龄、性别、生理状况等,从中国成年人膳食能量推荐摄入量(RNI)表 3-1 中查得,具体数值的确定还要依据用餐者的身高、体重、健康状况、具体职业、饮食习惯等调整(如轻体力劳动的成年男子为 2 400 kcal)。

表 3-1 中国成年人膳食能量推荐摄入量(RNI)表

年龄/岁	RNI/(kcal·d)	
	男	女
18~49	2 400	2 100
	2 700	2 300
	3 200	2 700

续表

年龄/岁	RNI/(kcal·d)	
	男	女
50～59	2 300 2 600 3 100	1 900 2 000 2 200
60～69	1 900 2 200	1 800 2 000
70 以上	1 900 2 100 1 900	1 800 1 900 1 700

2. 计算产能(宏量)营养素全日应提供的能量

根据用餐者具体状况确定三大产能营养素的产能比，计算蛋白质、脂肪、碳水化合物应提供的能量。

按三大产能营养素的适宜热比确定：

蛋白质　　　2 400 kcal×15％＝360 kcal

脂肪　　　　2 400 kcal×25％＝600 kcal

碳水化合物　2 400 kcal×60％＝1 440 kcal

3. 计算三大产能营养素全日需要量

三大产能营养素的生理卡价如下。

1 g 蛋白质的生理卡价是 4 kcal。

1 g 脂肪的生理卡价是 9 kcal。

1 g 碳水化合物的生理卡价是 4 kcal。

根据三大产能营养素的卡价计算其需要量：

蛋白质　　　360 kcal÷4 kcal/g＝90 g

脂肪　　　　600 kcal÷9 kcal/g＝67 g

碳水化合物　1 440 kcal÷4 kcal/g＝360 g

4. 计算三大产能营养素每餐需要的数量

知道了三大产能营养素全日需要量后，就可以根据三餐的能量分配比例计算出三大产能营养素的每餐需要量。一般三餐能量的适宜分配比例为：早餐占 30％，午餐占 40％，晚餐占 30％。

如根据三大营养素的全日需求量，按照 30％、40％、30％的三餐供能比例，其早、中、晚三餐各需要摄入的三大产能量营养素如下。

早餐：蛋白质　　　　90 g×30％ ＝27 g

　　　脂肪　　　　　67 g×30％ ＝20 g

　　　碳水化合物　　360 g×30％ ＝108 g

午餐：蛋白质　　　　　　90 g×40％＝36 g
　　　脂肪　　　　　　　67 g×40％＝27 g
　　　碳水化合物　　　　360 g×40％＝144 g
晚餐：蛋白质　　　　　　90 g×30％＝27 g
　　　脂肪　　　　　　　67 g×30％＝20 g
　　　碳水化合物　　　　360 g×30％＝108 g

如计算提供蛋白质的食物量如下。

（1）根据蛋白质日需量(g)－日需要粮谷食物中存在的蛋白质含量(g)＝副食中应提供的蛋白质含量(g)(A)

设定副食中蛋白质 2/3 由动物性食物供给，1/3 由豆制品供给并计算结果。

（2）查食物成分表，计算某种动物性食物量和某种豆制品量。

某种动物性食物中蛋白质的含量：$A×2/3＝$动物性食物应提供的蛋白质含量(g)÷该食物中蛋白质含量(％)

同样方法计算豆制品某种动物性食物中蛋白质的含量：$A×1/3÷$该豆制品中蛋白质的含量(％)

5. 主副食品种和数量的确定：根据营养原则及饮食习惯确定食物

（1）主食品种、数量的确定。由于粮谷类是碳水化合物的主要来源，因此主食的品种、数量主要根据各类主食原料中碳水化合物的含量确定。主食的品种主要根据用餐者的饮食习惯来确定，北方习惯以面食为主，南方则以大米居多。

（2）副食品种、数量的确定。根据三大产能营养素的需要量，首先确定主食的品种和数量，接下来就需要考虑蛋白质的食物来源。蛋白质广泛存在于动物性食物中，除了谷类食物能提供的蛋白质外，各类动物性食物和豆制品是优质蛋白质的主要来源。因此，副食品种和数量的确定应在已确定主食用量的基础上，依据副食应提供的蛋白质含量确定。

以早餐为例计算。

① 能确定的食物确定下来，如奶 250 mL（蛋白质 250 g×3％＝7.5 g，碳水化合物 250 g×3.4％＝8.5 g）。

② 确定主食的品种和数量。

根据习惯选择馒头，再根据碳水化合物的含量确定数量。

所需馒头（1 个馒头约 100 g）数量：(108－8.5) g÷44％＝226 g，约 2 个馒头。

③ 其他副食品种及数量确定。

计算以上食品蛋白含量 226 g×6.2％＋7.5 g＝21.5 g。

早餐蛋白质总量 27 g，尚缺少 5.5 g，加一个鸡蛋（约含 6 g 蛋白质）。如果不吃鸡蛋改吃香肠（含 5～6 g 蛋白质）50 g。

④ 确定其他蔬菜品种及数量。

蔬菜的品种和数量可根据不同季节市场的蔬菜供应情况，以及考虑与动物性食物和豆制品配菜的需要来确定。

也以膳食宝塔估计，还要根据当地资源、价格、饮食习惯，特殊情况等确定。（必要时根

据可能以营养素补充剂、补充矿物质和维生素)

⑤ 确定脂肪用量。

牛奶:250 g×3％＝7.5 g。

馒头:226 g×1％＝2.26 g。

鸡蛋:50 g×9％＝4.5 g。

脂肪用量:20 g－7.5 g－2.26 g－4.5 g＝5.7 g。

日需植物油量(g)＝日需脂肪量(g)－日需粮谷食物中脂肪含量(g)
　　　　　　　　－日需动物性食物和日需豆制品中脂肪含量(g)

6. 食谱的评价与调整

1) 需要评价的内容

食物种类是否多样化;食物的数量是否充足;能量和营养素是否适宜;三餐能量分配是否合适;早餐能量和蛋白质分配是否合适;优质蛋白质所占比例是否适宜;三大产能营养素的供能比例是否适宜。

与 DRIs 进行比较,相差在 10％ 上下可认为符合要求,否则增减或更换食物的种类和数量。

2) 评价过程与方法

① 先按食物类别排序,列出每种食物数量。

② 按食物成分表计算出每种食物的各种营养素的量。

③ 将各种营养素的量累加,算出一日能量及各种营养素的总量。

④ 将结果与每日营养素参考摄入量比较,并评价。

⑤ 算出三大营养素供热百分比。

⑥ 算出优质蛋白质所占比例。

⑦ 计算三餐能量比例。

3) 食谱评价举例(10 岁、男)

早餐:面包 150 g;火腿 25 g;牛奶 250 g;苹果 100 g。

午餐:青椒肉片(青椒 100 g、瘦猪肉 45 g、植物油 6 g);香干芹菜(香干 30 g、芹菜 100 g、植物油 5 g);馒头(面粉 150 g)。

晚餐:西红柿炒鸡蛋(西红柿 125 g、鸡蛋 60 g、植物油 5 g);白菜豆腐汤(菠菜 50 g、南豆腐 30 g、植物油 5 g);米饭 125 g。

① 归类排序:

谷薯类:面包 150 g、面粉 150 g、米饭 125 g。

畜肉类:瘦猪肉 45 g、火腿 25 g。

豆类:香干 30 g、南豆腐 30 g。

奶类:牛奶 250 g。

蛋类:鸡蛋 60 g。

蔬菜水果:苹果 100 g、青椒 100 g、芹菜 100 g、西红柿 125 g、白菜 50 g。

纯热能食物:植物油 21 g。

② 计算营养素含量。

以其中的 150 g 面粉为例：

热能＝150 g×3.44 kcal/g＝516 kcal

蛋白质＝150 g×11.2％＝16.8 g

脂肪＝150 g×1.5％＝2.25 g

碳水化合物＝50 g×73.6％＝110.4 g

钙＝150 mg×31％＝46.5 mg

铁＝150 mg×3.5％＝5.25 mg

维生素 B_1＝150 mg×0.28％＝0.42 mg

然后将每种食物中的各种营养素累加。

常用食物能量含量如表 3-2 所示。

表 3-2　常用食物能量含量

食物/100 g	热能/kcal	食物/100 g	热能/kcal
粳米（标一）	343	猪肉（肥瘦）	395
籼米（标一）	346	花生仁	563
面粉（标准）	344	绿豆	309
玉米粉	341	赤小豆	335
玉米（干）	335		

③ 将实际营养素摄入量与推荐营养素摄入量比较。

营养素	实际摄入量	推荐摄入量
热能(kcal)	2113	2 100
蛋白质(g)	77.5	70
钙(mg)	602.9	800
铁(mg)	20	12
维生素 A(mg)	341	600
维生素 B_1(mg)	0.9	0.9
维生素 C(mg)	70	80

④ 计算三大产能营养素热比。

蛋白质热比＝77.5×4÷2 113＝14.7％

脂肪热比＝57.4×9÷2 113＝24.4％

碳水化合物＝1－14.7％－24.4％＝60.9％

⑤ 优质蛋白比例。

本例中动物性食物及大豆所含蛋白质共 35 g，35÷77.5＝45.2％。

⑥ 三餐热比。

早餐：712.2÷2 113＝33.7％

午餐：760÷2 113＝36.0％

晚餐：640÷2 113＝30.3％

(二) 食物交换份法

食物交换份法是将常用食物按其所含营养素量的近似值归类，计算出每类食物每份所含的营养素值和食物质量，然后将每类食物的内容列出表格供交换使用，最后根据不同能量需要，按蛋白质、脂肪和碳水化合物的合理分配比例，计算出各类食物的交换份数和实际质量，并按每份食物等值交换表选择食物。

食物交换份法对病人和一般健康人群都适用，此处仅介绍一般健康人群食谱的编制。

1. 常用食物的分类

根据膳食指南，依常用食物所含营养素的特点分为五大类。

1）谷类及薯类

谷类包括米、面、杂粮；薯类包括马铃薯、甘薯、木薯等。谷类及薯类主要提供碳水化合物、蛋白质、食物纤维、B族维生素。

2）动物性食物

动物性食物包括肉、禽、鱼、奶、蛋等，主要提供蛋白质、脂肪、矿物质、维生素A和B族维生素。

3）豆类及其制品

豆类及其制品包括大豆、其他干豆类，以及以豆类为主要原料经加工而成的食品，主要提供蛋白质、脂肪、食物纤维、矿物质和B族维生素。

4）蔬菜水果类

蔬菜水果类包括鲜豆、根茎、叶菜、茄果等，主要提供食物纤维、矿物质、维生素C和胡萝卜素。

5）纯能量食物

纯能量食物包括动植物油、淀粉、食用糖和酒类，主要提供能量。植物油还可提供维生素E和必需脂肪酸。

2. 各类食物的每单位食物交换代量表

1）谷类及薯类

每份谷类、薯类食物大约可提供能量756 kJ(180 kcal)、蛋白质4 g、碳水化合物38 g。

谷类及薯类食物表交换代量表如表3-3所示。

表3-3 谷类及薯类食物交换代量表

食　　物	质　　量/g
面粉	50
大米	50
玉米面	50
小米	50

续表

食　物	质　量/g
高粱米	50
挂面	50
面包	75
干粉丝	40
土豆（食部）	250
凉粉	750

2）蔬菜水果类

每份蔬菜水果大约可提供能量 336 kJ（80 kcal）、蛋白质 5 g、碳水化合物 15 g。

蔬菜水果类食物交换代量表如表 3-4 所示。

表 3-4　蔬菜水果类食物交换代量表

食　物（食部）	质　量/g
大白菜、油菜、圆白菜、韭菜、菠菜等	500～750
芹菜、莴笋、雪里蕻（鲜）、空心菜等	500～750
西葫芦、西红柿、茄子、苦瓜、冬瓜、南瓜等	500～750
花菜、绿豆芽、茭白、蘑菇（鲜）等	500～750
柿子椒	350
豇豆（鲜）	250
倭瓜	350
萝卜	350
蒜苗	200
水浸海带	350
李子、葡萄、香蕉、苹果、桃、橙子、橘子等	200～250

3）动物性食物

每份动物性食物大约可提供能量 378 kJ（90 kcal）、蛋白质 10 g、脂肪 5 g、碳水化合物 2 g。

动物性食物交换代量表如表 3-5 所示。

表 3-5　动物性食物交换代量表

食物（食部）	质　量/g
瘦猪肉	50
瘦羊肉	50
瘦牛肉	50

续表

食物（食部）	质量
鸡蛋（8个约500 g）	1个
禽	50 g
肥瘦猪肉	25 g
肥瘦羊肉	25 g
肥瘦牛肉	25 g
鱼虾	50 g
酸奶	200 g
牛奶	250 g
牛奶粉	30 g

4）豆类

每份豆类大约可提供能量188 kJ(45 kcal)、蛋白质5 g、脂肪1.5 g、碳水化合物3 g。豆类食物交换代量表如表3-6所示。

表3-6　豆类食物交换代量表

食物（食部）	质量/g
豆浆	125
豆腐（南）	70
豆腐（北）	42
油豆腐	20
熏干	25
腐竹	5
千张	14
豆腐皮	10
豆腐丝	25

5）纯能量食物

每份食物大约可提供能量188 kJ(45 kcal)、脂肪5 g。

纯能量食物交换代量表如表3-7所示。

表3-7　纯能量食物交换代量表

食物	质量/g
菜籽油	5
豆油、花生油、棉籽油、芝麻油	5
牛油、羊油、猪油（未炼）	5

3. 按照平衡膳食宝塔上标出的数量安排每日膳食

平衡膳食宝塔建议不同能量膳食的各类食物参考摄入量如表 3-8 所示。

表 3-8　平衡膳食宝塔建议不同能量膳食的各类食物参考摄入量/(g·d)

食物	低能量（约 1800 kcal）	中等能量（约 2400 kcal）	高能量（约 2800 kcal）
谷类	300	400	500
蔬菜	400	450	500
水果	100	150	200
肉、禽	50	75	100
蛋类	25	40	50
鱼、虾	50	50	50
豆类及其制品	50	50	50
奶类及其制品	100	100	100
油脂	25	25	25

根据用餐者年龄、性别、身高、体重、体力活动水平、健康状况、生理状况等进行调整。食谱的评价与计算法相同。

从事轻体力劳动的成年男子如办公室职员等，可参照中等能量膳食来安排自己的进食量；从事中等以上强度体力劳动者如一般农田劳动者，可参照高能量膳食进行安排；不参加劳动的老年人可参照低能量膳食来安排。

女性一般比男性的食量小，因为女性体重较轻及身体构成与男性不同。女性需要的能量往往比从事同等劳动的男性低 200 kcal 或更多些。一般来说，人们的进食量可自动调节，当一个人的食欲得到满足时，他对能量的需要也就会得到满足。

4. 根据各种食物需要量、参考食物交换代量表，确定不同能量等供给量食物交换份数

在办公室工作的男性职员，根据中等能量膳食各类食物的参考摄入量，需要摄入谷类 400 g，蔬菜 450 g，水果 150 g，肉、禽类 75 g，蛋类 40 g，鱼虾类 50 g，豆类及豆制品 50 g，奶类及奶制品 100 g，油脂 25 g，这相当于 8 份谷薯类食物交换份、1~2 份果蔬类交换份、4 份肉蛋奶等动物性食物交换份、2 份豆类食物交换份、5 份油脂类食物交换份。

食物交换份法是一个比较粗略的方法，实际应用中，可将计算法与食物交换份法结合使用，首先用计算法确定食物的需要量，然后用食物交换份法确定食物种类及数量。通过食物的同类互换，可以以一日食谱为模本，设计出一周、一月食谱。

值得注意的是，食物交换代量表的交换单位不同，折合的食物交换份数也不同。这些食物分配到一日三餐中可做如下安排。

早餐：牛奶 250 g、白糖 20 g、面包 150 g、大米粥 25 g。

午餐：饺子 200 g（瘦猪肉末 50 g、白菜 150 g）、小米粥 25 g、炝芹菜 200 g。

加餐：梨 200 g。

晚餐：米饭 150 g、鸡蛋 2 个、炒莴笋 150 g（全日烹调用油 25 g）。

还可以根据食物交换表,改变其中的食物种类,可做如下安排。

早餐:糖三角 150 g、高粱米粥 25 g、煎鸡蛋 2 个、咸花生米 15 g。

午餐:米饭 200 g、瘦猪肉丝 50 g、炒菠菜 250 g。

加餐:梨 200 g。

晚餐:烙饼 100 g、大米粥 25 g、炖大白菜 250 g、北豆腐 100 g(全日烹调用油 20 g)。

(三) 计算法可与食物交换份法结合使用

先用计算法确定食物需要量,再用食物交换份法确定和互换食物种类及数量。

(四) 编制食谱的效果观察

经 1~3 个月或适宜的食用期后,通过食用者体格检查、自我感觉效果、机能检查、化验检查判定效果。

五、营养素在食物烹调加工中的损失

(一) 维生素

过细粉碎,暴露在空气中的时间长,高温、光照,遇碱一般都会造成破坏。

(1) 精米、精面中的 B 族维生素的损失率可达 70% 以上。

(2) 蔬菜经炒制加工维生素 C 保存率为 45%~98%;在铁、铜离子、氧、pH 值大于 5 的环境下,维生素 C 易破坏;维生素 C 也和广泛存在于水果蔬菜中的花色素等色素发生反应而失去活性。

(3) 维生素 B 在加工中不稳定,炸油条中维生素 B_1 损失近 100%。

(4) 维生素 B_2 在酸性溶液中较稳定,对光敏感;在中性和碱性时,肉类中的维生素 B_2 在加工中较稳定。

(5) 烟酸在烹调中稳定,但可在漂洗中流失。

(6) 类胡萝卜在大多数食物产品中稳定,但在空气中脱水干燥加工的食物却损失较大。对绿色、黄色蔬菜的过分加热都会使 α-胡萝卜素及 β-胡萝卜素发生顺反异构化,而顺式异构体比反式异构体的生物活性低。过度加热会引起维生素 A 原生物活性下降;但加热对具有很高纤维含量的食物,如胡萝卜,则有利于对胡萝卜素的吸收。

(7) 油炸牛肝、鸡肝可引起维生素 A 损失 10%~20%;牛奶中的维生素 A 也可因放在透明玻璃杯内被阳光照射而破坏。

(8) 叶酸在食物中的结合形式与它的稳定性有关,单谷氨酸形式(不结合型)在酸性和中性环境下对热的稳定性为中等。牛奶经巴氏消毒时叶酸稳定,但煮沸 5 s 后叶酸损失 40%~90%,铜可催化分解。

(9) 维生素 B_{12} 在 pH 值为 4~5 时,具有中等度稳定性,pH 值升高,光照引起分解,铁盐能催化它的分解。巴氏消毒牛奶对维生素 B_{12} 含量影响不大;蒸发奶则可损失维生素 B_{12} 70%~90%。

(10) 维生素 D 对氧和光都敏感;维生素 K 对光敏感;维生素 E 在有铜存在时被氧化;

高温炸过的油维生素E损失很多。

(二) 矿物质

植酸铁、草酸铁的可吸收铁很低,矿物质溶于水可流失。

(三) 蛋白质与氨基酸

(1) 蛋白质被碱处理时,可形成赖氨丙氨酸,不能被水解;碱处理玉米可使其中的精氨酸与胱氨酸损失15%,但可使其中的烟酸具有生物活性。

(2) 食物贮存和加工中的非酶褐变可降低质量。

(四) 脂肪

(1) 植物油的提纯,除去了脂肪酸和胡萝卜素,减少了维生素E。

(2) 植物油的氢化,减少了必需脂肪酸,并形成反油酸(反18碳烯-9酸)与动脉硬化性疾病等有关。

(3) 油脂在加工烹调中有降解的可能,可使吸收率下降,影响生长发育,胃肠蠕动减少,肝、肾增大,体脂贮存减少。

用玉米油、棉籽油、酥油炸马铃薯片连续7.5 h,亚油酸损失4%～11%,类胡萝卜素、维生素A、维生素E破坏。

六、制定食谱时要注意的问题

制定食谱时,还要注意一些常吃却不科学的饮食搭配,甚至是搭配有毒的饮食。

1. 土豆烧牛肉

由于土豆和牛肉在被消化时所需的胃酸的浓度不同,就势必延长食物在胃中的滞留时间,从而引起肠胃消化吸收时间的延长,久而久之,必然导致肠胃功能的紊乱。

2. 小葱拌豆腐

豆腐中的钙与葱中的草酸会结合成白色沉淀物——草酸钙,同样造成人体对钙的吸收困难。

3. 豆浆冲鸡蛋

鸡蛋中的黏液性蛋白会与豆浆中的胰蛋白酶结合,从而失去二者应有的营养价值。

4. 茶叶煮鸡蛋

茶叶中除生物碱外,还有酸性物质,这些化合物与鸡蛋中的铁元素结合,对胃有刺激作用,且不利于消化吸收。

5. 炒鸡蛋放味精

鸡蛋本身含有许多与味精成分相同的谷氨酸,所以炒鸡蛋时放味精,不仅增加不了鲜味,反而会破坏和掩盖鸡蛋的天然鲜味。

6. 红、白萝卜混吃

白萝卜中的维生素C含量极高,但红萝卜中却含有一种叫抗坏血酸的分解酵素,它会破坏白萝卜中的维生素C。一旦红、白萝卜配合,白萝卜中的维生素C就会丧失殆尽。不仅如此,在与含维生素C的蔬菜配合烹调时,红萝卜都充当了破坏者的角色。还有胡瓜、南瓜等也含有类似红萝卜的分解酶素。

7. 萝卜、水果同吃

近年来科学家们发现,萝卜等十字花科蔬菜进入人体后,经代谢很快就会产生一种抗甲状腺的物质——硫氰酸。该物质产生的多少与摄入十字花科蔬菜的量成正比。此时,如果摄入含大量植物色素的水果如橘子、梨、苹果、葡萄等,这些水果中的类黄酮物质在肠道被细菌分解,转化成羟苯甲酸及阿魏酸,它们可加强硫氰酸抑制甲状腺的作用,从而诱发或导致甲状腺肿。

8. 海味与水果同食

海味中的鱼、虾、藻类,含有丰富的蛋白质和钙等营养物质,如果与含有鞣酸的水果同食,不仅会降低蛋白质的营养价值,且易使海味中的钙与鞣酸结合成一种新的不易消化的物质,这种物质会刺激胃而引起不适,使人出现腹痛、呕吐、恶心等症状。含鞣酸较多的水果有柿子、葡萄、石榴、山楂、青果等,这些水果不宜与海味菜同时食用,以间隔2h为宜。

9. 牛奶与橘子同食

刚喝完牛奶就吃橘子,牛奶中的蛋白质就会先与橘子中的果酸和维生素C相遇而凝固成块,影响消化吸收,而且还会使人发生腹胀、腹痛、腹泻等症状。

10. 酒与胡萝卜同食

最近,美国食品专家告诫人们:酒与胡萝卜同食是很危险的。专家指出,因为胡萝卜中丰富的β-胡萝卜素与酒精一同进入人体,就会在肝脏中产生毒素,从而引起肝病。特别是在饮用胡萝卜汁后不要马上饮酒。

11. 白酒与汽水同饮

白酒、汽水同饮后会很快使酒精在全身挥发,并生产大量的二氧化碳,对胃、肠、肝、肾等器官有严重的危害,对心脑血管也有损害。

12. 吃肉时喝茶

有的人在吃肉食、海味等高蛋白食物后,不久就喝茶,以为能帮助消化。殊不知,茶叶中的大量鞣酸与蛋白质结合,会生成具有收敛性的鞣酸蛋白质,使肠蠕动减慢,从而延长粪便在肠道内滞留的时间。既容易形成便秘,又增加有毒和致癌物质被人体吸收的可能性。

13. 葱菇鸡块(鸡肉+芝麻)

芝麻能滋补肝肾,养血生津,润肠通便,乌发,但与鸡肉同食会中毒,严重的中毒者会死亡。

14. 五香茶叶蛋(茶叶+鸡蛋)

浓茶中含有较多的单宁酸,单宁酸能使鸡蛋中的蛋白质变成不易消化的凝固物质,影响人体对蛋白质的吸收利用。

15. 黄豆炖猪蹄(猪蹄+黄豆)

黄豆膳食纤维中的醛糖酸残基可与猪蹄中的矿物质合成螯合物而干扰或降低人体对这

些元素的吸收。

16. 白萝卜木耳汤(白萝卜+木耳)

白萝卜性平微寒,具有清热解毒、健胃消食、化痰止咳、顺气利便、生津止渴、补中安脏等功效。需要注意,白萝卜与木耳同食可能会得皮炎。

17. 西红柿烩平鱼(西红柿+鱼肉)

西红柿中的维生素C会对鱼肉中的铜元素的释放产生抑制作用。

18. 红豆冬瓜鲫鱼汤(鲫鱼+冬瓜)

鲫鱼性温味甘,和胃补虚,消肿去毒,利水通乳,但若与冬瓜同食会使身体脱水。

19. 红黄沙拉(黄瓜+西红柿)

西红柿含大量维生素C,有增强机体抵抗力、防治坏血病、抗感染等作用。而黄瓜中含有维生素C分解酶,同食可使其中的维生素C遭到破坏。

20. 酸辣黄瓜拌凉粉(黄瓜+辣椒)

黄瓜含维生素C分解酶,会使辣椒中的维生素C遭到破坏,降低其营养价值。

21. 菠菜豆腐羹(菠菜+豆腐)

豆腐里含有氯化镁、硫酸钙这两种物质,而菠菜中则含有草酸,两种食物遇到一起可生成草酸镁和草酸钙,不能被人体吸收。

第四节 合 理 烹 调

烹调是食物的一种加工过程,其目的有三:一是使食物变熟,以利于人体食用后的消化、吸收;二是赋予食物美好的色、香、味,以提高食物的感官性状,增进食欲;三是杀灭食物中的细菌、寄生虫等有害生物,确保食用者安全。合理烹调能尽量减少营养素的损失或破坏。

食品经过烹饪处理,可以杀菌并增进食品的色、香、味,使之味美且容易消化吸收,提高其所含营养素在人体的利用率。食品在加工烹饪过程中会发生一系列的物理化学变化,使某些营养素遭到破坏,因此在烹饪过程中要尽量利用其有利因素提高营养,促进消化吸收,同时又要控制不利因素,尽量减少营养素的损失。

各类食物中所含营养素的数量一般是指烹饪前的含量,大多数的食物经过加工、贮存和烹饪会损失一部分营养成分,因此,不仅要认真选择食物,还要科学合理地保存、加工和烹饪食物,以最大限度地保留食物中的营养素。

一、烹调加工对食物营养价值的不利影响

(一)初加工的不当而造成营养素损失

在日常生活中人们总爱吃精米、精面,把米反复淘洗干净,蔬菜切后才洗,对肉类也总是

用水冲洗干净,以讲究卫生,实际上,这种初加工却造成了大量营养素的损失。

据有关资料报道:淘米时,损失维生素 B_1 30%～60%、无机盐 70%、蛋白质 15.7%、碳水化合物 2%,如果淘米次数越多,无机盐及其他营养素的损失也越多;水浸时间越长,流失量越大;水流越快,损失越高。精米、精面由于碾磨精细,所含的维生素已所剩无几,就连微量元素锌、铁、锰也不能幸存。

同样,蔬菜在切配、洗涤、盐浸、浸泡过程中也会造成大量营养素的损失。如白菜中维生素 C,先洗后切,切后即测,几乎不损失,而切后放 2 h,损失率为 2.4%,切后冲洗,25 min 后,损失率为 8.4%,切后浸泡 0.5 h,损失率为 23.8%。因此,蔬菜切得越细,切后冲洗的时间越长,以及切后放置时间越长,其损失也将越大。其中损失最大的为维生素 C,其次是水溶性维生素及无机盐。

白菜烹调后维生素 C 的损失率如表 3-9 所示。

表 3-9 白菜烹调后维生素 C 的损失率

处理方法	每 100 克中含量/mg	每 100 克中损失量/mg	损失率
先洗后切,切后立即测定	26.54	…	…
切后放置 2 h	25.91	0.63	2.4
切后冲洗 2 min	24.20	2.34	8.8
切后浸泡 15 min	21.80	4.74	17.9
切后浸泡 30 min	20.23	6.31	23.8
切后烫 2 min 不挤汁	14.58	11.96	45.1
挤汁	6.07	20.47	71.1

肉类切后再洗会造成所含有机物、脂肪、无机盐、维生素及酶随水流失,使肉质易软嫩,从而导致肉的营养价值和鲜味降低。

(二) 不同烹调方法对食物营养素的损失不同

水煮面时维生素 B_1、维生素 B_2 分别可损失 49%、57%;炸油条和油炸食品,因高温加碱可使维生素 C 损失 36%,胡萝卜素损失 24%;烙饼时,维生素 B_1 和维生素 B_5 可损失 10%,维生素 B_2 损失 20%;开锅烧菜会使维生素 C 损失 50%,维生素 A 损失 10%～30%;旺火快炒白菜,维生素 C 保存量为 60%～70%,而用水煮 10 min 后测,其中 40%被破坏,30%溶于水,仅保存 30%左右,炒后放 1 h,维生素 C 可损失 10%,放置 2 h 可损失 1%,5 h 后再回锅,则几乎完全损失。在煮肉或炖肉时,当温度达到 63℃时,就有相当的肉汁流出,使肉块收缩,随着温度升高,肉汁溢出增加,当肉煮熟时,肉汁溢出量达 50%左右,肉的营养素及含量物也随之流入汤内。有资料介绍:煮肉或炖肉溢出蛋白质 4%、无机盐 40%～50%、维生素 B_1 20%、维生素 B_2 10%;烤肉时只有 20%水分损失,大多数以水分蒸发的形式失掉,若挂糊上浆,急火快炒,则几乎无汤汁溢出,其中损失最多的是维生素 B_1,其次是维生素 B_2 和维生素 B_5。

炒菜时蔬菜中总抗坏血酸和胡萝卜素保留率如表 3-10 所示。

表 3-10　炒菜时蔬菜中总抗坏血酸和胡萝卜素保留率/(%)

蔬菜名称	烹调方法	总抗坏血酸	胡萝卜素
绿豆芽	炒	59	—
豆	炒	67	93
油菜	炒	64	76
小白菜	炒	69	94
卷心菜	炒	68	—
雪里蕻	炒	69	79
菠菜	炒	84	87
大白菜	炒	57	—
青椒	炒（切成丝）	78	90
西红柿	炒	94	—
胡萝卜	炒（切成丝）		79
马铃薯	炒	54	—
绿苋菜	炒	70.2	—
茼蒿菜	炒	53.2	—
白萝卜	炒（切成丝）	68.5	—
黄豆芽	炒	42.5	—
鸡毛蒜	炒	84.6	—

（三）导热物质油、水对食物营养价值产生的影响

对动物性原料，若用油导热，将导致脂肪性维生素 A、维生素 D、维生素 E 和维生素 K 的损失；同样，植物性原料用水也会导致水溶性维生素及矿物质的损失，如用水导热后慢火炖、煮，则可使食物中含有的水溶性维生素丧失殆尽。

米面制品烹调维生素保存率如表 3-11 所示。

表 3-11　米面制品烹调维生素保存率/(%)

名称	原料	烹调方法	硫胺素	核黄素	烟酸
米饭	特二稻米	捞、蒸	17	50	21
米饭	标一稻米	捞、蒸	33	50	34
米饭	标一稻米	碗、蒸	62	100	30
粥	小米	熬	18	30	67
馒头	富强粉	发酵、蒸	28	62	91
馒头	标准粉	发酵、蒸	70	86	90
面条	富强粉	煮	69	71	73
面条	标准粉	煮	51	43	78
大饼	富强粉	烙	97	86	96
大饼	标准粉	烙	79	86	100
烤饼	标准粉、芝麻酱	烙、烤	64	100	94
油条	标准粉	炸	0	50	52

不同烹调方法对动物性食物维生素保存率如表 3-12 所示。

表 3-12　不同烹调方法对动物性食物维生素保存率/(%)

食物名称	烹调方法	硫胺素	核黄素	烟酸	维生素 A
猪肉	炒肉丝 1.5～2.5 min	87	79	55	
猪肉	肉丸子约 1 h	53	13	70	
猪肉	炸里脊肉 1.5 min	57	62	47	
猪肉	清炖:加水 6 倍大火煮沸后小火煨 30 min	35	59	25	
猪肉	红烧:油煎 3 min 大火煮沸后小火煨 1 h	40	62	5	
猪肝	炒:油炒 3 min	68	99	83	50
猪肉	卤:大块放入水中煮约 1 h	45	63	45	50
鸡蛋	炒:油炒 1～1.5 min	87	99	100	
鸡蛋	煮:整蛋煮沸 10 min	93	97	96	

二、减少营养损失的措施

(一) 进行合理的加工

在主食方面尽量选用标准米、标准面,淘米次数适当,不要搓揉,更不要用水冲洗,淘米不用温热水,煮饭提倡不弃米汤。馒头、包子等面制食品尽量少加碱,以免破坏所含的维生素。大豆最好制成豆腐,因大豆中含有多种微量元素,特别是豆制品中经加工得以充分保存。蔬菜、肉等原料应先洗后切,不宜切得太细碎,否则容易破坏菜的营养。菜切好后,不要久放,也不要在水中久泡,因那样往往会造成蔬菜维生素和无机盐的部分损失。为保障蔬菜的营养物质,最好随切随炒;肉类如果不脏,最好不洗,需要洗时应先洗后切,洗时不要洗得过分,更不要切后再洗,这样可防止脂肪、蛋白质、无机盐、有机物及部分维生素溶于水中而损失,否则将影响其营养价值和鲜味,还会因大量酶的溢出而使肉的质地变软,丧失风味。

(二) 合理改善烹调方法

1. 对粮食、肉原料最好用蒸、烤,其次是煮,再次是油炸

面粉常用的加工方法有蒸、煮、炸、烙、烤等,制作方法不同,营养素损失程度也不同。一般蒸馒头、包子、烙饼时营养素损失较少;煮面条、饺子等大量的营养素如维生素 B_1(可损失 49%)、维生素 B_2(可损失 57%)和烟酸(可损失 22%)可随面汤丢弃,所以煮面条、饺子的汤尽量喝了;炸制的面食如油饼等可使一些维生素几乎全部被破坏,所以要少吃。

蒸时最好用盒子蒸,这样,不使汤汁流失。烤时,一是要控制温度,因米面中的赖氨酸与碳水化合物会发生反应产生糖色物质。如果温度过高,不仅降低其感观性,还使赖氨酸失去作用,从而降低了烘烤制品蛋白质的营养价值。油炸不宜温度过高,否则,维生素将大量损失。

2. 米类的烹调

米类加工前的淘洗就可损失较多营养素,根据实验,大米经一般淘洗维生素 B_1 的损失率可达40%～60%,维生素B_2和维生素B_5可损失23%～25%,洗的次数越多,水温越高,浸泡时间越长,营养素的损失越多。所以淘米时要根据米的清洁程度适当洗,不要用流水冲洗,不要用热水烫,更不要用力搓。

米类以蒸煮比较好,吃捞饭丢弃米汤的方法营养素损失最多,除维生素B_1、维生素B_2和维生素B_5可损失50%～76%外,还可失掉部分矿物质。

3. 蔬菜类最好旺火快炒,其次是凉拌,再次是焯、煮

蔬菜是我国居民膳食中维生素C、胡萝卜素和矿物质的主要来源。浸泡可使B族维生素和维生素C损失,在切菜过程中也可损失部分维生素C。用旺火快炒可使维生素C保存60%～80%。其原因:一是可以缩短成菜时间,减少在加热时对维生素C的破坏;二是可在短时间内利用油的高温将原料中的氧化分解酶的活性破坏掉,减少酶对维生素C的分解破坏。此外,旺火快炒还可以减少原料水分外溢,既能保持蔬菜色鲜、脆嫩,又可防止部分维生素和无机盐焯水流失。但炒时,放油不宜过多,过多的油炒菜,人吃到肚子里,不能充分与肠胃的消化液接触,易造成消化不良,脂肪也不能被人体合理吸收。焯水时,一是用沸水下锅,焯水时间应尽量短,为了保证蔬菜的绿色,可加少许凉油,因凉油均匀地包裹在原料外,能减少原料与空气接触的机会,可保持其绿色和减少原料水分的外溢,避免用碱破坏维生素。

凉拌时,可少加醋,有利于维生素C的保存;放植物油,有利于胡萝卜素的吸收;放葱、蒜能提高维生素B_1、维生素B_2的利用。

4. 肉类可用挂糊上浆来保护营养素

挂糊上浆可以减少原料中的水分、含氮有机物、风味物质及脂肪的溢出,防止一些水溶性营养素随水进入汤汁,使原料受热均匀。同时,淀粉中含有一种还原型的物质朊甘肽,可起到抗氧化作用,防止营养素氧化,起荤素搭配、营养互补的作用。在烹调时最好用随时加热的炒、滑、爆等方法,这些方法使肉质原料营养损失最小。对肌纤维较粗、水分较少的瘦肉,应长时间加热,因这类原料蛋白质较丰富,用冷水煮沸后改用小火长时间加热,有利于蛋白质变性、水解,也有利于脂肪和含氮有机物充分溢出,使汤汁可口,肉质柔软,利于消化吸收。但应控制火候及烹调时间,防止蛋白质过度老化。由于油炸、烤等高温加热,对其营养素损失较大,必须严格控制温度和加热时间,否则还会给人体带来危害。

5. 鱼类的烹调

红烧或清炖维生素损失最多,但可使水溶性维生素和矿物质溶于汤内;蒸或煮对糖类和蛋白质起部分水解作用,也可使水溶性维生素及矿物质溶于水中,因此在食用以上方法烹调的鱼类食物时要带汤一起吃掉。

6. 鸡蛋的烹调

蒸、煮和炒鸡蛋的营养素损失少,炸鸡蛋维生素损失较多。

7. 烧烤食物要少吃

烧烤食物有诱人的香味和可口的滋味,但食物经过烧烤维生素大量破坏,脂肪、蛋白质也会受到损失。肉类在烧烤过程中可产生某种致基因突变的物质,可以诱发某些癌症,还会产生某些致癌作用较强的 3,4-苯并芘。此外,烧烤时还会产生二氧化碳、二氧化硫等有害气体和灰尘,污染空气,所以人们还是少吃烧烤食物为宜。

在烹调时,加点醋可以减少维生素 C 的损失。炖鲜汤时,要用冷水下锅,尽可能让营养物质充分溶于汤内,若以吃肉为目的则沸水下锅。煮骨头汤时,可加少许醋,不仅增加鲜香味,还可使钙的物质易于溶解。

(三) 合理选择导热物质

一般来说,荤的原料选用水导热,这样有利于蛋白质、脂肪分解,从而提高其消化吸收率,且脂溶性维生素也不易损失。同样,蔬菜用油导热,通过急火快炒后,能较大程度地保存水溶性维生素,也不会使膳食组织老化而不容易消化。

第五节 常见食物的营养价值

食物是供给人体热量及各种营养素的物质基础。一般来说,按食品性质及来源,我们可以把食物分为以下几类。

(1) 动物性食品:畜禽肉类、水产品、奶、蛋等。
(2) 植物性食品:粮谷类、豆类、水果、蔬菜、薯类等。
(3) 以动、植物食物为原料,经加工所得的产品。
各种食物都有其相应的营养价值。

一、粮谷类

粮谷类主要包括小麦、大米、玉米、小米、高粱、薯类等杂粮。谷类食品在我国膳食中占比 49.7%,占很重要的地位。

(一) 主要营养成分

1. 蛋白质

谷类蛋白质的含量一般为 7.0%～16%。一般谷类蛋白质的赖氨酸含量少,苏氨酸、色氨酸、苯丙氨酸、蛋氨酸偏低。可采用氨基酸强化和蛋白质互补的方法提高谷类蛋白质的营养价值,此外,可用基因调控手段来提高谷类蛋白质的含量、改善谷蛋白质的氨基酸组成,提高其营养价值。

2. 碳水化合物

谷类碳水化合物主要为淀粉,含量达 70% 以上,集中在胚乳的淀粉细胞内。天然的淀粉由直链淀粉和支链淀粉组成,大多数淀粉含直链淀粉 10%～12%,含支链淀粉 80%～90%。

3. 脂肪

谷类籽粒的脂肪含量一般都不高,为 2%～3%,集中在糊粉层、胚芽和谷皮中,加工时易丢失。从米糠中可提取与机体健康有密切关系的米糠油、谷维素和谷固醇。谷类脂肪多为不饱和脂肪酸，如玉米、小麦胚芽提取的胚芽油，80%以上为不饱和脂肪酸，其中亚油酸含量为60%，并含丰富的卵磷脂、维生素E，具有降低血清胆固醇、防止动脉粥样硬化作用。

4. 矿物质

谷类无机盐含量为1.5%～3.0%，主要集中在胚芽、谷皮及糊粉层，其中主要是磷(占50%)，其次是钾(占1/4～1/3)，镁含量也较高，钙含量较少。谷类矿物质多以植酸盐形式存在，植酸与矿物质的分布类似，胚乳中几乎不含植酸。谷类加工精度低时，矿物质的生物利用率较低。

5. 维生素

谷类是膳食中B族维生素(特别是维生素B_1和烟酸)的重要来源，主要集中在糊粉层、胚芽和谷皮部。谷类加工的精度越高，维生素损失就越多。

(二) 重要粮谷类食物的营养价值

1. 大米

籼米：易消化吸收，胀性大，黏性差。

粳米：胀性小，难消化。

糯米：黏性强，难消化，不宜做主食，胃肠病患者少食。

2. 小麦

小麦根据加工精度分为标准粉、富强粉和精白粉，而其营养价值由小到大。我国1950年规定稻米和小麦的加工精度为"九二米"和"八一粉"，1953年又将出米率和出粉率进一步提高，确定"九五米"和"八五粉"为标准米和标准面(即每100 kg去壳的糙米和小麦分别加工成95 kg大米和85 kg面粉)。从营养素含量来说，虽然比糙米和全麦粉有些损失，但比精白米、精白面保留了相当多的纤维素和无机盐，基本符合谷类加工的原则，在节约粮食和预防某些营养素缺乏病方面取得了良好的经济效益和社会效益。

3. 黑米

黑米的蛋白质高达16.24%，为普通大米的2倍，铁和钙的含量分别为普通大米的3倍和3～5倍。黑米有补血、健脾、治疗贫血和神经衰弱等功效。

4. 小米

小米所含蛋白质、脂肪及钙、磷、铁等多于大米，蛋白质中苏氨酸、色氨酸、蛋氨酸含量也高于一般谷粮，B族维生素含量较丰富，并含有少量胡萝卜素，具有清热、健胃、安眠、补虚等功效，消化吸收率高，民间常将小米粥作为产妇的滋补品。

5. 玉米

玉米16世纪被外国人当作晋见皇帝的礼品，故称"御麦"。

玉米的蛋白质含量为8.80%，脂肪含量为3.8%，比精白米面高5～6倍，其中50%以上为亚油酸，还含有谷固醇、卵磷脂、维生素E等营养素，具有降低血清胆固醇、防止高血压、冠心病、防止细胞衰老、脑功能衰退等作用。

玉米含有大量膳食纤维,能刺激肠道蠕动,缩短大便在肠道中的停留时间,防止致癌物引起的结肠癌,玉米的抗癌作用日益引起人们的重视。玉米中的烟酸为结合型,加碱或小苏打可使其分解为游离型,更好地被人体利用。玉米中含有较多的钙和镁,对维持心肌正常功能起到良好的作用。玉米还有利尿、利胆、止血、降压等作用。

6. 燕麦

燕麦的蛋白质高达15％(个别品种可高达21％),所含赖氨酸也是其他谷类所不及,脂肪含量为6.7％,超过其他谷粮1.5倍,其中亚油酸含量较多,其余为磷脂、胆碱、谷固醇与维生素E,以及丰富的矿物质和微量元素(钾、钙、镁、铁、锌、锰、硒等),对降低血脂、维护心脑血管的健康、延缓衰老都有良好的作用。

燕麦可加工制成片状干品,即燕麦片,营养丰富,加入牛奶中作为早餐食用更为理想。

7. 荞麦

荞麦的种植历史悠久,蛋白质高达7％～13％(小麦为59％、大米为70％、荞麦为80％);氨基酸种类多,含量高,品质优良,尤其是赖氨酸;脂肪较低(2％左右),但可提供人体所需的部分必需脂肪酸——亚油酸和亚麻酸;碳水化合物为易于糖化的淀粉,易于消化吸收;矿物质和微量元素含量也很丰富,钾、镁、铜、铁等含量较高,对调节心律、扩张血管、降低血脂、防止动脉粥样硬化和血栓形成及维护心血管系统健康、调节酸碱平衡、增强免疫力、镇定神经等都起到重要的作用。荞麦还含有多种维生素(如维生素B_1、维生素B_2、维生素B_6、维生素E、烟酸等),有利于食物的消化和营养物质的吸收(其中维生素B_2含量高于大米和玉米2～10倍)。最突出的是含有其他谷类所没有的芦丁,芦丁是治疗高血压、防止微血管出血的辅助药物。

(三) 谷类的合理利用

1. 合理加工

谷类加工有利于食用和消化吸收。加工精度越高营养素损失就越多,影响最大的是维生素和矿物质。

2. 合理烹调

烹调过程会使B族维生素有不同程度的损失,加碱蒸煮、炸油条等则损失更为严重。

3. 合理搭配

谷类食物蛋白质生物价较低,易与含赖氨酸多的豆类和动物性食物混合食用,以提高谷类食物的营养价值。

二、豆类及其制品

豆类的品种很多,根据营养成分的含量,大致可分为两类:大豆(黄豆、黑豆、青豆)和其他豆类(包括豌豆、蚕豆、绿豆、红豆、小豆、芸豆等)。

(一) 大豆营养成分

(1) 大豆含有较高的蛋白质(35％～40％)。大豆蛋白质是最好的植物性优质蛋白质,含有丰富的赖氨酸(是谷物的 2 倍以上),是与谷类蛋白质互补的天然理想食品。

(2) 大豆含碳水化合物 25%～30%,其中一半是人体不能消化吸收的棉籽糖和水苏糖,此外,还有由阿拉伯糖和半乳聚糖所构成的多糖,它们在大肠中能被微生物发酵产生气体,引起腹胀,但同时是双歧杆菌的生长促进因子。在加工时这些糖类基本上可除去。

(3) 大豆含脂肪(15%～20%),大豆油脂中含不饱和脂肪酸高达 85%,亚油酸高达 50%以上,另外,还含有较多的磷脂和具有抗氧化能力的维生素 E。

(4) 大豆中矿物质含量 4.5%～5.0%,钙含量高于普通谷类;豆类还是一类高钾、高镁、低钠的碱性食品。豆类微量元素的含量也较高。大豆中的矿物质生物利用率也较低。

(5) 大豆含有较多的 B 族维生素,硫胺素、核黄素是面粉的 2 倍以上。黄大豆含少量的胡萝卜素。

(6) 大豆磷脂与鸡蛋卵磷脂一样,增强大脑和神经中枢的营养,加强思维和记忆功能。

(7) 大豆异黄酮、皂甙类物质是大豆类中的主要植物化学物,特别是大豆异黄酮因具有明显的生物学活性成为近年来科学家研究的热点。大豆异黄酮能与雌激素受体结合而发挥微弱的雌激素效应,被称为天然的植物性雌激素,其活性是雌激素活性的 1/1 000,是大豆及其制品最独特的营养素,可与雌二醇竞争结合雌激素受体,对雌激素表现为拮抗作用,因而对激素相关的癌症(如乳腺癌)有保护作用。能防治妇女乳房小叶增生、乳腺癌及绝经期妇女的更年期综合征,而且没有副作用。

还有研究发现大豆异黄酮对前列腺癌、结肠癌、胃癌和肺癌均有保护作用。同时,人体初步试验绝经期的女性多吃大豆及其制品可增加骨密度。

大豆的营养成分较齐全,蛋白质的含量高,每千克大豆中的蛋白质:相当于 2 kg 瘦猪肉;相当于 3 kg 鸡蛋;相当于 12 kg 牛奶。大豆有"植物肉"和"绿色乳牛"的美称。

(8) 加工方式和烹调方法对豆类食物蛋白质的消化率有明显的影响。整粒大豆的蛋白质消化率为 65%,加工成豆浆可达 85%,豆腐的消化率可提高到 92%～96%。豆类中含有较多的膳食纤维,特别是豆皮,国外有人将豆皮处理后磨成粉,作为高纤维素添加到烘焙食品中。

(二) 其他豆类的营养价值

其他豆类含脂肪不多却含有较多的淀粉(50%～60%),蛋白质含量约 20%,其他营养素与大豆近似。

(三) 豆制品的营养价值

1. 豆浆

物美价廉的豆浆在我国已成为深受欢迎的大众化早餐食品。豆浆维生素 A、维生素 D 和核黄素比牛奶少,尤其含钙量只有牛奶的 1/5,但是含铁量却比牛奶多。

我国有许多人喜欢吃豆浆冲鸡蛋,这是一种营养很好的食品。不过要先将豆浆煮沸煮透,在正沸的豆浆中倒入搅匀的鸡蛋,继续煮沸片刻使鸡蛋凝成细块,这样才不会影响消化、吸收。

大豆中有一些物质对健康不利:

（1）大豆中含有抗胰蛋白酶，能抑制人体小肠中的胰蛋白酶，使之失去活性，不能正常分解蛋白质，影响蛋白质的消化、吸收。甚至产生刺激胃黏膜的作用。

（2）大豆中皂角素也有刺激黏膜的作用，因此，当吃了没有煮熟的黄豆或豆浆后会产生恶心、呕吐、头晕、头痛、腹胀、腹泻等症状。所以应吃煮熟的黄豆，加工豆浆时一定要煮熟、煮透（正常大气压下蒸汽加热 30 min 即可破坏生大豆中的抗胰蛋白）。

（3）大豆中含植酸，它可与锌、钙、镁、铁等螯合，影响锌、钙、镁、铁等的吸收利用。

（4）豆腥味：主要是脂肪氧化酶的作用。采用 95 ℃以上加热 10～15 min 等方法可去掉部分豆腥味。

（5）胀气因子：主要是大豆低聚糖的作用，是生产浓缩和分离大豆蛋白时的副产品。目前已利用大豆低聚糖作为功能食品基料，部分代替蔗糖应用于清凉饮料、酸奶、面包等多种食品中。

2. 豆腐

豆腐的凝固剂一般是石膏（即硫酸钙），所以豆腐中的钙质含量比豆浆中要多许多倍。经过了凝固，豆腐也更易消化。豆浆蛋白质的消化率在 85% 左右，而豆腐可达 95% 左右。

在豆腐或豆制品里稍加动物性蛋白质制成各种菜肴，可以提高豆腐蛋白质的营养价值，像肉末烧豆腐、鸡蛋烩豆腐、肉丝豆腐干等，都比单吃肉、蛋好。

3. 豆芽

在新鲜蔬菜缺少的季节和地区，提倡多吃豆芽以代新鲜蔬菜，因为各种干豆子里不含维生素 C，但是在干豆发芽的过程中，由于酶的作用产生了维生素 C，常见的豆芽有黄豆芽、黑豆芽、绿豆芽等。

4. 发酵豆制品

发酵豆制品包括豆豉、豆瓣酱、酱油、黄酱、各种腐乳（如酱豆腐、臭豆腐、糟豆腐等）。在发酵过程中，豆制品经微生物作用后，消除了抗营养因子，产生多种具有香味的物质，更易被人体消化、吸收，并增加了多种维生素的含量，所以发酵豆制品更容易被人体消化、吸收，同时豆中的谷氨酸游离出来，味道更为鲜美。

几种常见豆制品每 100 g 中主要营养素含量如表 3-13 所示。

表 3-13　几种常见豆制品每 100 g 中主要营养素含量

豆制品	蛋白质/g	脂肪/g	碳水化合物/g	维生素当量/μg	硫胺素/mg	核黄素/mg	抗坏血酸/mg
豆豉	24.1	—	36.8	—	0.02	0.09	0
豆腐	8.1	3.7	4.2	—	0.04	0.03	0
豆浆	1.8	0.7	1.1	15	0.02	0.02	0
黄豆芽	4.5	1.6	4.5	5	0.04	0.07	8
绿豆芽	2.1	0.1	2.9	3	0.05	0.06	6

(四) 其他豆类

1. 赤豆(红小豆)

日本人认为红小豆是很好的长寿食品。味甘、酸,性平,利水除湿,解热毒,排脓,通乳等。

赤豆与鲤鱼同食可以防治水肿、小便困难;与冬瓜同食可以治疗全身水肿;与薏仁同食可以防治腹泻。

2. 绿豆

绿豆性寒,清热解毒,消暑利水。治疗和预防咽喉肿痛、小便燥结等。

三、蔬菜类

(一) 蔬菜的营养成分分析

(1) 蔬菜所含的碳水化合物包括:糖、淀粉、纤维素和半纤维素等。

① 蔬菜类含糖量较多的有胡萝卜、番茄、甜薯、南瓜等。含淀粉较高的有各种芋类、薯类及藕。含果胶较多的有南瓜、胡萝卜、番茄等。

② 蔬菜是膳食纤维(纤维素、半纤维素和果胶等)的重要来源。

③ 菌类蔬菜的碳水化合物主要是菌类多糖,具有多种保健作用。

(2) 蛋白质和脂肪:新鲜蔬菜的蛋白质在3%以下,脂肪低于1%。

(3) 维生素:蔬菜是供给维生素C、胡萝卜素、核黄素和叶酸的重要来源。菌类蔬菜还含有维生素B_{12}。蔬菜中维生素的含量与颜色有明显的关系,受品种、栽培、贮存、季节等因素的影响较大。

(4) 矿物质:蔬菜是人体无机盐的重要来源,对维持机体的酸碱平衡也很重要。蔬菜是高钾低钠食品,也是钙和铁的重要来源。蔬菜中存在的草酸不仅会影响本身所含钙、铁的吸收,还会影响其他食物中钙、铁的吸收。草酸是一种有机酸,能溶于水,食用草酸含量高的蔬菜时先在开水中烫一下可以除去部分草酸,以利于钙、铁的吸收。

(5) 芳香物质、色素和有机酸:蔬菜类常含有各种芳香物质,其油状挥发性化合物称为精油,主要成分为醇、酯、醛酮、烃等,芳香物质赋予食物香味,能刺激食欲,有助于食物的消化、吸收。南瓜、苦瓜中含有的植物化学物,已证实具有降低血糖的作用。番茄、辣椒中所含的番茄红素清除自由基的功效高于其他类胡萝卜素,具有保护心血管、提高免疫力、抗衰老的作用。苹果、葡萄等含有类黄酮,除具有保护心血管、预防肿瘤等多种生物作用外,还可保护维生素C,维生素A和维生素E等不被氧化。

(二) 重要蔬菜的营养及食疗作用

1. 芹菜

芹菜味甘苦性凉,有平肝清热、祛风利湿、醒脑健神、润肺止咳等功效,可用于高血压、血管硬化、神经衰弱、月经不调等症。

芹菜含有丰富的维生素P(生物类黄酮),具有降低毛细血管的通透性、加强维生素C的作用,饮鲜芹菜汁有助于防治高血压。

2. 韭菜

韭菜熟食性温,生食性热。有兴奋、散瘀、活血、止血、止泻、补中、助阳(壮阳草)、通络等功效,适用于跌打损伤、抗菌(对痢疾杆菌、伤寒杆菌、金黄色葡萄球菌、大肠杆菌等均有抑制作用)。

韭菜含纤维素多,正常人也不宜一次食入过多,否则易引起消化不良。另外,由于韭菜性温助热,吃多了容易上火,出现喉咙痛、眼睛红、口舌生疮等。

3. 菠菜

菠菜味甘性凉,有健胃和中、润肠通便、止渴、解酒毒等功效。主治鼻出血,大便出血等。所含酶对胃和胰腺的分泌功能起到良好的作用。富含胡萝卜素、钙和铁,但含草酸多,干扰钙和铁的吸收。

4. 芦笋

芦笋又叫石刁柏,被公认为"世界十大名菜之首"。味苦甘、性微寒,可抗疹、抗癌,利尿,主要用于肺结核和恶性肿瘤(尤其是膀胱癌、皮肤癌、淋巴癌等)的防治,还可提高人体免疫功能。

5. 白萝卜

白萝卜性凉味甘,能消食化痰,生吃效果较好。古有说法:"十月萝卜小人参""萝卜上了街,药铺都关门"。具有较强的抗菌、抗病毒和抗癌的作用;粗纤维能够预防便秘,防治结肠癌。生萝卜汁加少许白糖可防治慢性支气管炎、咳痰、气喘。

6. 胡萝卜

胡萝卜富含胡萝卜素等多种维生素和膳食纤维,有防癌抗癌功效。所含果胶能与汞结合并排出,减轻其对人体的毒害作用,临床实践证明胡萝卜有降血压和强心的作用,适合冠心病人食用。

7. 莲藕

莲藕原产印度,在我国栽培历史已有3000多年。生吃具有清热润肺、凉血散瘀的作用,熟藕性温可安神开胃滋阴。藕止泻、止痢有特效。消食、解酒、生津止咳。

8. 冬瓜

冬瓜味甘淡、性微寒,能清热利水、消肿解毒、生津除烦。冬瓜含糖分低而水分多,含钠低,有减肥去脂的作用,对糖尿病、高血压、冠心病、肾炎、肥胖病有较好的辅助治疗使用,冬瓜皮煎汤饮用可消水肿,利小便,常用于各种水肿。

美容作用:生冬瓜外敷,能够润肤白面,防治面部黑斑、粉刺和痱子。

9. 苦瓜

苦瓜味苦性寒,有消暑、明目、止泻、解毒等功效,可用于中暑发热、牙痛、肠炎、疖肿等疾病。苦瓜贰有降低血糖的作用,可用于糖尿病食疗。维生素C含量相当高,近年研究表明苦瓜蛋白具有抗癌的作用。

10. 黄瓜（胡瓜、刺瓜）

黄瓜味甘性寒，能清热止泻、利水解毒。黄瓜所含丙醇二酸能抑制糖转化为脂肪，有利于减肥，黄瓜汁能舒展皱纹，常用于美容。黄瓜所含葫芦素有一定的抗癌作用。

11. 茄子

茄子味甘性寒，具有散血癖、消肿止痛、祛风通络、止血等作用。

茄子所含维生素 P（芦丁）具有降低毛细血管脆性，防止出血、降低血中胆固醇和降血压作用，对治疗高血压、动脉硬化、紫癜等有益。

12. 辣椒

辣椒性热味辛，富含维生素 C，中医作为温中散寒药，可祛寒健胃，能促进食欲和血液循环，少量食用或用辣椒煎汤浸泡对风湿、寒湿引起的关节酸痛、冻疮等有防治效果，但不宜过量进食，以免引起胃病或诱发痔疮。

13. 番茄

番茄味酸、微甘、性平，有生津止渴、消炎等功效。番茄中还含有番茄素，对多种真菌具有抑制作用。此外，番茄还富含维生素 C。

14. 葱

据现代药理研究：大葱能刺激汗腺，有发汗解表作用；并能促进消化液分泌，有健胃助消化的功能。此外，大葱中含有葱素，具有较强的杀菌作用，在冬季易患呼吸道传染病时，以及在夏季消化道传染病流行时，吃些生葱有助于上述疾病的防治。此外，葱能降血脂、降血压、减少血栓形成，对预防心脑血管疾病有益。

15. 姜

民间有"冬吃萝卜夏吃姜，不用医生开药方""朝食三片姜，犹如人参汤"等说法。生姜中含有姜辣素，能发汗、驱风寒。因此当伤风感冒或胃部受寒时，喝一碗热姜汁糖水即可缓解症状。含咽生姜汁能止呕吐。接受化疗的癌症病人易发生呕吐，嚼咽生姜可有止呕效果。生姜还可解鱼蟹中毒，吃鱼蟹蘸姜醋即此道理。老年慢性支气管炎患者可用生姜汁加蜂蜜当茶饮，可以祛痰润肺，止咳平喘。

科学家经过试验，认为生姜的抗眩晕作用比茶苯海明还强，而且没有不良反应。生姜能降低血中胆固醇、抑制血小板凝集，抗沙门菌，以及抑制癌细胞生长。生姜的辛辣成分被人体吸收后，能有效地抑制体内过氧化脂质的产生，从而具有抗衰老作用。但生姜不可多食，否则会引起口干、喉痛、便秘等症状。阴虚火旺者忌食。

16. 大蒜

相传古罗马就曾用大蒜治疗士兵的胃肠炎及呼吸道传染病，古希腊运动员吃大蒜以增强体力和耐力。第一次世界大战时，英国军队将大蒜汁涂在绷带上用以消毒。

大蒜味辛性温。大蒜中含有一种辛辣、挥发性的植物杀菌素——大蒜素，对伤寒、痢疾、霍乱、结核等多种病原菌有很强的杀灭和抑制作用。所以大蒜又被称为天然的广谱抗生素。

主要功效：抗菌消炎。尤其是对葡萄球菌、痢疾杆菌、霍乱弧菌、大肠杆菌、伤寒杆菌、霉菌等致病菌都有较强的杀灭作用，还能治疗真菌，如足癣。

抗动脉粥样硬化,降血压,降血脂,抗肿瘤(抑制幽门螺旋杆菌的作用和抑制致癌物亚硝胺的形成,减慢肿瘤的生长速度)。每天食用 3 g 大蒜,能起到抗癌的作用,并提高机体免疫功能。

大蒜不含维生素 B_1,但它能增强维生素 B_1 的作用(原因:蒜素与维生素 B_1 结合成蒜胺,而蒜胺比维生素 B_1 作用强 2～4 倍),所以有"吃肉不吃蒜,营养减一半"之说。

注意:患眼病、胃病、肝炎、痔疮的人最好不要吃生蒜。

17. 洋葱

国外对洋葱非常重视,古希腊和古罗马将洋葱作为新娘陪嫁之物。现在欧洲国家将洋葱视为"菜中皇后"。

洋葱含有丰富的氨基酸。性温味辛,祛风发汗,解毒消肿,并能防治感冒等。洋葱中含有能帮助血栓溶解的物质;不含脂肪且能抑制血液中胆固醇升高,防治动脉粥样硬化;是唯一含有前列腺素 A 的蔬菜,能扩张血管,降低血压;具有杀菌的作用;含有较高的硒。

18. 花菜(花椰菜)

花菜是甘蓝的一种,甘蓝类植物含有多种吲哚类化合物,能够提高身体对致癌物质的抵抗力。

19. 白菜

白菜分为小白菜和大白菜。性寒味甘,清热解毒,通利肠胃。凡感冒、肺热、咳嗽、心烦口渴,大便不畅,小便黄少者适合食用。

白菜含有极丰富的维生素 C,可防治动脉粥样硬化、抗癌(抑制人体内亚硝胺的形成和吸收);纤维素含量较高,促进肠壁蠕动,防止便秘;还含有一种特殊的维生素,能够治疗胃溃疡。

20. 魔芋

魔芋原产印度、斯里兰卡一带。传入我国已有 1 000 多年历史。有"肠道清道夫"之称;含有较高膳食纤维,尤其适合于肥胖人群食用,促进肠道蠕动,防治便秘;降低胆固醇,防治心血管疾病等。

21. 红薯

红薯味甘性平。低脂肪、高纤维食物。健脾胃;防治动脉硬化、乳腺癌;预防便秘、结肠癌;含有类似于雌性激素的物质、胶原蛋白和黏多糖。

22. 南瓜

南瓜中含有较高的钴,是所有瓜果中含量最高的。钴参与维生素 B_{12} 的合成,是人体胰岛素细胞所必需的微量元素,常吃南瓜可以促进胰岛素的分泌,治疗糖尿病。生南瓜子:具有驱虫的作用,麻痹寄生虫而使其排出体外。

23. 丝瓜

丝瓜原产印度,唐代传入我国。丝瓜味甘性凉,清热化痰,凉血解毒,防治痰喘咳嗽、支气管炎等。营养丰富,含有干扰素诱导剂,抗病毒、抗肿瘤,利尿,通经络,利血脉。

著名美容佳品:将丝瓜涂在脸部能去垢,防日晒。每天早上用丝瓜汁涂面可以去皱,消除雀斑、黑色素和老年斑。

24. 土豆

土豆原产秘鲁,19 世纪,华侨从南洋群岛带回。土豆是全营养食品。苏联赫鲁晓夫甚至说过"只要人人都吃到土豆烧牛肉,就是进入了共产主义。"富含维生素 C(刚收获的土豆每 100 g 含有达 26 mg 的维生素 C,可与柑橘相媲美)。性平、和胃、健脾,治疗消化不良、食欲不振等;含有丰富的钾(防治高血压);含果胶(改善胃肠道功能,防治便秘);抗癌(含有大量木质素和干扰素)。

发芽、变绿、黑斑的土豆,有毒。

25. 黑木耳

黑木耳有"素中之荤"之称,南方人称黑木耳为"树鸡",即长在树上的鸡肉。味甘性平,具有益气补血、润肺镇惊、凉血止血的功效。黑木耳中的氨基酸尤其是必需氨基酸——赖氨酸、亮氨酸非常丰富。可防治心血管疾病,降低血液黏度,防治动脉粥样硬化(每天吃 5~10 g 黑木耳可以降低血液黏度,抑制血小板凝聚);抗癌和增强免疫功能(多糖);补血(含有丰富的铁)。

26. 银耳(白木耳)

银耳味甘性凉,润肺、润肠、健脑、补肾,治疗虚劳咳嗽,痰中带血,以及老年慢性支气管炎、肺源性疾病。大大提高免疫功能(提高免疫球蛋白 A 和免疫球蛋白 G 的功效);增强造血功能;抗癌;降脂、降胆固醇等。

27. 香菇

香菇有"菇中之王""菇中皇后"之称。性寒味甘、清热、润肠、解毒。主治热病烦咳、便秘、痔疮等。

营养价值很高,富含多种蛋白质和 18 种氨基酸,是补充氨基酸的佳品;含有多不饱和脂肪酸;香菇中的麦角甾醇经日光照射可以转变为维生素 D;含有抗生素诱导剂,能诱导人体产生干扰素,防治病毒感染;降血脂和血胆固醇,防治动脉粥样硬化;抗癌(多糖);治疗艾滋病。

28. 猴头菇

猴头菇是八大珍品之一,有山中猴头,海味燕窝之称。猴头与鱼翅、熊掌、燕窝并称为四大名菜。味甘性平,助消化利五脏,补虚损。防治消化系统疾病(如消化不良、溃疡、胃炎等)。营养价值高,含有 8 种必需氨基酸。防治消化道癌症(尤其是胃癌);提高免疫力。

29. 金针菇

金针菇含有 8 种必需氨基酸,尤其是赖氨酸和精氨酸含量较高。可抗癌,防治肝脏疾病以及胃肠溃疡;含有较高的锌,促进儿童智力发育等。

30. 海带(昆布)

海带味甘性寒。可治疗甲状腺肿大;降血压、降血脂;减肥(膳食纤维含量高,增强饱腹感);抗辐射;提高免疫力(海带多糖)等。

四、水果类

(一)水果的营养特点

(1) 供给维生素 C。

(2) 含有容易消化吸收的糖。水果里的糖主要是葡萄糖、果糖和蔗糖。葡萄糖和果糖都是单糖,不需要经过分解就可直接被身体吸收,尤其是葡萄糖吸收得更快。没有成熟的水果,含淀粉较多,较难消化。在水果成熟过程中淀粉逐渐变成糖,所以成熟的水果容易消化。

(3) 供给膳食纤维。能吸收水分,增加粪便体积,促使肠蠕动,利于正常通便。预防一些肠道疾病,并有防肠癌的作用。水果含果胶多,这种可溶性膳食纤维有降低血胆固醇的作用,利于预防动脉粥样硬化,此外,果胶还能使铅自体内排出,减少铅的吸收,有预防铅中毒的作用。

(4) 保持酸碱平衡。水果含钾、钠、镁等元素居多,是碱性食物,有利于协助维持体液的酸碱平衡。

(5) 助消化。水果含有几种有机酸,如柠檬酸、酒石酸、苹果酸等,这些有机酸能刺激消化液的分泌,所以有人主张饭后吃点水果,以助消化。

(二)重要水果的营养

1. 梨

梨性寒、味甘,能生津止渴、止咳化痰、清热降火、润肺去燥,故适用于热病、咽干烦渴、咳嗽痰多、便秘等情况。梨、冰糖、贝母蒸熟后食用可以防治咳嗽和口腔炎。饭后吃梨能促进胃酸分泌,帮助消化和增进食欲。梨还有降血压、镇静的作用。因为梨性寒,故产妇、脾胃虚寒、慢性肠炎的患者,不宜多吃。

2. 苹果

中医认为苹果能益气、健胃、生津、止泻。苹果含有鞣酸,有收敛止泻的作用,例如单纯性轻度腹泻,神经性肠炎患者可以吃些苹果泥以止泻。

苹果含有大量果胶,有降低血胆固醇的作用,果胶还有益于抗癌。苹果能增强胆汁分泌,预防胆结石生长。

苹果含有苹果酸,苹果酸可以使体内脂肪分解,降低人体内的脂肪吸收,防止肥胖;苹果酸还能降低胆固醇,缓解动脉硬化;苹果酸有助于美容,故将苹果叫作"青春之果"。

3. 山楂(红果)

山楂含有较多的维生素 C、胡萝卜素及矿物质,如钙、铁、钾、镁等。山楂能消食化积、增加食欲、促进消化。并有降血压、降血脂、降血清胆固醇,软化血管,扩张冠状动脉的作用,因此有利于心血管疾病的防治。山楂还有杀菌和收敛的作用,所以中医也用山楂治疗细菌性痢疾、肠炎等疾病。

4. 红枣

俗语说:"一日吃三枣,终生不显老""天天吃大枣,青春永不老""五谷加大枣,胜过灵芝草"。红枣性温味甘,使全身气血调和。

鲜红枣不仅含有极为丰富的维生素C(为鲜果之冠),也含较多维生素P。有降血压、降血清胆固醇的作用。

干红枣的药用价值很高,有健脾、益气、补血、养心、安神等作用,适用于脾胃虚弱、气血不足、贫血患者的辅助治疗。

5. 西瓜

西瓜有清热解暑、清利咽喉、利尿消肿的功效。

6. 柑橘

柑橘有理气、健脾、润肺、止咳等作用。橘皮有健胃、祛痰、镇咳、利尿的功用,橙皮苷可降低毛细血管的脆性,防止微血管出血,预防中风。

注意:吃多了会上火,风寒咳嗽和多痰者少吃,还易引起口腔溃疡和牙周炎。

7. 柠檬

柠檬有生津止渴、祛暑、安胎等作用。柠檬汁促进胃分泌消化酶,增强肠胃蠕动,帮助消化;柠檬酸能除去脸上的油脂、污垢,消除色素沉着,故称"美容水果"。

8. 猕猴桃

猕猴桃的维生素C含量很高,比橘子、西红柿、苹果高出4～30倍,所以又叫作"世界珍果""青春果"和"美肤果"。其性寒味甘酸,解热止渴,解暑。能防治老年人心血管疾病;有抑制白细胞下降的作用,可以作为癌症放射治疗者的食物;抗癌(阻断亚硝胺形成);促进体内干扰素的形成。但脾胃虚弱,先兆流产、月经过多、尿频者忌食。

9. 香蕉

香蕉原产于亚热带地区。公元3世纪,希腊亚历山大大帝远征印度时,将其传到世界各地。其性寒味甘,清热止渴,润肺,通血脉,解毒。可防治便秘、发热和小儿积食等。但食入过多或空腹吃很伤脾胃。

香蕉中果糖和葡萄糖的比例为1:1,这种比例能防治痢疾和糖尿病;香蕉中钾的含量较高,能保护心脏,降低血压;含有一种天然物质,防治胃溃疡;促进胃肠蠕动等。

10. 坚果

(1) 花生(落花生、长生果)。花生原产于巴西。公元16世纪,花生从南洋群岛传入我国。味甘性平,润肺和胃,补脾,补脑(含有卵磷脂和脑磷脂);含有较高脂肪,其中80%为不饱和脂肪酸,可降低胆固醇且润泽肌肤;有催奶的作用;含有维生素K,有止血作用,尤其是花生衣,止血效果比花生大50倍,用于治疗各种出血(手术后出血)和贫血等。

花生中油脂含量高,不宜多食。否则会助火生痰。

(2) 核桃。核桃味甘性温,补肾、益气、健脾、补脑、乌发、润肠。主治肾虚、咳嗽、腰痛、阳痿、神经衰弱等。

(3) 芝麻。芝麻味甘性平,补肾益肝,补精血,润五脏。主治肝肾不足,虚弱,须发早白,产后乳少等病症。尤其是黑芝麻,被列为食物黑五类之首。

五、畜、禽肉及鱼类

(一) 畜肉类的营养价值

1. 蛋白质

大部分存在于肌肉组织中,含量为10%～20%。肌肉组织中的为优质蛋白质,但结缔组织中的间质蛋白质、必需氨基酸组成不平衡,利用率低。猪肉中蛋白质的含量较低(15%)、牛肉中蛋白质的含量较高(20%)。

2. 脂肪

脂肪含量因牲畜的肥瘦程度及部位不同有较大差异。脂肪以饱和脂肪酸为主。胆固醇多存在于内脏中。脂肪消化率为80%～90%。一般内脏的脂肪含量少而蛋白质含量较高。

3. 碳水化合物

碳水化合物以糖原形式存在于肌肉和肝脏中,含量极少。畜宰后由于酶的作用,糖原分解产生乳酸,使肉品的pH值下降。

4. 矿物质

铁以血红素铁的形式存在,生物利用率较高。铜、硒等微量元素也很丰富。

5. 维生素

畜肉含较多的B族维生素,但瘦肉中维生素A、D、E均很少;肥肉中维生素均很少;内脏中富含各种维生素,肝脏是各种维生素在动物体内的储藏场所,除含丰富的维生素A、维生素D、核黄素外,还含少量的维生素C和维生素E。

(二) 禽肉的营养价值

禽肉与畜肉相似,不同在于脂肪含量少,且含有20%的亚油酸。蛋白质质地细嫩,含氮浸出物多。

(三) 鱼类的营养价值

1. 蛋白质

鱼类蛋白质含量为15%～25%,肌纤维短,间质蛋白少,更易消化。蛋白质中特别含亮氨酸和赖氨酸。鱼肉的肌纤维短而纤细,含水分较多,比畜肉更易消化,蛋白质吸收率可达85%～90%。

2. 脂肪

鱼类脂肪含量为1%～3%,多由不饱和脂肪酸组成,熔点低,消化吸收率达95%。脂肪组成与肉类明显不同,它以不饱和脂肪酸为主,对预防动脉粥样硬化和冠心病有显著的作用。海鱼的脂肪中还含有二十碳五烯酸(EPA)和二十二碳六烯酸(DHA),它们是脑组织中的重要成分,有利于智力发育。鱼子的胆固醇含量高。

自20世纪90年代以来,DHA一直是婴幼儿营养品的一大焦点,俗称脑黄金,属于n-3系列多不饱和脂肪酸家族中的重要成员。DHA是神经系统细胞生长及维持所需的一种主要元素,是大脑和视网膜的重要构成成分,在人体大脑皮层中含量高达20%,在眼睛视网膜中所占比例最大,约占50%,同时DHA有增强记忆与思维的能力、提高智力等作用。人群流行病学研究发现,体内DHA含量高的人的心理承受力较强、智力发育指数也高。DHA在鱼类脂肪中,特别是海产鱼脂肪中含量特别高。

3. 碳水化合物

鱼肉糖原含量远远低于畜肉,热能较低。

4. 矿物质

钙、硒含量高于畜肉,微量元素的利用率也较高,海产鱼类含碘丰富。

5. 维生素

水产品的维生素A、维生素D、维生素E含量均高于畜肉,以鱼肝含量最多,也是维生素B_2的良好来源,海鱼肝脏富含维生素A和维生素D。

有一些食用者尤其是儿童喜欢喝鱼汤,而不吃鱼肉,这种现象值得注意,因为鱼汤中只有少量蛋白质,为了能够摄取更多的蛋白质应该既要喝鱼汤也要吃鱼肉。

(四) 常见鱼类的营养价值

1. 甲鱼

甲鱼又名鳖、团鱼等。生活在江湖、水库、池塘和水田中的一种水生动物。含有丰富的蛋白质、矿物质及多种维生素。甲鱼味咸、性平,其肉和血皆可入中药,有滋肝肾之阴,清虚热等功用。

鳖甲性寒、味咸,为滋阴清虚热良药,能抑制肝脾内结缔组织增生,可用来治疗肝脾肿大、慢性肝炎及肝硬化导致的血浆蛋白异常。鳖甲煎炼成的胶称"鳖甲胶",功能滋阴补血、清热,适用于肾亏、体虚、遗精等症。

2. 鳝鱼

鳝鱼含有丰富的蛋白质;含有较高的维生素A;含有DHA(促进大脑发育,提高记忆力,防治心血管疾病);含有鳝鱼素,能降血糖,防治糖尿病。

其味甘性大温,补虚损,除风湿,强筋骨。适合于产后羸弱,肾虚腰痛、四肢无力、风湿麻痹、口眼歪斜者食用。

3. 螃蟹

蟹肉营养丰富,含蛋白质15%、脂肪2.6%~5.6%,矿物质和维生素含量也很高,且味道极鲜美,与海参、鲍鱼同称"水产三珍"。吃螃蟹,常有九雌十雄的说法,即九月份,雌蟹已饱满可食,十月份雄蟹油多壮硕。

蟹黄中含有较多的维生素A,蛋白质中精氨酸、谷氨酸、脯氨酸、甘氨酸含量较高。蟹黄中胆固醇含量也较高,因此不宜多吃。

蟹味咸、性寒,有散结化瘀、通经脉、退诸热等功效,可用于跌打损伤、骨折筋断、瘀血肿疼、胎盘残留和临产阵缩无力等症。食蟹时忌食柿子。

蟹肺中有大量菌体,体内还含有丰富的组氨酸,一旦死亡,细菌大量繁殖,可使蛋白质分解成有毒的组胺类物质,引起食物中毒,故腐败变质的蟹禁食。蟹体易被肺吸虫等寄生虫污染，食用时应煮沸后继续加热半小时，将其杀灭。蟹爪有堕胎作用，孕妇忌食。

4. 虾

虾分为淡水虾和海虾（龙虾、对虾等）两大类。硬壳的龙虾是海洋中最大的虾类，最大者可达 10 kg。基围虾：沿海人工培育的海虾，身上有环。

小者不到 2 cm，晒干后外观仅见皮壳的毛虾，俗称"虾皮"。

虾肉富含蛋白质（鲜虾：18%左右；虾干 50%以上）；脂肪和碳水化合物的含量不高，矿物质和维生素含量丰富。

虾味甘、性温，有补阳、壮阳、益肾强精、通乳等功效，为强壮补精良药。肾亏、阳衰、腰痛、乏力者以虾肉与韭菜同炒，食后有明显效果。鲜虾肉和猪蹄同食可促进产妇乳汁分泌。虾壳有镇静作用，虾皮含有较多的碘和钙，对老年人有补益作用。虾性温，高血压、急性炎症和面部痤疮患者不宜多食。

六、奶及奶制品

（一）奶的营养价值

奶是由水、乳糖、水溶性盐类、维生素、蛋白质等构成的多级分散体系的乳胶体。比重与脂肪含量可作为评定鲜奶质量的指标。

1. 蛋白质

奶中蛋白质含量为 3%～4%，消化吸收率为 87%～89%，其必需氨基酸含量及构成比与鸡蛋近似，利用率高，为优质蛋白质。蛋白质主要为酪蛋白、乳白蛋白和乳球蛋白。

2. 脂肪

奶中脂肪含量约为 3.0%，呈较小的微粒分散于乳浆中，易消化吸收，乳脂中油酸含量占 30%，亚油酸和亚麻酸分别占 5.3% 和 2.1%。

3. 碳水化合物

动物奶中所含碳水化合物为乳糖，其含量较人奶低，乳糖有调节胃酸，促进胃肠蠕动，利于钙吸收和消化液分泌的作用。乳糖不耐受：由于体内乳糖酶活性低造成，黄种人比例较大，所以牛奶又被称为"白种人的饮料"。黄种人更适合喝酸奶。

4. 矿物质

奶中富含钙、磷、钾，是钙的良好来源，铁、铜、锌等含量较低。乳类是动物性食品中唯一的呈碱性食品。

5. 维生素

奶中含人体所需的各种维生素。

（二）各类奶制品的营养价值

1. 奶粉

全脂奶粉营养成分保存率高；甜奶粉添加了 20% 的蔗糖；脱脂奶粉中脂溶性维生素有所损失，适合于腹泻的婴儿及要求少脂膳食的人群；配方奶粉是按照产品的目标人群营养需要对原来的营养成分进行了调整,包括婴儿奶粉、青少年奶粉、老年奶粉等。

婴幼儿配方奶粉又称为人(母)乳化奶粉,该奶粉是以牛奶为基础,按照人奶组成的模式和特点,加以配制而成,使各种营养素成分的含量、种类和比例接近母乳。常用的方法如改变牛奶中酪蛋白的含量和酪蛋白与乳清蛋白的比例,补充乳糖的不足,以适当比例强化维生素 A、B 族维生素、维生素 C、维生素 D、叶酸和微量元素等。此种奶粉易消化吸收,利用率高,可提高婴儿的抗病能力,促进其正常发育。

2. 奶油

奶油由牛乳的乳脂肪分离制成。以饱和脂肪酸为主,含维生素 A、维生素 D,并含有一定的胆固醇。

3. 奶酪

奶酪中蛋白质、维生素 A、B 族维生素和钙等十分丰富,且经过后熟发酵,提高了蛋白质、脂肪的消化吸收率。

4. 酸奶

酸奶为发酵制品,奶接种乳酸菌发酵,乳糖变成乳酸,适用于消化功能不良、乳糖不耐受;蛋白质凝固、脂肪不同程度分解,易消化;乳酸菌的繁殖提高了维生素 B_{12} 及叶酸的含量;乳酸菌有整肠作用,乳酸菌在肠道中可抑制腐败菌的生长繁殖。

七、蛋类的营养价值

蛋类包括鸡蛋、鸭蛋、鹅蛋、鹌鹑蛋、鸽蛋等,各种蛋的营养价值基本相似。

1. 蛋白质

蛋类中蛋白质含量为 11%～13%,质量优异。鸡蛋中蛋白质含量为 12.7% 左右,其氨基酸组成与人体最为接近,故生物价值也最高,属优质蛋白(参考蛋白)。各种氨基酸比例适合,经常被作为参考蛋白使用。

2. 脂类

蛋类中的脂类含量为 9%～15%;几乎全部存在于蛋黄中,以与蛋白质乳化的形式存在,易消化;不饱和脂肪酸较高,并含有较多的磷脂和胆固醇。

3. 矿物质

蛋类含多种矿物质。全蛋中的矿物质主要是铁、磷、钙,主要集中于蛋黄中。注:鸡蛋壳的颜色因鸡的品种而异,与蛋的营养价值无关。

4. 维生素

蛋类含有几乎所有种类的维生素。蛋黄的颜色与核黄素、胡萝卜素和叶黄素的含量有关,其颜色因饲料不同、类胡萝卜素物质不同而异。

5. 抗生物素蛋白和抗胰蛋白酶

在生鸡蛋蛋清中,含有抗生物素蛋白和抗胰蛋白酶。抗生物素蛋白能与生物素在肠道内结合,引起生物素缺乏而出现食欲不振、全身无力、皮肤发黄等症状。抗胰蛋白酶能抑制胰蛋白酶的活力,妨碍蛋白质的吸收。生蛋还有可能带有沙门氏菌、霉菌,蛋壳上带有大肠杆菌,均有可能引起食物中毒。因此最好不要直接食用生鸡蛋。

6. 水溶性胶状黏蛋白

新鲜蛋壳外面有一层水溶性胶状黏蛋白,可防止微生物进入蛋内,以及防止蛋内水分与二氧化碳过度向外蒸发,外观无光泽,呈霜状,根据此特征,可鉴别蛋的新鲜程度;如无霜状物,且油光发亮,说明蛋已不新鲜;由于这层膜是水溶性的,贮存时要防潮,不能水洗或雨淋,否则会很快变质腐坏。蛋黄两极通过两根蛋白带固定在蛋的中央位置,在微生物和酶类作用下,蛋白带逐渐分解至消失,而使蛋黄不能固定,由此也可鉴别蛋的新鲜程度。

八、酒类的营养价值

酒类也称酒精性饮料,是饮料中的一大类。酒类品种繁多,从制备方法上分为酿造酒、蒸馏酒和配制酒三大类,还可分为中式和西式两大类。中式的饮料酒有黄酒、果酒、露酒、啤酒、白酒等;西式的有白兰地、威士忌、伏特加、朗姆酒、金酒(又称杜松子酒)、开胃酒、消化酒、鸡尾酒等。

酿造酒是以粮食、水果等为原料,接种酒曲酵母,酵母菌就将物料中的淀粉、糖类物质转化为酒精(乙醇),酿造酒中最有代表性的就是黄酒、啤酒、葡萄酒和白酒。

1. 黄酒

黄酒是我国最早的一种低度酒。黄酒的价值主要是供给能量,它的能量供给量是啤酒的2～5倍,和日本的清酒大体相似。黄酒的特殊营养价值是含有18种氨基酸,其他营养成分有糖分、糊精、有机酸、酯类、甘油、高级醇和丰富的维生素。

黄酒在烹饪上也是不可缺少的作料。黄酒有去鱼虾腥味、除异味的作用。造成鱼虾腥味的是三甲基胺等,它能溶解在乙醇中,加热烹调时,腥味随着乙醇一起蒸发而消失。

黄酒还是良好的药用必需品,它既是药引子,又是丸散膏丹的重要辅助材料,有活血、助消化、散湿气、利小便之效,热饮则更佳。

2. 啤酒

啤酒是以大麦芽及啤酒花为主要原料的低度发酵酒,其能量很高,0.5 kg啤酒的能量相当于100 g面包或150 g鸡蛋、300 g马铃薯或400 mL牛奶的能量。

啤酒中蛋白质含量为每升4 g,有16种氨基酸,其他包括8种必需氨基酸。啤酒还含有多种维生素。

3. 葡萄酒

葡萄酒是果酒中的一种,是用葡萄为原料的发酵酒。一般葡萄酒含乙醇8%～15%,即14% vol左右。葡萄酒已知的成分有200种以上,除了乙醇和水以外,还含有较多量的糖、甘油、蛋白质、有机酸、有机盐和矿物质等。在红葡萄酒中色素和单宁含量可达0.2%左右。

葡萄酒有轻度酸味,接近于人体胃液酸度(pH值为2～2.5),这种酸度正相当于蛋白质被消化的最适宜条件。因此,葡萄酒是配合蛋白质食用的最优良的佐餐饮料。

葡萄酒含有丰富的B族维生素,红葡萄酒中核黄素(0.09 mg/L)、泛酸含量更高,但缺乏维生素C。葡萄酒还含有很丰富的钾盐和镁盐，但磷酸和钙较少。因此，葡萄酒有保护心肌及利尿的作用，并能保护神经系统。世界卫生组织也把葡萄酒尤其是红葡萄酒列入保健饮料。

4. 白酒

白酒的主要成分是乙醇和水，60% vol 白酒乙醇含量为60%（体积比），其余约40%为水和微量风味成分，乙醇的含量愈高，酒性愈强，对人体的毒害也愈大。

白酒的有害成分有甲醇、杂醇油、醛类、铅等，尤其是甲醇，氧化分解较乙醇慢，在体内有明显的蓄积作用，对人体视神经有毒性作用。

饮白酒应当适量，肝脏病、高血压、高脂血症、糖尿病、胃溃疡患者应忌饮白酒。饮白酒的同时应摄入菜肴或甜食以降低对乙醇的吸收速度，不要同时喝汽水、汽酒，它们会加速乙醇的吸收。

九、其他食品的营养价值

(一) 食用油的营养

1. 食用油的种类

食用油有植物油和动物油两大类。植物油来自于含油脂高的植物种子，如大豆、花生、油菜籽、棉籽、玉米胚、葵花籽、芝麻、橄榄核等，经工业榨制或以溶剂浸出精炼提纯而得。

动物油则取自于动物脂肪组织，如猪、羊、牛、鱼、家禽等的脂肪，经熬制精炼而得。奶油是从奶中分离出来的。

2. 主要食用油的营养特点

1）花生油

花生油含80%以上的不饱和脂肪酸，除含19.9%的饱和脂肪酸外，还含有磷脂、维生素E、胆碱等营养成分，具有降低血中胆固醇的含量，保护血管壁，防止血栓形成等功效，有利于防治动脉硬化和冠心病。

2）豆油

豆油色泽深黄，有豆腥味，富含亚油酸(50%～60%)、亚麻酸(5%～9%)，还含有维生素E和卵磷脂。后者是生物膜、脑和神经髓鞘的主要成分，对维护脑和神经组织的正常功能具有重要的意义。

中医认为豆油有温肾、润肠、解毒的功效，凡脾、肾虚寒、肠燥便秘、小儿疳积、虫积都可服用豆油。豆油对降低血中胆固醇、防止动脉粥样硬化也有良好的作用。

3）菜籽油

菜籽油除含亚油酸(12%～24%)和亚麻酸(1%～10%)等不饱和脂肪酸和部分饱和脂肪酸之外，还含有较多的芥酸(30%～55%)。其中，脂肪酸组成不平衡，它的营养价值低于其他油脂。

4）芝麻油

芝麻油是优质的煎炸和凉拌油，含油酸35%左右，亚油酸37.7%～48.4%，富含维生素

E和芝麻醇,抗氧化性能好,是营养品质高的食用油。

5) 玉米油

玉米油中含有较多的亚油酸和维生素 E。维生素 E 有较强的抗氧化作用,可消除体内过氧化物对细胞膜产生的毒性作用,提高神经、肌肉、组织利用氧气的效率,增加人体的耐力和精力,因此,在国外被誉为"健康营养油"。有助于防治动脉硬化、冠心病、高血压、脂肪肝、肥胖症。玉米油是对老年人有益的食用油。

6) 棕榈油

棕榈油是从热带乔木油棕的果实中榨取的植物油。它的脂肪酸组成中饱和脂肪酸约占50%,单不饱和脂肪酸约占39%,多不饱和脂肪酸约占11%,后者包括人体必需的亚油酸。棕榈油含有丰富的维生素 E 和胡萝卜素,它们是天然的抗氧化剂。能降低胆固醇,抗血栓形成,防治心血管病,抑制乳腺癌。

(二) 饮用水的种类及营养特点

1. 矿泉水

矿泉水含有一定的矿物质、微量元素等。对健康人能补充人体所需的微量元素和调节人体的酸碱平衡。对某些疾病具有一定的疗效,而受到人们的青睐。

2. 纯净水

纯净水在过滤过程中,去除对人体有害的杂质的同时,也去除了对人体健康有益的矿物质和微量元素,所以含很少矿物质或不含矿物质。对饮用水来说并非越纯越好,尤其是儿童、老年人和孕妇饮用纯水要慎重。

(三) 茶的种类及营养特点

1. 茶的种类

我国是茶叶的故乡,茶叶的品种甚多,分为红茶、绿茶、黄茶、青茶、黑茶及白茶六大类。由于产地及加工、炮制方法不同,各种茶具有不同的品质和特殊的风味。

2. 茶的营养价值

茶叶含有几百种化学成分:除了蛋白质、脂肪、糖分、维生素、矿物质和微量元素之外,还含有茶多酚类化合物、咖啡因、鞣酸、黄酮苷、儿茶素等。

茶具有止渴生津、提神醒脑、消除疲劳、消食、解腻、抗病毒感染、抗菌消炎等多种功效。茶叶中所含咖啡因能促进人体血液循环,兴奋中枢神经,强心利尿。茶水偏碱性有助于调节酸碱平衡。

茶可降低血脂和血压、预防动脉粥样硬化和血栓的形成,有助于防治心血管系统疾病。茶可以防癌、抗癌,对肝癌、食管癌和皮肤癌的发生都有一定的抑制作用。茶含氟,有助于维护骨骼、牙齿的健康,预防龋齿和骨质疏松。茶可以抗辐射损伤,对延缓衰老有一定的功效。

(四) 其他

1. 燕窝

燕窝为金丝燕及同属燕类衔食海中小鱼、海藻等生物后,经胃消化腺分泌的黏液与绒羽筑垒而成的窝巢。燕窝含有丰富的蛋白质(50%),多种氨基酸、糖类、矿物质和维生素等。味甘性平,大养肺阴,化痰止咳,对久病羸弱乏力者,尤其适宜。将燕窝与银耳、冰糖适量炖服,可治疗干咳、盗汗、肺阴虚症。

2. 蜂蜜、蜂王浆、蜂胶

1) 蜂蜜

古代希腊把蜂蜜作为"天赐的礼物",涂在水果上作为祭品。其营养成分丰富且全面。成熟蜂蜜含有75%葡萄糖和果糖,能直接补充体液,供给能量;含有一定的蛋白质、无机盐(锌和镁)、维生素和活性成分。可清热解毒、润燥、止痛等。还可增强皮肤弹性和韧性,滋润皮肤,是皮肤的天然润滑剂。

2) 蜂王浆

蜂王浆为蜜蜂中工蜂咽腺分泌的白色乳状物,供蜂王食用的一种特殊食物,又名蜂乳。含有20多种对人体有益的营养物质(如氨基酸、雌激素样物质、胡萝卜素及多种维生素、矿物质等)。

具有提高免疫力,增强造血功能,提高记忆力,消除疲劳,延缓衰老,美容,改善人体多种不良症状的功效。

3) 蜂胶

蜂胶是从胶原植物的新生枝芽中采集的树脂类物质经蜜蜂混入其上颚腺、蜡腺分泌物反复加工而成的胶原状物质。由于树脂具有较强黏性,所以收集树脂的难度比采集花粉和蜂蜜大得多。通常每群(5万至6万只)蜜蜂,只能采集0.2 g蜂胶。

蜂胶含有多种活性成分,被称为自然界的"第二颗太阳"。可抑菌,提高免疫力,对病毒、霉菌等都有较强的抑制和杀灭作用,对正常细胞没有毒副作用,能显著提高人体的免疫力。可预防和治疗肿瘤,含有许多酸类及萜类化合物,能够抑制癌细胞生长、转移,并能消灭肿块。含有B族维生素(胰腺制造胰岛素的原料),糖尿病患者正确服用蜂胶后,口渴、饥饿、尿频、身体乏力等症状缓解。可改善心血管弹性和渗透性,舒张血管,消除血管沉积物,净化血液,降低血液黏度。

十、食物分类

(一)养肤养颜食物

荔枝、樱桃、乌梅、西瓜、大白菜、香菇、松子、枸杞、百合、大枣、桃花、苹果、柠檬、蜂蜜、杏仁、丝瓜、黄瓜、银耳、红薯、蜂王浆、花粉、猪蹄、墨鱼、甲鱼、鸡蛋、鸭蛋、米糠、薏米、醋、灵芝、橄榄油等。

(二)减肥瘦身食物

黄瓜、韭菜、魔芋、红薯、芹菜、黑木耳、豆芽、西红柿、百合、茄子、南瓜、菠菜、蘑菇、萝卜、竹笋、发菜、菱角、芦笋、柚子等。

(三)健脑益智食物

核桃、葡萄、龙眼、香蕉、蜂王浆、黄花菜、鸡蛋、茶叶、葱和蒜等。

（四）抗衰老食物

大豆、花生、芝麻、栗子、沙棘、花粉、松子、酸奶、菊花、甲鱼、银杏、蚂蚁等。

（五）降血脂、降血压、降胆固醇食物

绿豆、荞麦、燕麦、芹菜、茄子、海带、山楂、柿子、苹果、猕猴桃、木耳、海参等。

（六）补肾壮阳食物

狗肉、驴肉、鹌鹑、雀肉、羊肉、虾、韭菜等。

（七）防癌抗癌食物

芦笋、白菜、柑橘、百合、西红柿、猕猴桃、海带、萝卜、花菜、红薯、大蒜、洋葱、生姜、绿茶、辣椒、蜂胶、香菇、玉米等。

第六节 食品安全

食品安全，是指食品无毒、无害，符合应当有的营养要求，对人体健康不造成任何急性、亚急性或者慢性危害。食品安全也是一门专门探讨在食品加工、贮存、销售等过程中确保食品卫生及食用安全，降低疾病隐患，防范食物中毒的一个跨学科领域，所以食品安全很重要。食品的种植、养殖、加工、包装、贮存、运输、销售、消费等活动符合国家强制标准和要求，不存在可能损害或威胁人体健康的有毒有害物质以导致消费者病亡或者危及消费者及其后代的隐患。

一、食品安全的含义的三个层次

1. 第一层

食品数量安全，即一个国家或地区能够生产满足基本生存所需的膳食需要。要求人们既能买得到又能买得起生存生活所需要的基本食品。

2. 第二层

食品质量安全，即提供的食品在营养、卫生方面满足和保障人群的健康需要，食品质量安全涉及食物是否污染，是否有毒，添加剂是否违规超标，标签是否规范等问题，需要在食品受到污染之前采取措施。

3. 第三层

食品可持续安全。这是从发展的角度要求食品的获取需要注重生态环境的良好保护和资源利用的可持续。

二、食品安全的标准

（1）食品相关产品的致病性微生物、农药残留、兽药残留、重金属、污染物质，以及其他

危害人体健康物质的限量规定。

（2）食品添加剂的品种、使用范围、用量。

（3）专供婴幼儿的主、辅食品的营养成分要求。

（4）对营养有关的标签、标识、说明书的要求。

（5）与食品安全有关的质量要求。

（6）食品检验方法与规程。

（7）其他需要制定为食品安全标准的内容。

（8）食品中所有的添加剂必须详细列出。

（9）食品中禁止使用的非法添加的化学物质。

三、食品安全的具体标识

1. 质量安全标识

QS 是英文 quality safety（质量安全）的缩写，获得食品质量安全生产许可证的企业，其生产加工的食品经出厂检验合格的，在出厂销售之前，必须在最小销售单元的食品包装上标注由国家统一制定的食品质量安全生产许可证编号，并加印或者加贴食品质量安全市场准入标志"QS"。食品质量安全市场准入标志的式样和使用办法由国家质检总局统一制定，该标志由"QS"和"生产许可"中文字样组成。标志主色调为蓝色，字母"Q"与"生产许可"四个中文字样为蓝色，字母"S"为白色，使用时可根据需要按比例放大或缩小，但不得变形、变色。加贴（印）有"QS"标志的食品，即意味着该食品符合了质量安全的基本要求。

质量安全标识如图 3-4 所示。

图 3-4 质量安全标识

2. 保健食品标识

正规的保健食品会在产品的外包装盒上标出蓝色的，形如"蓝帽子"的保健食品专用标志。下方会标注出该保健食品的批准文号，或者是"国食健字[年号]××××号"，或者是"卫食健字[年号]××××号"。其中"国""卫"表示由国家食品药品监督管理部门或卫生部批准。

保健食品标识如图 3-5 所示。

3. 绿色食品标识

绿色食品标识是由绿色食品发展中心在国家工商行政管理总局商标局正式注册的质量证明标志。它由三部分构成，即上方的太阳、下方的叶片和中心的蓓蕾，象征自然生态；颜色为绿色，象征着生命、农业、环保；图形为正圆形，意为保护。整个图形描绘了一幅明媚阳光照耀下的和谐生机，告诉人们绿色食品是出自纯净、良好生态环境的安全、无污染食品，能给人们带来蓬勃的生命力。

绿色食品标识如图 3-6 所示。

图 3-5　保健食品标识

图 3-6　绿色食品标识

四、保证食品安全的相关措施

(一) 净化市场源头

重点应对人民每天需要食用的粮食作物、蔬菜、水果、饮用水等严加控管，进行规范型、创新型种植、生产结构及生产保障体系调整。市场上的食品应由大型的、符合质量要求的、国家认可的种植专业户、集团，生产厂家的食品占绝大部分，对落后的、零星的、质量无保障的种植户、生产小厂适时淘汰，或无人问津而自灭。净化市场源头是重点，这一步抓好了，购买者就放心了。

(二) 建立市场级检测体系

建立市场级检测体系，即在中、大型超市、农贸市场设置检测仪器、提供检测方法，随时对有关食品主要质量参数进行检测，可由市场专职检测人员或人民群众开展抽检。国家应投入一定费用开展快速检测方法的研究，供市场快速确认质量。如此，不合格产品难以上市，也不敢上市，杜绝不合格产品的上市。

(三) 增加媒体透明度

网上、电视台、报纸应有计划、有针对性地适时报道食品检测结果，对优质、合格产品进行表彰，引来认购者，使其受益，不合格者曝光，让其下架或受冷落，令其整改或停产，多方面、全方位展开关注，持之以恒。

五、保证食品安全的注意事项

(1) 注意看经营者是否有营业执照，其主体资格是否合法。

(2) 注意看食品包装标识是否齐全，注意看食品外包装是否标明商品名称、配料表、净含量、厂名、厂址、电话、生产日期、保质期、产品标准号等内容。

(3) 注意看食品的生产日期及保质期限，注意看食品是否超过保质期。

(4) 看产品标签，注意区分认证标识。

(5) 看食品的色泽，不要被外观过于鲜艳、好看的食品所迷惑。

(6) 看散装食品经营者的卫生状况，注意有无健康证、卫生合格证等相关证照，有无防蝇防尘设施。

（7）看食品价格，注意同类同种食品的市场比价，理性购买"打折""低价""促销"的食品。

（8）购买肉制品、腌腊制品最好到规范的市场、"放心店"购买，慎购游商（无固定营业场所、推车销售）销售的食品。

（9）妥善保管好购物凭据及相关依据，以便发生消费争议时能够提供维权依据。

（10）不购买和食用三无产品。

六、亚洲营养信息中心的十条食品安全提示

（1）认真对待"有效期"和"保质期"；不购买过期产品，发现过期产品应向商店经营者报告。如果包装食品在包装上标明的有效期内"变坏"，或回家后发现包装破损，应退货并向零售商或食品加工商报告。

（2）假冒伪劣食品涉及使用劣质、廉价原料来欺骗消费者并降低竞争成本。如果发现销售假冒品牌，假冒标签的食品及被污染过的食品等应向有关机构检举揭发。检举揭发这些事件可以帮助当局查处不法商贩，防止此类事件重现。

（3）生鲜食品特别是肉类、鱼类和其他海鲜应存放在冰箱底层，加工过的食品放在顶层。食品应包装或妥善盖好后贮存。

（4）不要将热食物放入冰箱，因为这样会使冰箱内温度升高。

（5）将罐、瓶贮存在干燥凉爽的地方，并防范昆虫或鼠类等。

（6）记住在准备食物和吃饭前一定要洗手。

（7）处理生鲜食物的用具使用后，处理已烹调过的食品前或处理打算生吃的食品前用具必须彻底清洗。

（8）认真选择食品采购和就餐的地点。确保其人员、餐具和其他设施都干净整洁。这是反映餐馆，包括"幕后"设施，卫生标准的重要指标。

（9）热食物应该很热，冷食物应该冰凉。避免食用任何在室温下保存2 h以上的食物。在会议、大型社交活动、室外活动等需要预先、大量准备食物或外部条件较差的情况下，尤其需要特别注意。

（10）如果对水果和蔬菜等生鲜食品有怀疑，应"煮食、烹调、削皮或扔掉"。

七、常见食品消费常识

（一）识别无公害蔬菜

蔬菜有种植和野生两大类，其品种繁多而形态各异，很难确切地感官鉴别其质量。目前，我国主要蔬菜种类有80多种，按照蔬菜食用部分的器官形态，可以将其分成根菜类、茎菜类、叶菜类、花菜类、果菜类和食用菌类六大类型。识别无公害蔬菜应从以下几个方面入手。

1. 看色泽

各种蔬菜都应具有本品种固有的颜色，大多数有发亮的光泽，显示出蔬菜的成熟度及鲜嫩程度。除杂交品种外，别的品种都不能有其他因素造成的异常色泽和色泽改变。

2. 嗅气味

多数蔬菜具有清香、甘辛香、甜酸香等气味，可以凭嗅觉鉴别不同品种的质量，不允许有腐烂变质的亚硝酸盐味和其他异常气味。

3. 尝滋味

多数蔬菜滋味甘淡、甜酸、清爽鲜美，少数具有辛酸、苦涩等特殊风味以刺激食欲。如果失去本品种原有的滋味即为异常，但改良品种应该除外，例如，大蒜的新品种就没有"蒜臭"气味或"蒜臭"气味极淡。

4. 看形态

多数蔬菜具有新鲜的状态，如有蔫萎、干枯、损伤、变色、病变、虫害侵蚀，则为异常形态。还有的蔬菜由于人工使用了激素类物质，会长成畸形。

注意：带虫眼的蔬菜绝不等同于无公害蔬菜，有的农药残留量反而更高。

（二）蔬菜去毒

1. 鲜芸豆

鲜芸豆又名四季豆、刀豆。鲜芸豆中含皂苷和血球凝集素，前者存于豆荚表皮，后者存于豆中。食生的鲜芸豆或半生不熟的鲜芸豆都易中毒。鲜芸豆中的有毒物质易溶于水中且不耐高温，鲜芸豆熟透无毒。

2. 秋扁豆

特别是经过霜打的新鲜秋扁豆，含有大量的皂苷和血球凝集素。食前应加以处理，沸水焯透或热油煸，直至变色熟透，方可食用。

3. 鲜木耳

鲜木耳含有一种卟啉类光感物质。人食用后，这种物质会随血液分布到人体表皮细胞中，受太阳照射后，可引发日光性皮炎，暴露皮肤易出现疼痒、水肿、疼痛，甚至发生局部坏死。这种物质还易被咽喉黏膜吸收，导致咽喉水肿。多食严重者，还会引起呼吸困难，甚至危及生命。晒干后的木耳无毒。

4. 鲜黄花菜

鲜黄花菜中含有一种叫秋水仙碱的有毒物质，食入后被胃酸氧脂成二氧秋水仙碱。成人一次吃 50～100 g 未经处理的鲜黄花菜便可中毒。但秋水仙碱易溶于水。遇热易分解，所以食前沸水焯过，清水中浸泡 1～2 h，方可解毒。晒干的黄花菜无毒，可放心食用。

5. 未腌透的咸菜

萝卜、雪里蕻、白菜等蔬菜中，含有一定数量的无毒硝酸盐。腌菜时由于温度渐高，放盐不足 10%，腌制时间又不到 8 d，造成细菌大量繁殖，使无毒的硝酸盐还原成有毒亚硝酸盐。但咸菜腌制 9 d 后，亚硝酸盐开始下降，15 d 以后则安全无毒。

6. 青西红柿

未成熟的青西红柿中含有大量的生物碱,可被胃酸水解成番茄次碱,多食会出现恶心、呕吐等中毒症状。

7. 久存南瓜

南瓜瓤含糖量较高,经久贮,瓜瓤自然进行无氧酵解,产生酒精,人食用经过化学变化了的南瓜会引起中毒。食用久贮南瓜时,要细心检查,散发有酒精味或已腐烂的切勿食用。

(三) 肉制品选购

(1) 看包装,包装产品要密封、无破损,不要购买来历不明的散装肉制品。

(2) 看标签,规范企业生产的产品包装上应标明品名、厂名、厂址、生产日期、保质期、执行的产品标准、配料表、净含量等。

(3) 看生产日期,尽量挑选近期生产的产品。

(4) 看企业,选择大型企业或通过认证的企业,选择贮存、冷藏条件好的商场。

(5) 看外观,不要挑选色泽太艳的产品,过分漂亮的颜色很可能是人为加入了合成色素或发色剂亚硝酸盐。

(四) 选购"安全水果"

所谓"安全水果"是指符合卫生署药检标准的高品质水果,最重要的特性是低农药残留或没有农药残留。以下介绍几点原则,选购时作为参考。

(1) 尽量购买时令水果,不合时令的水果须多喷洒大量药剂才能提前或延后采收上市。

(2) 选购时不用刻意挑选外观鲜美、亮丽而无病斑、虫孔的水果。外表稍有瑕疵的水果无损其营养及品质,且价格较便宜。此外,外表完美好看的水果有时反残留有更多药剂。

(3) 表皮光滑的水果农药残留较少,而外表不平或有细毛者,则较易附着农药。另外,有套袋保护的水果,则药剂附着较少。

(4) 若水果外表留有药斑或不正常之化学药剂气味的,应避免选购。

(5) 长期贮存或进口的水果,常以药剂来延长其贮存时间,宜减少购买。

(6) 水果食用前应以大量清水冲洗即可,若以盐水或清洁剂清洗不见得效果较好。削皮或剥皮食用的种类宜先清洗后再削皮或剥皮。

(五) 选购奶粉四法

一看:看奶粉包装物。产品包装物印刷的图案、文字应清晰,文字说明中有关产品和生产企业的信息标注齐全;然后是看产品说明,无论是罐装奶粉或袋装奶粉,其包装上都会有配方、执行标准、适用对象、食用方法等必要的文字说明。

二查:查奶粉的制造日期和保质期限。一般罐装奶粉的制造日期和保质期限分别标示在罐体或罐底上,袋装奶粉则分别标示在袋的侧面或封口处,消费者据此可以判断该产品是否在安全食用期内。

三压:挤压一下奶粉的包装,看是否漏气。由于包装材料的差别,罐装奶粉密封性能较好,能有效遏制各种细菌生长,而袋装奶粉阻气性能较差。在选购袋装奶粉时,双手挤压一下,如果漏气、漏粉或袋内根本没气,说明该袋奶粉已潜伏质量问题,不要购买。

四摇(捏):通过摇(捏),检查奶粉中是否有块状物。一般可通过罐装奶粉上盖的透明胶片观察罐内奶粉,摇动罐体观察,奶粉中若有结块,则证明有产品质量问题。袋装奶粉的鉴别方法是用手去触捏,如手感松软平滑且有流动感,则为合格产品,如手感凹凸不平,并有不规则大小块状物,则该产品为变质产品。

(六) 酒类食品

酒的种类繁多,但不论是何种酒,其外包装上的标签均应标注有品名、生产厂名、厂址、配方、酒精度、生产日期、保质期限(高度酒除外)等。

(1) 买酒应首选瓶装酒,标签上标有卫监证字的产品表明是卫生监督部门监控的厂家,安全性好。

(2) 如果选购散装白酒,需要在购买前索看店家是否办有卫生许可证,产品是否可提供合格的卫生检验报告。

(3) 目前对白酒的品质好坏以感官鉴定为主,即从色、香、味几个方面来评定。品质好的白酒应是无色透明、无悬浮物、无异味、臭味和沉淀的液体。白酒的香气可分为溢香、喷香和留香三种,白酒应具备本身特有的醇香。鉴别白酒的香气可将酒倒入杯中稍加摇晃,用鼻子在杯口闻香;或倒几滴在手掌上,稍搓几下再闻手掌。白酒的口感检验则可将酒饮入口中,于舌尖和喉部细细品尝,以区别酒味的醇厚程度和口感的优劣。

(4) 选购啤酒应从其透明度、色泽、泡沫、香气和口感上来着手。品质好的啤酒酒液透明、有光泽、无小颗粒和悬浮物;将啤酒倒入杯中,应立即有泡沫产生,泡沫越洁白,越细腻说明啤酒的品质越好,泡沫的持久时间一般就在 3 min 以上。正常的啤酒应具有较显著的酒黄香和麦芽清香,以及酒花特有的苦味,不能有酸味和其他异味。由于啤酒是低度酒,有一定的保质期限,严格控制大肠菌群、细菌总数的含量,防止被污染。

(七) 米面类食品

优质粮粒应充分干燥,大小均匀,坚实丰满,色泽纯洁,透明,有光泽,表面光滑整齐,有香味,无霉味、酸味、苦味与异味。无仓储害虫,无霉变粮粒。杂质(包括稗粒、杂草、泥沙)的最低量为麦子 1%、玉米 1%,大米 0.5%。

优质面粉和米粉应呈粉末状,不含杂质。手指捏之无粗粒感,无虫和结块。用手紧压后放开不成团,颜色白色,均匀一致没有杂色,气味和滋味正常,无霉味、酸味、苦味及异味。在面粉中不应有各类淀粉、马铃薯粉,如有结块、酸味表明面粉已腐败变质,不能食用。

(八) 如何购买调味品

(1) 最好购买定型包装的产品。

(2) 购买时重点检查产品标签内容,如标有产品名称、厂名、厂址、生产日期、保质期、配料成分等。

(3) 酱油包装上必须醒目标出"用于佐餐凉办"或"用于烹调炒菜",散装产品应在大包装上标明上述内容。

(4) 选商家。选商家主要是为了防止购买到仿冒的假冒伪劣产品,比如大型超市、连锁店、专卖店等,一般都直接从生产厂家进货,住家附近比较熟悉的、有信誉的便民店,也是可以选择的对象,总之最好固定购买地点,不要临时起意或经常更换购买地点,万一发现问题,不利于追究责任。

(5) 选生产厂家。选择有一定知名度和美誉度的调味品生产厂家,是产品质量和售后服务的保证。这些厂家都严格按照国家标准进行调味品的生产,包括选用食品级的原料,经过一定的严格的生产工艺过程,产品的感官、理化各项指标,每批都经过检验合格后才出厂销售。选择自己熟悉的、比较著名的、当地的调味品生产厂家,是最明智的选择。

(6) 选产品类型和等级。不论酱油还是食醋,按大类,都可分为酿造的和配制的,按工艺,酿造酱油可分为高盐稀态发酵和低盐固态发酵,酿造食醋可分为固态发酵和液态发酵,由于种类和发酵工艺的不同,口味会略有不同,消费者可根据自己的消费习惯予以选择。

(九) 鸡鱼肉蛋

1. 冻鸡

质量好的冻鸡肉,皮肤有光泽,因品种不同呈淡黄色、淡红或灰白等颜色,鸡肉切面有光泽。外表微湿润,不沾手。鸡肉指压后凹陷恢复慢,不能完全恢复。变质的冻鸡肉皮肤会变成灰白色,手摸有黏滑感,并有不正常的气味。

2. 鲜鱼

鲜鱼的口、眼、鳃、鳞、鳍应完整无缺,无病害痕迹,体表无血斑洞眼。体质好的鱼都在水的下层游动,体质差的鱼在水的上层游动,鱼嘴贴近水面,尾身呈下垂状。如果鱼体侧身漂浮在水面游动,则说明鱼即将死亡。用手从水中抓鱼时,反应敏锐的鱼活力强。

3. 鲜猪肉

新鲜猪肉表面有一层微干或微湿的外膜,呈暗灰色,有光泽,切断面稍温、不粘手,肉汁透明。不新鲜的猪肉表面有一层风干或潮湿的外膜,切断面的色泽比新鲜的肉暗,有黏性,肉汁混浊,而且肉质比新鲜的肉柔软、弹性小,用指头按压凹陷后不能完全复原。

4. 鲜蛋

新鲜的蛋壳清洁、完整、无光泽,壳上有一层白霜,色泽鲜明。劣质蛋蛋壳有裂纹、蛋壳破损、蛋清外溢或壳外有轻度霉斑等。轻轻抖动使蛋与蛋相互碰击或是手握蛋摇动,良质鲜蛋蛋与蛋相互碰击声音清脆,手握蛋摇动无声,而劣质蛋蛋与蛋碰击发出哑声(裂纹蛋),手摇动时内容物有流动感。

(十) 大米的质量鉴别

1. 好大米

从外观上来看,硬度高、水分低的大米,蛋白质含量高,是可以放心购买的好大米。一般情况下,新米比陈米硬、晚米比早米硬。此外,选购大米时还必须注意观察黄粒米——米粒发黄主要是由于大米中某些营养成分或是微生物在一定条件下发生的化学反应,受此影响,大米的香味、食味和口感都很差。

2. 陈米

认真观察米粒的颜色:米粒表面呈灰色,或有白道沟纹,这样的米一定是陈米。米粒的硬度低,并伴有异味,则基本可以判定是霉变的大米。

(十一) 熟肉制品

在购买熟肉制品时,注意以下几点。

(1) 看包装。熟肉制品是直接入口的食品,不能受到污染。包装产品要密封,无破损。不要在小贩处购买不明来历的散装肉制品,这些产品容易受到污染,质量无保证。

(2) 看标签。规范的企业生产的产品包装上应标明品名、厂名、厂址、生产日期、保质期、执行的产品标准、配料表、净含量等。

(3) 看生产日期。应尽量挑选近期生产的产品。生产时间长的产品,虽然是在保质期内,但香味、口感也会稍逊。

(4) 看生产企业。大型企业或通过认证的企业管理规范,生产条件和设备好,生产的产品质量较稳定,安全有保证。

(5) 看外观。各种口味的产品有它应有的色泽,不要挑选色泽太艳的产品,这些漂亮的颜色很可能是人为加入的人工合成色素或发色剂亚硝酸盐。即使是在保质期内的产品,也应注意是否发生了霉变。

(6) 有的熟肉制品要冷藏,一般来说,西式火腿类产品要贮存在 5 ℃以下,温度高,产品就容易变质。购买时,消费者一定要看清贮存温度要求,尤其是夏季高温季节更应注意。这类产品最好到大商场、大超市去购买,因为这些场所有正规的商品进货渠道,产品周转快,冷藏的硬件设施好,产品质量有保证。

(十二) 强化儿童食品

1. 强化铁的食品

婴儿在出生六个月后,往往会发生贫血。这是由于婴儿体内从母体带来的贮备铁已基本上耗尽,加之乳类中含铁量极低,因此贫血率较高。这时除应及时给婴幼儿添加含铁的辅食外,还可以选购一些强化铁的糖、饼干、藕粉等,以减少贫血的发生。

2. 强化钙的食品

儿童正处于骨骼生长发育的旺盛时期,钙摄入不足,会阻碍孩子的正常生长发育,甚至会造成体态畸形。在我国营养调查中,每人钙的摄入量远远达不到标准要求,只占推荐供给量标准的 49.2%,可以看出,缺钙的状况很严重。因此可以选购一些补钙的饮品等。

3. 强化维生素 D 的食品

乳类当中,维生素 D 的含量极低,维生素 D 摄入量少,就不能促进和保证婴幼儿对钙的吸收和促进骨骼钙化的需要,可以选择强化维生素 D 的乳品等以补充其不足。

4. 强化锌的食品

锌执行许多生理功能,目前已被广泛认同。在我国营养调查中,锌的摄入量只占推荐供给量标准的 85.6%,缺锌时,除了食用含锌量高的食物,如牡蛎、海味及肉之外,可以食用一些强化锌的乳粉、饮品等。

如果盲目地食用强化食品,可以造成机体许多的伤害,如食用强化铁的食品过多,可以妨碍食欲,并可出现腹泻,还会使过多的铁质沉着于内脏,造成脏器组织的损害,肝和胰脏的机能发生障碍;食用强化维生素 D 的食品过多,也会发生中毒,出现无力、恶心、呕吐、腹泻、严重者可有肾脏损害或血管钙化等现象。因此在选购婴幼儿食品时,应仔细阅读食品外包装上所标明的营养素含量,如果几种食品中强化的营养素是相同的,就只能选购一种食用,而且需要在医生的指导下进行选择。

(十三) 如何选保健品

(1) 必须认识保健食品的属性。保健食品的基本属性是食品,而食品不同于药品的主要区别是前者更具有安全性,后者则以治疗为目的。现在有很多消费者购买保健食品用来治病,这是极大的错误。

(2) 要按照自身机体特定条件和要求,选购适宜自身保健食品功能的食品。我国目前只允许生产有下列保健功能的产品,即免疫调节、调节血脂、调节血糖、延缓衰老、改善记忆、改善视力、促进排铅、清咽润喉、调节血压、改善睡眠、促进泌乳、抗突变、抗疲劳、耐缺氧、抗辐射、减肥、促进生长发育、改善骨质疏松、改善营养性贫血、对化学性肝损伤有辅助保护的作用、美容、改善胃肠道功能等,共有 22 种保健功能。同时卫生部还规定,同一配方保健食品功能不能超过 2 个。因此,选购产品时要按照自身需要,选购上述有关功能的产品,千万不要听信那些夸大或虚假宣传具有多种功能的产品。

(3) 充分认识保健食品产品中的原料和有效成分及其相应的产品。任何保健食品的产品,都标明主要原料和功效成分。据调查,保健食品生产中采用的中药材主要有西洋参、虫草、当归、枸杞、首乌、阿胶、绞股蓝、枇杷叶等,以滋补类为主。保健食品功效成分主要有营养素类(包括膳食纤维)、黄酮、皂甙、洛伐他丁、褪黑素、双歧杆菌、低聚糖等。认识了保健食品产品的原料和有效成分,就可以明确该产品所具有的保健功能是否与之相对应。

(4) 购买保健食品应认真看清产品的外包装、说明书等标识内容,符合规定要求者方能购买。

(5) 应购买自身食用的剂型。目前我国保健食品的剂型,有传统食品形态的剂型,如袋泡茶、谷类制品、酒类制品等;药品剂型,有胶囊、口服液、冲剂、片剂等。由于各种适用人群存在差异(如有的人群不适宜酒类等),故应按自身特点选购适用剂型才好。

八、生活中容易引起中毒的蔬菜

(1) 被农药污染的蔬菜。菜农为了蔬菜长得快、长得好,使用高浓度农药喷洒蔬菜,而且提早上市。

(2) 没有煮熟、外表呈青色的菜豆和四季豆:含有皂苷和胰蛋白酶抑制物,可使人体中毒。

(3) 发芽的马铃薯和青色番茄:均含有龙葵碱毒性物质,食后会发生头晕、呕吐、流涎等中毒症状。

(4) 用化肥生长的豆芽。因化肥都是含氮类化合物,在细菌作用下,可转变为一种致癌物叫亚硝胺,长期食入可使人患胃癌、食道癌、肝癌等疾病。

(5) 鲜黄花菜(也叫金针菜):含有秋水仙碱,当进食多量未经煮熟去水或急炒加热不彻底的鲜黄花菜后,会出现急性胃肠炎。

(6) 蚕豆:有的人吃蚕豆后会得溶血性黄疸、贫血,称为蚕豆病(又称胡豆黄)。

(7) 鲜木耳:含有一种卟啉类光感物质,它对光线敏感,食后经太阳照射可引起日光性皮炎。

要防止蔬菜中毒,首先要加强对农药的监督管理。严禁对蔬菜使用高毒性的农药,同时要健全蔬菜农药残留量监测,对不符合卫生要求的蔬菜应及时处理。其次,对蔬菜要注意选购和贮藏保鲜。蔬菜食用前一定要做到"一洗、二浸、三烫、四炒熟"以保证安全。

九、常见食物中毒及其相关知识

(一) 豆浆中毒

1. 中毒原因

生大豆含有一种有毒的胰蛋白酶抑制物,可抑制体内蛋白酶的正常活性,并对胃肠有刺激作用。

2. 中毒表现

潜伏期数分钟到 1 h,出现恶心、呕吐、腹痛、腹胀,有的腹泻、头痛,可很快自愈。

3. 预防措施

豆浆必须煮开再喝。

(二) 豆角中毒

1. 中毒原因

豆角品种很多,豆角引起中毒的原因一般认为是由于豆角中所含的皂素和血球凝集素引起的。

2. 中毒表现

潜伏期为数十分钟至 5 h。主要为胃肠炎症状,恶心、呕吐、腹痛、腹泻。以呕吐为主,并伴有头晕、头痛、出冷汗,有的四肢麻木,胃部有烧灼感,预后良好,病程一般为数小时或 1~2 d。

3. 预防措施

烧熟煮透。

(三) 发芽土豆中毒

1. 中毒原因

土豆中含有一种生物碱,叫龙葵素。正常土豆中龙葵素的含量较少,当土豆发芽后皮肉变绿,龙葵素含量增高。人一次食用 0.2~0.4 g 可发生中毒。

2. 中毒表现

一般在进食后 10 min 至数小时出现症状,胃部灼痛,舌、咽麻,恶心,呕吐,腹痛,腹泻,严重中毒者体温升高,头痛,昏迷,出汗,心悸。儿童常引起抽风、昏迷。

3. 预防措施

(1) 土豆应贮存在低温、通风、无直射阳光的地方,防止生芽变绿。

(2) 生芽过多或皮肉大部分变黑、变绿时不得食用。

(3) 发芽很少的土豆,应彻底挖去芽和芽眼周围的肉。因龙葵素溶于水,可侵入水中泡半小时左右。

(四) 亚硝酸盐中毒

1. 中毒原因

亚硝酸盐可使正常的低铁血红蛋白被氧化成高铁血红蛋白,失去输送氧气的功能。因而出现青紫和组织缺氧现象。

2. 中毒表现

潜伏期 30 min 至 3 h,口唇、指甲及全身皮肤青紫,呼吸困难,并有头晕、头痛、恶心、呕吐、心跳加快、呼吸急促,有的昏迷,抽搐,终因呼吸衰竭而死亡。

3. 预防措施

(1) 不吃腐烂变质蔬菜。

(2) 加强宣传、不要误食亚硝酸盐。

(五) 沙门氏菌属食物中毒

1. 病原菌

沙门氏菌属是很大的一组细菌,其中最常引起食物中毒的沙门氏菌有鼠伤寒,猪霍乱,肠炎沙门氏菌,副伤寒甲、乙等。这种细菌在外环境中的生活力较强。在水、牛乳及肉类食品中能生存几个月,其繁殖的最适温度为 37 ℃。乳与乳制品中的沙门氏菌经巴氏消毒或煮沸后迅速死亡。

2. 中毒食物和污染源

沙门氏菌食物中毒多由动物性食品,特别是肉类引起(如病死牲畜肉、熟肉制品),也可由家禽、蛋类、奶类食品引起。

3. 临床表现

以急性胃肠炎为主,潜伏期一般 12~24 h,短的数小时,长则 2~3 d。前驱症状有恶心、头痛、全身乏力和发冷等症状。主要症状有呕吐、腹泻、腹痛、粪便为黄绿色水样便,有时带脓血和黏液。一般发热 38~40 ℃。重病人出现寒战、惊厥、抽搐和昏迷。病程为 3~7 d,一般预后良好。但是,老人、儿童和体弱者如果不及时进行急救处理也可致死亡。

4. 预防措施

(1) 防止食品被沙门氏菌污染。

(2) 控制食品中沙门氏菌的繁殖。

(3) 彻底杀死沙门氏菌。

(六) 鱼类引起的组胺中毒

含组胺高的鱼类主要是青皮红肉的海产鱼类,如鲐鱼、青鱼、沙丁鱼、秋刀鱼等。

1. 中毒原因

这类鱼含有较高量的组氨酸,经有些细菌作用,在适宜的条件下鱼肉中的组氨酸经脱羧酶作用产生组胺和类组胺物质——秋刀鱼素。

2. 中毒表现

组胺中毒与人的过敏体质有关。中毒表现为局部或全身毛细血管扩张。潜伏期为数分钟至数小时。特点是发病快,症状轻,恢复快,少有死亡。主要症状为皮肤潮红,结膜充血,似醉酒样,头晕,剧烈头痛,心悸,有时出现荨麻疹。一般体温不高,多于 1~2 d 内恢复。

3. 预防措施

(1) 加强鱼类食品卫生管理。

(2) 过敏体质的人不能食用。

(3) 对容易产生大量组胺的鲐鱼去毒。

(七) 黄曲霉素中毒的诊断要点及急救处理

黄曲霉素为分子真菌毒素,其毒性为氰化钾的 10 倍,为砒霜的 68 倍。此外,黄曲霉毒素有很强的致癌性。

1. 诊断要点

(1) 有摄入被黄曲霉毒素污染的食物史。

(2) 四季均可发生,但常在阴雨连绵的收获季节后多发。

(3) 儿童更易发生黄曲霉毒素中毒,根据历史资料分析来看,使人中毒的最危险年龄为 1~3 岁。

(4) 中毒前驱表现为发烧、腹痛、呕吐、食欲减退等。

(5) 2~3 周后很快发生中毒性肝病表现:肝脏肿大、肝区疼痛、黄疸、脾大、腹水、下肢浮肿及肝功能异常。

(6) 有心脏扩大、肺水肿,甚至痉挛、昏迷等症状,多数患者在死前有胃肠道大出血症状。

(7) 实验动物临床毒性研究表明,给动物喂食含黄曲霉毒素的饲料后,表现为渐进性食欲减退、口渴、便血、生长缓慢、体重减轻、皮肤出血、过度兴奋、黄疸、抽搐、角弓反张等。病理解剖可见肝脏弥漫性充血、出血性坏死等表现。

2. 急救处理

(1) 立即停止摄入有黄曲霉毒素污染的食物。

(2) 补液、利尿、保肝等支持疗法。

(3) 重症病人按中毒性肝炎治疗。

课后作业

1. 合理营养的基本要求有哪些？
2. 《中国居民膳食指南(2016)》的核心内容是什么？
3. 利用计算法为自己制定一份合理的食谱。
4. 在烹调过程中减少营养素流失的方法有哪些？
5. 各类食物的营养价值特点是什么？
6. 保证食品安全的主要措施有哪些？

第二篇
运动员营养

第四章 运动员合理营养

学习目标
（1）了解运动员合理营养中各类能源物质的生理作用和科学用量；
（2）掌握不同项群运动员膳食的合理营养。

本章提要
运动员在不同训练或比赛情况下所需要的营养均有不同，合理营养可以提高机体机能，改善运动能力、恢复运动造成的机体疲劳以及治疗运动性疾病等。研究运动员合理营养的目的是为运动员提供运动所需的营养，以维持运动员的健康，保持良好的机能状态，提高运动成绩。

关键术语
合理营养　食物热效应　适应性生热作用　补糖

第一节　合理营养对运动的影响

合理营养支持运动训练，是运动员保持良好健康和运动能力的物质基础，对运动员的机能状态、体力适应、运动后的恢复和伤病防治，均有良好的作用。

一、合理提供运动所需的能源物质

合理营养为运动提供适宜的能量，使运动员具备适宜的体重和体脂成分并保证运动中能源物质的良好利用。任何形式的运动均以能量消耗为基础，但人体内可快速动用的能源储备有限，如果无充足可利用的能源物质，即体内糖原水平极低时，就不能满足运动中需要不断合成ATP速率的要求。因此运动员应注意摄取含糖丰富的食物，以保证体内有充足的肌糖原和肝糖原储备，以保证高强度运动中ATP再合成速率的需要。能源物质在人体内贮存或分解需要一系列辅酶的催化，维生素和微量元素多数是辅酶的组成成分或激活剂，提供充足的维生素和微量元素营养，可促进代谢，并提高抗氧化能力。满足运动中水分和电解质的生理需要，有利于改善运动能力，而这些营养素的缺乏会影响运动能力。

二、肌纤维中能源物质的水平与运动外伤的发生有直接的关系

肌纤维中能源物质（糖原）的水平与运动外伤的发生有直接联系。研究报道，当快肌收缩肌纤维中糖原耗尽时，人体会发生疲劳，控制和纠正运动动作的能力受损害，运动外伤的

发生也随之增加，体内糖原储备充足，有利于预防损伤。

三、合理营养有利于剧烈运动后的恢复

运动能力恢复的关键在于恢复身体的能量供应及其储备（包括肌肉和肝脏的糖原）、代谢能（包括有关键酶的浓度，如维生素和微量元素）、体液（保证体内的血容量和循环体液量）、元素平衡及细胞膜的完整性（如铁、锌、钠、钾、镁等）。代谢能力的恢复主要靠合理营养措施才能实现。

四、合理营养有利于减轻运动疲劳的程度或延缓其发生

引起人体运动能力下降的常见原因有以下几点：脱水引起体温调节障碍所致的体温增高、酸性代谢产物堆积、电解质平衡失调造成的代谢紊乱、能源储备耗竭等。合理营养措施：训练期和比赛前、中、后的饮食营养安排及补液等，可使运动员保持良好的机能状态，延缓疲劳的发生或减轻疲劳的程度。

五、合理营养有助于解决训练中特殊的医学问题

不少运动项目如举重、摔跤、柔道、划船等运动员常因比赛时参加某一体重级别的需要而减轻体重；另一些运动如体操、跳水、跳高和长跑等，因要完成高难度的技术动作，经常需要长期控制体重和脂肪水平，但运动员所采用的控制体重的方法多为饥饿或半饥饿、限制饮水、高温发汗、加大运动量引起出汗、甚至服用利尿药等措施，这些措施可引起营养缺乏、脱水或其他一些严重的医学问题。此外，如运动员在冷环境或热环境进行运动训练时会有一些特殊的营养需要。生长发育期的儿童、青少年、妇女或老年人参加体育训练时，均有不同的医学问题，需要特殊的营养监督，保证运动训练和良好的健康水平。

第二节 运动员合理营养的基本要求

运动员在进行体育运动时体内的物质代谢过程加强，需要消耗更多的热能物质，热能物质消耗可达到安静时的 2~3 倍之多。除热能物质外其他营养物质的消耗也大量增加，体内酶反应活跃，酸性代谢产物堆积，运动能力下降。合理的营养能全面补偿运动员的消耗，调整体内营养代谢过程，使机体营养储备充足，从而使运动员保持良好的生理机能，提高运动成绩。运动员营养不合理会造成机体内环境紊乱，运动成绩下降，甚至产生机体疾病，因此，内环境的稳定对运动员合理营养提出诸多要求。

一、维持热量平衡

热量是维持机体进行一切活动的基本条件，正常情况下，运动员摄入与消耗的热量能保持动态平衡，从而维持机体正常活动。当机体热量不足时，会使个体机能不足，运动成绩下

降。当机体热量过剩时,体内脂肪消耗量较少,大量脂肪堆积体内,造成机体疾病。因此,机体脂肪摄入必须适当。

基于热量动态平衡的要求,身体摄入热量多少取决于消耗的热量。安静时机体消耗的热量较少,热能消耗的主要方面是身体运动,运动时消耗的热量取决于运动项目的选择,运动强度的大小,运动持续时间的长短以及运动员的体重。因此,运动员摄入热量应根据个体情况和运动活动的情况而定。

评定机体摄入热量是否合理,可通过计算膳食热量和消耗热量来反馈,成年运动员也可通过体重的变化和身体成分来估计。膳食热量的计算条件较为苛刻,需要专门的仪器和科学的计算来实现,在运动员平时训练中不适用,除复杂计算方法外,还有简易计算方法。个人热量简易计算方法是根据一日所吃食物的种类及其重量,查常用食物成分表,即可算出各种食物发热量的总和。该方法适用于一般体育项目,对体重有特殊要求的运动员,如相扑、拳击等运动项目,则不要求热量平衡,而是根据个人的情况,使热量成正平衡(增加体重)或负平衡(减少体重)。

二、适当的热能物质比

运动员膳食中摄入的蛋白质、脂肪和糖的比例影响机体代谢状况,热能物质比例适当,有利于机体代谢稳定,更好地发挥机体能力。

蛋白质是构成机体的主要成分,机体运动时糖原首先供给机体能量,待糖原耗竭时,氨基酸继续供给机体能量,可为肌肉提供 10%~15% 的热量,因此,蛋白质对机体运动具有重要的作用。虽然蛋白质对机体有重要的作用,但蛋白质摄入也应适当,因为蛋白质的代谢产物呈酸性,摄入过多会使体内酸度增加,造成肌肉疲劳,影响肌肉工作效率。成年运动员每千克体重的蛋白质供给量应控制在 1.2~2.4 g,占总热量的 15%。

脂肪是膳食高能物质,是在糖原和蛋白质代谢耗尽时,机体长时间运动所需热量的主要能源,脂肪供能必须在氧充足的情况下才能被高效利用。脂肪代谢需要大量的氧气,在机体缺氧情况下,脂肪代谢的产物酮体会增加,造成机体内环境酸度增加,影响机体运动能力。基于此,运动员摄入脂肪不宜过多,一般低于普通膳食,以总热量的 25% 为宜,缺氧运动项目应降为 20%,而游泳和冰雪运动员可增加为 30%~35%。

糖是运动中的主要能源物质,糖原贮量直接关乎运动能力,糖在膳食中的比例可以影响机体肌糖原的含量,因而膳食中糖的比例影响运动能力。运动员应在膳食中摄取充分的糖,一般占总热量 50%~60%,大运动量前可增加到 70%~75%,以增加肌糖原的含量,延缓肌肉疲劳的发生。

不同性质的运动项目,需要的热能物质不同,根据运动性质的差异,可适当调整三者的比例,如爆发力项目需要提高膳食中糖的摄入;力量型项目需要提高膳食中蛋白质的比例;耐力型项目需要提高糖的比例。

三、充足的维生素

维生素是机体不可缺少的物质,只需少量维生素即可满足机体维持正常生理功能的需要，一天总共不超过 200 mg，机体需要的维生素量少但却不可缺乏，若机体缺乏维生素将引起生理功能障碍和产生疾病，机体内的维生素一般不能充分满足机体的需要，所以机体必须从日常膳食中摄入充足的维生素。

维生素作为人体重要的营养素，应注意运动训练前后的及时补充。运动员对维生素的需要量较多：一方面体内有充足的维生素储备，可改善机体工作能力，提高运动成绩；另一方面是由于运动时体内代谢加强，激素分泌与酶的活性增强，使体内维生素消耗增加。同时，运动后出汗使得水溶性维生素流失更加严重，尤其是维生素 C 丢失较多。运动员对维生素的需要量较多，由于本身运动项目、运动强度、运动类型、训练、比赛等的特殊需要，对维生素的需求量尤其明显。体内必须有充足的维生素储备，这样可改善机体工作能力，提高运动成绩。运动员在摄入维生素不足时，会导致运动能力下降，产生疲劳，抗病能力降低，容易发生损伤，且运动损伤后的康复较慢。

总之，维生素是维持人体正常功能所必需的一大类营养素，每种维生素都有其独特的功能，需求甚微，但必不可少。运动训练机体内能量消耗大、代谢旺盛，应及时保证机体内维生素种类和数量的补充，在合理膳食的条件下，才能提高机体的生理功能，提高运动成绩。维生素营养主要靠平衡膳食提供，必要时可补充制剂。

四、充足的无机盐和微量元素

钾、钠、钙、镁等无机盐对维持机体的内环境（如渗透压、酸碱平衡等）稳定、神经肌肉的正常兴奋性和增加体内碱储备有重要的意义。微量元素铁、锌、铜等对人体的代谢过程有重大的影响。无机盐和微量元素对维持运动员的机能和促进运动能力的提高具有重要的作用。由于运动时代谢加强，无机盐与微量元素的消耗增加，同时还从汗中丢失，以及运动负荷使机体的吸收能力降低，因而常造成运动员的无机盐与微量元素缺乏，如运动员的缺铁性贫血发生概率较高。据研究发现，当运动员锌、铜摄入量为正常人的 1 倍时，仍有 1.5%～50% 的运动员血清锌处于低水平，11.8%～26.5% 的运动员血清酮处于低水平。因此，对运动员的无机盐和微量元素供给必须很充足，才能满足机体的需要。

运动员的无机盐和微量元素需要量如表 4-1 所示。

表 4-1　运动员的无机盐和微量元素需要量

运动情况	钾/g	氯化钠/g	钙/g	镁/mg	铁/mg
训练期	3	15	0.8	300～500	15
比赛期	4～6	20～25	1～1.5	500～800	20～25

注：

铁的日供给量：常温下训练，男为 20 mg，女为 25 mg；高温下训练，男为 25 mg，女为 30 mg。（陈吉棣等；营养学报 1991 年 03 期）

五、易于吸收的食物和酸碱平衡

运动员处于紧张的训练和比赛状况下，消化功能减弱，为了减轻机体消化器官的负担，在饮食上应吃体积小、易消化的食物。食物入胃后 5 min 就开始排到十二指肠,一般情况下,胃排空的时间为 3～4 h,机体紧张或疲劳时,排空时间会延长为 4～6 h。各种食物的消化时间不同,总的来说糖最快,脂肪最慢。

根据食物在体内代谢后对机体酸碱性的影响,可将食物分为碱性与酸性两大类。食物中的钠、钾、钙、镁等金属元素,在体内氧化成碱性氧化物,含这些元素较多的食物称为碱性食物,如蔬菜、水果、海带等。食物中的磷、硫、氯等非金属元素在体内代谢生成酸根,含有这些元素较多的食物称为酸性食物,如肉、蛋、大米等。水果虽含有机酸,但分解后均不显酸性。

食物中的碱性物质与 CO_2 反应生成碳酸盐,酸性物质在肾脏中与 NH_3 生成铵盐,均从尿液中排出。人的血液应保持中性(pH 值为 7.2～7.4),若摄入酸性食物过多,会对人体产生不良的影响。如某些皮肤病,神经衰弱,疲劳,神经病,高血压,动脉硬化等疾病可能与此有关。因此,应合理选择食物,以保持体内的酸碱度。

由于剧烈运动可造成机体内酸性代谢堆积,使运动员体内酸偏高,对机体生理功能不利,降低运动能力。因此运动员应多吃蔬菜,水果等碱性食物,以利于酸碱平衡,并可增加碱的储存,这对运动能力有良好的作用。若摄入酸性食物过多,会使运动员体内酸性更高,碱储备降低,对机体生理功能和运动能力都有不良的影响。

六、合理的膳食制度

膳食制度包括进食次数、时间和膳食分配,合理的膳食制度有利于食物消化吸收,保持良好的生理机能。这不仅有利于健康,而且对提高工作能力有良好的作用。

运动员应定时进食,饮食有节制、不喝酒、不吃刺激性大的食物。运动员的进餐次数,除日常基本 3 餐外,最好加 1～2 次点心,这对热能消耗大的运动员和青少年运动员尤为重要。研究表明,增加进食次数,不仅有利于健康,而且可提高工作效率。

进餐时间与运动训练或比赛应有一定的间隔,特别早、中、晚 3 个正餐,食物较多且复杂,消化器官负担较重,因而更应注意进食时间。一般应在运动结束休息 30 min 以上再进食,大运动量后要休息 45 min 以上。进餐后,一般应间隔 1.5～2.5 h 再进行运动。因为进餐后的一定时间内胃中食物充盈,横隔膜上顶,影响呼吸,不利于运动。此外,进食后的消化过程中,体内循环血液量的 25% 汇集于运动器官,消化器官仅有 3%,因此进食后不久进行运动,必然会造成运动系统与消化器官循环血量分配上的矛盾,这不仅妨碍食物的消化吸收,而且也影响运动能力。

在运动训练或比赛间歇中的加餐,不强调进餐时间,但要求食物易消化吸收、不增加消化器官的负担。

一日三餐的热量和质量分配应根据运动员一天活动的情况来安排,原则上是运动前的一餐食物量不要过多,易于消化,少含脂肪和纤维素;运动后的一餐食物量可多一些,但晚餐不宜过多,也不宜有难消化和刺激性大的食物;早餐应摄入较充分的蛋白质和维生素,有利于使整个上午的生理机能保持较高的水平。晚餐中的脂肪和蛋白质不应过多,以免使血糖持续升高,影响睡眠和次日清晨的食欲。

七、充足的水

由于运动员在训练和比赛中出汗,导致机体丢失较多的水分,因此,需要在营养中补充水分,以免运动员慢性缺水。

第三节　运动员膳食营养制定的依据与措施

一、运动员的能量需求量

运动员一日能量消耗由基础代谢、运动的能量消耗、食物热效应和适应性生热作用四部分组成。

(一) 基础代谢

非运动人群,基础代谢占每日总能量消耗的比例最大,为60%～75%;运动员,由于运动训练的能量消耗多,基础代谢的比例相对减少。

(二) 运动的能量消耗

在能量消耗的构成中,运动的能量消耗变异最大,也最易发生变化。一个中等强度活动的人,运动能量消耗占总能量消耗的15%～30%。高强度运动时,能量消耗增加可达到基础代谢的10～15倍。运动员的运动能量消耗因运动量(包括运动强度、运动密度、运动持续时间)的不同有较大差异。集训队运动员在训练课内的能量消耗为 1 255～10 878 kJ(300～2 600 kcal),平均为 4 184 kJ(1 000 kcal),约占一日总能量消耗的40%,高者可达总能量消耗的50%。

(三) 食物热效应

食物热效应(TEF)以前称为食物特殊动力作用,是指进餐后数小时内发生的额外能量消耗,是由于摄入蛋白质、脂肪和碳水化合物三种能源物质引起的生热效应,即食物在消化、转运、代谢和贮存过程中消耗的能量。TEF约占基础代谢的10%,运动员膳食中蛋白质含量较高,故常采用基础代谢的15%计算。

(四) 适应性生热作用

适应性生热作用也称兼性生热作用,是能量消耗的另一个重要部分,是由于环境温度、进餐、情绪应激和其他因素变化引起的能量消耗,此生热作用低于一日总能量消耗的10%～15%。适应性生热作用在人体还很难证明,但可能对长期体重变化有重要的影响。

国内调查资料表明,运动员一日能量需要量范围为 8 368～23 012 kJ (2 000～5 500 kcal),多在 14 644～18 410 kJ(3 500～4 400 kcal),按体重计算为209～272 kJ/kg (50～65 kcal/kg)。一些运动项目,如乒乓球、体操、围棋、击剑等,运动员在训练中精神活动紧张,并不能都反映在能量消耗上。

我国运动员膳食能量适宜摄入量如表 4-2 所示。

表 4-2　我国运动员膳食能量适宜摄入量

运动项目	能量摄入量			
	MJ/d	kcal/d	kJ/kg	kcal/kg
体操(男)、武术、乒乓球、羽毛球、短跑(女)、网球	11.34～17.64	2 700～4 200	209～251	50～60
手球、击剑	(14.70)	(3 500)		
花样滑冰、中长跑、竞走、登山、球类、滑冰、摩托车、柔道	15.54～19.74 (17.64)	3 700～4 700 (4 200)	230～272	55～65
游泳(长距离)、马拉松、摔跤、公路自行车、橄榄球、越野滑雪	≥17.64	≥4 700	272	≥65

(五) 常见运动和体力活动的能量消耗

常见运动和体力活动的能量消耗如表 4-3 所示。

表 4-3　常见运动和体力活动的能量消耗

活动项目	每分钟每千克体重活动的能量消耗 kJ/(kg·min)	体重 65 kg 男子进行 10 min 活动的能量消耗/kJ(kcal)	体重 55 kg 女子进行 10 min 活动的能量消耗/kJ(kcal)
洗漱、穿衣	0.188	122(29)	103(25)
烹饪、扫地	0.201	131(31)	111(26)
铺床、清扫房间	0.234	152(36)	128(31)
中等强度跳舞	0.255	166(40)	141(34)
高强度跳舞	0.481	226(54)	197(46)
跑步(时间<10 min)	0.411	268(64)	226(54)
慢跑	0.481	312(75)	265(63)
排球	(0.218～0.318)	(142～205)	(121～175)
篮球	(0.410～0.577)	(267～376)	(226～317)
足球	0.552	363(87)	305(73)

二、运动员膳食能源物质营养

(一) 糖的营养

1. 糖的生理功能

短时间大强度运动时所需的能量绝大部分由糖供给,而长时间小强度运动时,也首先利用糖氧化供给能量,可利用的糖耗竭时,才动用脂肪或蛋白质。运动中肌肉摄取的糖量可为安静时的20倍或更多。糖最容易氧化,氧化完全时其代谢终产物为二氧化碳和水,不会增加体液的酸度。糖氧化时耗氧量少。在消耗等量氧的条件下,与脂肪比较,糖的产能效率比脂肪高4.5%,这一优点在氧不足的情况下更为重要,在比赛时或可成为决定胜负的因素。

很多实验提出运动前、中、后补糖有提高耐力的作用,摄取糖能提高运动能力被认为是与运动中糖的可利用度和糖的氧化率有关,此外,摄入糖还能预防神经性低血糖。近期研究结果中更有兴趣的是补糖可改善运动员进行高强度间歇性运动的竞技能力。

糖类食物具有低脂肪的特点,这对部分要求形体美、限制热量的运动员来说很重要。纤维素多的含糖食物,尤其是当这些食物与水结合时,其僵硬的结构可使食物体积增大,需要咀嚼的时间长,有时还会引起胃肠道不适。在比赛、大运动量训练前,或运动中应选择含纤维素少、需要咀嚼时间短、含糖浓度高和加工精制的食品。

血糖下降与下丘脑-垂体-肾上腺轴的活动有关,而补充糖,可使皮质醇和生长激素减少,生理应激程度减轻。

所有的神经组织及细胞核中,都含有糖。肝脏与肌肉的糖含量最高,核糖及脱氧核糖是核酸及核蛋白不可缺少的组成成分,细胞间质及结缔组织中含有大量的黏多糖类物质。

糖可减少脂肪酸的分解,也有抵抗酮体生成的作用。

机体糖充足时,糖首先被动用,因此对蛋白质有保护作用。

2. 运动糖代谢

运动中糖的氧化供能分为无氧酵解和有氧氧化两个过程。一分子葡萄糖经糖酵解时产生两分子ATP,而有氧氧化时可生成36～38分子ATP。ATP是运动中骨骼肌能直接利用的能量物质,但ATP在体内的贮存量很少,仅能维持几秒钟。糖成为剧烈运动中ATP再合成的主要基质。ATP以糖原形式6 000 kJ(1 430 kcal)和1 500 kJ(360 kcal)能量分别贮存于肌肉和肝脏,与体内甘油三酯贮存的能量比较,虽然相对较小,但在高强度运动,氧化磷酸化释放的能量不能满足运动需要时,糖的无氧能量释放是必要的。有氧能量的ATP最大生成率约为2.5 mmol/(kg·s),而无氧能量的释放率为11 mmol/(kg·s)。但无氧能量ATP的释放仅能维持几秒钟;有氧和无氧ATP再合成的功能并非相互独立,当运动时间延长,无氧释放的能量减少,有氧代谢供能增加。当运动达到最大强度时,大部分甚至全部能量均由糖供给,这是ATP转换率增加,使募集的肌纤维和酵解酶活化增加所致。由脂肪氧化的ATP最大生成率比糖低,同样利用1 mmol氧,脂肪生成的ATP比糖少,糖进行无氧酵解时会立即生成乳酸。从安静状态转为稳定状态运动,以及进行最大强度运动时,糖的无氧利用不可缺少,长时间剧烈运动中,肌肉和肝脏糖原耗竭会影响运动能力。

3. 糖的储备与运动能力

人体的糖主要贮存在肌肉(肌糖原)、肝脏(肝糖原)和血液(血糖)中。安静时,正常人体内血液葡萄糖含量是相对恒定的,唯有肌糖原和肝糖原的含量有较大的波动。肌糖原的浓度按0.5%～1%计算,全身共有约250 g,是糖储备的最大部分。肝糖原的平均浓度为 2%～8%,总计为 75～90 g。血糖平均以 0.1 g/dl 计算,全身仅 5～6 g。其空腹正常值为 4.44～6.66 mmol。用酶法检测的正常值为 3.9～5.8 mmol/L(70～105 mg/dl),全身血糖总量约为 5 g,占全身糖贮量的 1%左右。运动应激时,交感神经兴奋,肾上腺素、去甲肾上腺素、甲状腺素、胰高血糖素等分泌增加,使血糖浓度升高,仅胰岛素分泌受到抑制。摄入糖后胰岛素分泌增加,可调节血糖。体内糖储备的总量有 300～400 g。在大于 1 h 的运动,如长跑、长距离游泳、自行车、滑雪、马拉松、铁人三项、足球、冰球、网球等可使体内糖储备耗竭。肌糖原、肝糖原耗竭和低血糖均可影响运动的能力,特别是耐久力,使运动员感到疲劳。

1) 补糖的意义和方法

(1) 补糖的意义。

运动前补糖是增加体内肌糖原、肝糖原储备和血糖的来源。运动中补糖可提高血糖水平,节约肌糖原,减少肌糖原耗损以延长耐力时间。运动后补糖是为了加速肌糖原的恢复。

(2) 补糖的时间。

运动前:可在大运动量前数日内增加膳食中糖至总能量的 60%～70%(或 10 g/kg),也可采用改良的糖原负荷法(即在赛前一周内逐渐减少运动量直至赛前一天休息,同时逐渐增加膳食中的含量至总热量的 70%),或在赛前 1～4 h 补糖 1～5 g/kg(赛前 1 h 补糖时宜采用液态糖),一次补糖的总量应控制在 60 g 之内。关于避免在赛前 30～90 min 补糖预防血中胰岛素升高的提法,现有不同的观点。因为运动开始后,肾上腺素和去甲肾上腺素的释放,会抑制胰岛素的分泌,因此血糖仍然升高。

运动中:每隔 30～60 min 补充含糖饮料或容易吸收的含糖食物,补糖量一般不大于 60 g/h 或 1 g/min,多数采用饮用含糖饮料的方法,少量多次饮用;也可以在运动中食用易消化的含糖食物(如面包、蛋糕)等。

运动后:开始补糖的时间越早越好。理想的是在运动后即刻,前 2 h 以及每隔 1～2 h 连续补糖,运动后 6 h 以内,肌肉中糖原合成酶含量高,可使存入肌肉的糖达到最大量,补糖效果佳。运动后补糖量为 0.75～1.0 g/kg,24 h 内补糖总量达到 9～16 g/kg。

2) 补糖的类型

葡萄糖吸收最快,最有利于合成肌糖原。果糖的吸收也快,且主要为肝脏利用,其合成肝糖原的量约为葡萄糖的 3.7 倍,果糖引起胰岛素分泌的作用较小,因此不抑制脂肪酸的动员,但使用量大时,可引起胃肠道紊乱,果糖应与低聚糖联合使用。低聚糖甜度小,其渗透压低(为葡萄糖的 1/4),吸收也快,因此,可通过补充低聚糖使运动员获得较多的糖。淀粉类食物含糖量为 70%～80%,但释放慢,因此不会引起血糖或胰岛素的突然增加,淀粉类食物除了含有复合糖外,还含有维生素、无机盐和纤维素,可在赛后稍微靠后的饭食中加强。个体对摄取糖的反应变异很大,建议应当先让运动员试用以上不同类型的、不同浓度及口感的饮料,以选择赛前、赛中要用的含糖饮料。

(二) 脂肪的营养

1. 脂肪营养的作用

人体能量的来源有糖、脂肪和蛋白质。其中主要是糖,占总能量的 55%～60%,其次是脂肪，占总能量的 25%～30%，蛋白质最少，占总能量的 12%～15%。作为能源物质，与糖相比，脂肪具有重量轻、能量密度高、发热量大的特点。1 g 脂肪在体内氧化可产生 37.5 kJ(9 kcal)能量，1 g 葡萄糖可产生 16.9 kJ(4 kcal)能量，因此，同等能量的脂肪在体内贮存的体积小于葡萄糖。1 分子脂肪酸在体内氧化产生的 ATP(147)显著多于葡萄糖(38)。这对能量消耗较大的运动员可起到缩小食物体积、减轻食物重量的作用。

脂肪在体内的贮量很大。一个没有经过体育训练的正常健康男性体内脂肪的贮存量可达到 20 kg，其中主要是脂肪组织；一个肥胖的人，体内脂肪的贮存量可超过 100 kg；一个经过高强度训练的运动员，体脂很低，其脂肪贮存量仍然超过所有运动所需要的量。

脂肪为长时间低强度运动项目提供能量，在运动强度小于最大吸氧量 55% 的条件下进行运动，呼出气中 25%～50% 的 CO_2 来自脂肪酸的氧化，而高强度运动则主要由糖的有氧氧化或无氧酵解供能。脂肪酸氧化时的耗氧量高，产生相等能量时脂肪氧化的耗氧量比糖高 11%。

脂肪供能增加时可节约糖原的消耗从而提高耐久力，经高强度训练的运动员脂肪氧化分解的能力高。相关研究表明，经过高强度训练的马拉松运动员脂肪百分比低，脂肪细胞直径小，最大吸氧量高。

运动前或比赛前不主张摄取高脂肪食物是因为脂肪的消化吸收慢，影响胃排空；脂肪在体内氧化时耗氧量高；代谢物会增加肝脏和肾脏的负担。

2. 运动时脂肪的代谢

运动中，人体组织内的甘油三酯被动员后，游离脂肪酸出现在血液中可分为三期。

(1) 循环期：在运动开始前 10 min，血浆中的 FFA 和甘油被肌肉利用，浓度下降。

(2) 代谢期：血浆中 FFA 和甘油水平逐渐恢复正常或超出正常。

(3) 恢复期：运动结束后，血浆 FFA 和甘油水平上升至最高水平，然后逐渐恢复到正常值。

脂肪代谢的过程说明脂肪酸的氧化利用受肌肉氧化脂肪酸的能力及由血浆向肌细胞转运脂肪的过程快慢的影响。在脂肪代谢的恢复期，肌肉利用脂肪酸迅速减少，但脂肪的分解仍在继续，因此出现甘油和 FFA 水平增高。运动使体内甘油三酯水平降低，与运动消耗甘油三酯、内源性合成甘油三酯减少及运动使脂蛋白酶活性提高促进了甘油三酯的清除等因素有关。由运动中脂肪代谢过程可见，脂肪组织动用的脂肪分解较慢，常在运动 2～4 h 后，身体内糖原储备量降低的情况下，FFA 才成为收缩肌的主要能源，此时血浆 FFA 达到最高水平。如果单独依靠脂肪作为能源，则只能支持快速步行及慢跑等中小强度以下运动的需要。

3. 运动员对脂肪的需要量

运动员膳食中适宜的脂肪量应为总能量的 25%～30%。饱和脂肪酸、单不饱和脂肪酸、多不饱和脂肪酸的含量比为 1:1:1。脂肪代谢产物蓄积会降低耐力并引起疲劳，过多摄取脂肪会降低蛋白质和铁等一些营养素的吸收率，还常会带入外源性的胆固醇引起高脂血症，因此应适当限制在运动员膳食中过多使用脂肪。然而，如果脂肪不足，食物的质量和色香味将受影响，造成运动员的食物摄取量减少，而且运动员的膳食要求量少质精，发热量高，所以又不可过多减少脂肪的供给量。登山运动员,因为经常处于缺氧状态,膳食中的脂肪量比其他运动员应更少些。游泳及冬季运动项目,如滑雪、滑冰等,因机体散热量大,食物中脂肪量可以比其他项目高些,但也不宜超过总热量的35%。

国内对运动员进行体检时发现高脂血症的检出率较高,1989年244名运动员中血清胆固醇高于5.67 mmol/L(220 mg/dl)的男、女运动员分别占24.3%和22.1%,高于6.21 mmol/L(240 mg/dL)者,男、女分别为14.3%和14.4%,比1987年的检出率显著增加。这与食物中脂肪含量过高(占总热能的40%左右)和食物中胆固醇摄入过多有关。

(三) 蛋白质的营养

1. 蛋白质在运动中的作用

在三大产能营养素中,蛋白质在运动中供能的比例相对较小。近期研究报道氨基酸氧化可提供运动中5%～15%的能量。在体内肌糖原储备充足时,蛋白质供能仅占总能量需要的5%左右;大部分运动情况下,蛋白质供给6%～7%的能量。在体内肌糖原储备耗竭时,氨基酸供能可上升至10%～15%,这取决于运动的类型、强度和持续的时间。氨基酸主要通过丙氨酸-葡萄糖循环的代谢过程提供运动中的能量。

2. 运动员对蛋白质的需要量

氮平衡的实验研究报道运动员的蛋白质需要量比一般人高,日本及东欧一些国家提出运动员每千克体重应获得2 g以上蛋白质,而西欧一些报道提出每千克体重获得1.4 g(1.2～1.8 g/kg)蛋白质即可满足运动员的需要。国内根据估测氮平衡的实验结果,提出运动员蛋白质的供应量应为总能量的12%～15%,每千克体重应供应1.2～2.0 g的蛋白质。

运动员在减轻或控制体重阶段,由于膳食总能量不足,需要注意加强蛋白质营养,选择蛋白质密度高的食品。由于增加热能摄入量将改善氮在体内的存留,当能量摄入量增加时,蛋白质的需要量减少。此外,蛋白的需要量还受糖原储备的影响,经研究发现,高糖膳食后血尿素无改变,汗的尿素氯丢失了600 mg/h,而无糖膳食后的血清尿素氮显著增加和汗尿素氮丢失也增加。

运动员的蛋白质营养不仅要满足数量的要求,在质量上至少应有1/3以上必需氨基酸齐全的优质蛋白质。蛋白质营养不足会延缓剧烈运动后的恢复。解决运动员的蛋白质营养也可利用大豆类和谷类食物的互补作用,采用谷类主食和豆类食物混合食用,以提高蛋白质的生物价值。

(四) 维生素的营养

维生素作为能量代谢的辅助因子,适量供应会有利于产生能量并改善神经系统功能。当维生素的摄入量达到最大功能能力的最小需要量后,再增加维生素的摄入量,功能能力不会再增加。运动量加大时,维生素需要量增加的幅度超过按能量比例计算的数值。早年的研究已证实,肌肉活动可加速维生素不足症的发生,并使其症状加重。维生素营养充足时,有利于机体吸收能量,在细胞中引起如酶或激素样的作用,刺激生理机能、代谢和能量的转换过程。维生素缺乏时,机体的活动能力减弱,抵抗力下降,代谢紊乱,酶活力降低,氧化过程延迟,运动效率降低,青少年运动员的生长发育受阻。

运动员被认为是需要补充维生素的主要目标人群,营养调查和向运动员进行问卷调查已确认运动员有需要大量补充维生素的情况。额外补充维生素的目的是为了增强运动竞技能力,延缓疲劳发生和加速能量恢复。由于缺乏营养知识,许多运动员仍然采用大剂量补充维生素的措施,补充剂量超过推荐量的 10 倍、甚至 50 倍,不仅花费大,而且某些脂溶性维生素如维生素 A 和维生素 D 会在体内蓄积,引起中毒,危害健康。水溶性维生素不能在体内大量贮存,必须经常摄取,维生素 B_{12} 可在肝脏贮存一年或更长时间。

1. 运动员对维生素 A 的需要量

维生素 A 的需要量随机体运动强度、生理病理情况及视力的紧张程度而变化。对那些要求视力高度集中的运动项目(如击剑、射击、摩托车、乒乓球、游泳)的运动员,维生素 A 的需要量为 8 000 IU/d,而一般运动员需要量为 5 000 IU/d。在大运动量训练时,维生素 A 需要量每日可增加到 10 000~12 000 IU,由于维生素 A 在体内的排泄作用不强,故维生素 A 的摄入量应严格按规定标准服用,切勿过量吞服,以防蓄积中毒。

2. 运动员对维生素 B_1 的需要量

维生素 B_1 的需要量与机体运动强度、运动负荷量、食物中含量及气温条件等因素有关。国内运动员的维生素 B_1 适宜摄入量曾规定为训练期 3~5 mg/d,比赛时 5~10 g/d。最近公布的推荐的运动员维生素 B_1 适宜摄入量是 3~5 mg/d,1 mg/4 184 kJ,因运动需要增加的维生素 B_1 应尽量从食物消耗中取得,必要时可采用维生素 B_1 制剂。

3. 运动员对维生素 B_2 的需要量

我国近期推荐的维生素 B_2 适宜摄入量是 24.5 mL/d。训练能增加维生素 B_2 的需要量,特别是耐力运动员、大运动量训练时每日应增加维生素 B_2 需要量到 4 mg。

4. 运动员对维生素 C 的需要量

运动员在训练中的维生素 C 曾推荐为 140 mg/d,比赛期为 200 mg/d。苏联有资料提出运动员的维生素 C 供给量应为 150~200 mg,并提出可采用热能消耗量计算维生素 C 的供给量。正常人每消耗 4.184 kJ 能量,需要维生素 C 15~18 mg。进行极限或次极限强度运动时,每消耗 4.184 kJ 能量,需要供给维生素 C 22~25 mg。在进行长时间中等强度的运动时,对于运动时间超过 2 h 以上(如长跑、马拉松等)耐久力项目,每消耗 4.184 kJ 热能,需要供给维生素 C 30 mg。

第四节 不同项群运动员的合理营养

运动员的合理营养,有利于促进健康,有利于维持适宜的体重和体脂,也有利于促进运动能力的提高和发挥。由于不同运动项目对力量、耐力、爆发力、协调性、反应性等要求不同,不同运动项目运动员的营养需要也就各有特点(见表 4-4)。因此,运动员的膳食安排应尽可能做到区别对待、因人而异,针对每个运动员的具体状况制订相应的膳食计划。

表 4-4 不同项群类型运动员的营养原则

项群类型	项目举例	项目特点	营养原则
耐力型项目	马拉松、长跑、自行车、游泳等	长时间运动,运动无间歇,运动强度较小,以有氧代谢供能为主,能量消耗大,出汗多	1.需要充足的能量供应,碳水化合物占主要能量的60%~70%,其次为脂肪物质的供应,占总能量的30%~35% 2.及时补液
力量型项目	举重、铅球、摔跤、足球、篮球、短跑、划船等	运动时间较短,运动间歇较小,强度大,以无氧代谢供能为主	1.提高蛋白质供应量 2.增加矿物质补充 3.合理控制体重
灵巧型项目	体操、跳高、跳水	运动时间短,强度小,动作灵活多变,要求身体协调	1.选择营养密度高的食物 2.提供丰富的蛋白质和维生素
球类项目	篮球、足球、乒乓球、手球、橄榄球等	运动强度大,持续时间长	1.高碳水化合物供应 2.及时补液

一、耐力型项群运动员的合理营养

耐力型运动项目,如马拉松、长跑、长距离自行车、长距离游泳、滑雪等,具有持续时间长、运动无间歇、运动强度小、以有氧代谢供能为主等特点。

(一) 高能膳食供应

耐力型项目运动员的摄氧量、最大摄氧量及单位体重的最大摄氧量均比其他项目运动员高,运动员能量消耗大,1 h运动的能量消耗量为628～7 531 kJ(150～1 800 kcal)。膳食应提供充足能量以满足需要,否则可能导致运动能力下降,影响训练和比赛。如果运动员一日三餐的能量摄入不能满足需要,可在三餐外安排1～2次加餐,但选择加餐食物时应考虑营养素的平衡和营养素的密度。此外,膳食蛋白质应占总能量的12%～14%,为促进肝内脂肪代谢,应提供牛奶、奶酪、牛羊肉等富含蛋氨酸的动物性食物。由于运动时间长,运动强度相对较低,耐力型项目运动员对脂肪的利用和转换率也高,血浆中游离脂肪酸供能可占总能量的25%～50%,而且脂肪可增加色、香、味,并节约肌糖原。耐力型项目运动员膳食脂肪可略高于其他项目运动员,达到总能量的30%～35%。膳食碳水化合物供能应占总能量的60%～70%。运动员进餐应在赛前3 h,比赛当日应食用低纤维食物,以利于比赛的正常进行。

(二) 增加糖原储备

糖原储备量对运动耐力极为重要。为提高运动能力和促进疲劳消除,推荐运动员每千克体重摄入糖 8~10 g。研究表明,摄入混合膳食时,无训练者肌糖原含量约为 80 mmol/kg 肌肉湿重,而进行规律训练者肌糖原含量升高,约为 125 mmol/kg 肌肉湿重。如果每千克体重摄入含糖 8 g 的膳食,并减少训练量,则肌糖原含量可升高至 175~200 mmol/kg 肌肉湿重。训练良好者摄入中等至高碳水化合物膳食,肌糖原可逐日发生超量补偿。也有报道,经训练的跑步者摄入含碳水化合物 525 g 和 650 g 的膳食时,肌糖原含量无明显差别,因此,认为摄入碳水化合物含量较高的膳食(大于 600 g/d),肌糖原的超量补偿将不再进一步增加。糖原负荷的作用在于延缓由于肌糖原耗损而引起的疲劳,节约肝糖原。但糖原负荷已有的研究结果并不一致,其效果和作用机制尚待进一步阐明。

(三) 及时补液

耐力运动中出汗量大、失水率高,运动员容易发生脱水,因此应重视在运动前、中、后及时补液,以利于维持机体内环境的稳定。大负荷的耐力运动中,运动员丢失水分和矿物质较多。由于低浓度的含糖液(含糖量<6%)有利于胃排空和提高运动能力,故适合在运动中补液。然而,矿物质的补充则应在运动前或运动后进行。运动员在夏季或高温环境中进行耐力训练比赛时,副食中应增加含盐较高的食品,如咸菜或菜汤。B族维生素和维生素C的供给则应随着能量消耗的增加而相应增加。

(四) 适当补充铁元素

耐力型项目运动员缺铁性贫血的发生率较高,特别是女运动员体内铁储备较低,月经期失血,再加上不良的饮食习惯,更容易发生缺铁性贫血。为改善耐力型项目运动员的铁营养状况,应提供铁含量丰富的食物。

二、力量型项群运动员的合理营养

力量型运动项目要求力量和速度,如短跑、有阻力的骑车、短距离游泳、划船、冰球、足球、举重、投掷、摔跤等。此类项目运动员一般体重较重,运动中要求具有较好的神经肌肉协调性和较大的力量并在短时间内爆发。另外,此类项目运动具有强度大、缺氧、氧债大、运动有间歇和无氧代谢供能等特点。

(一) 充足的蛋白质供应

力量型项目运动员蛋白质代谢增强,对蛋白质的需要量增加。国外建议力量型项目运动员每千克体重蛋白质供给量应达到 1.4~1.8 g,或占总能量的 12%~15%。我国建议每千克体重蛋白质的供给量应提高到 2 g,其中优质蛋白质至少占 1/3。

与其他项目一样,力量型项目运动员也应采用平衡膳食,膳食中应含有丰富的碳水化合物、维生素和矿物质等营养素。值得注意的是,运动员往往过分重视蛋白质的补充,而忽视了碳水化合物的作用,导致蛋白质摄入过多,引起体液酸碱失衡、钙丢失、肝肾负担加重。为防止因蛋白质摄入过多而引起体液偏酸,应增加体内的碱储备。力量型项目运动员的食物中应有丰富的钾、钠、钙、镁等矿物质,并增加蔬菜和水果的摄入量。

(二)适当补充营养强力物质

1. 肌酸

力量型项目运动员可以适当补充肌酸,增加体内磷酸肌酸的储备量。

2. 糖原负荷

在剧烈运动或比赛前几天,糖原负荷对一次性冲刺运动无强力作用,但仍推荐适量摄入糖以支持日常紧张的训练。

3. 其他强力营养物质

某些氨基酸(如精氨酸、鸟氨酸、赖氨酸等)和中链脂肪酸可提高运动能力,应适量补充。外源性生长激素的肌肉合成作用至今尚有争议。冲刺、爆发用力和重复的离心性运动本身可有效增加体内生长激素水平,但其机制尚不完全清楚。短跑、举重等力量型项目的运动员,如果膳食能量和营养素适宜,不必额外补充维生素或矿物质。此外,力量型项目运动员,尤其是控制体重期的运动员,还应定期检测运动前后的体重,尤其是减轻体重期的尿液颜色、尿比重等,以了解是否存在脱水情况,并及时纠正。

三、灵巧型项群运动员的合理营养

击剑、体操、乒乓球、跳水和跳高等项目运动员在运动中神经活动紧张,动作具有非周期性和多变性,并对协调、速率和技巧性等要求较高。

(一)科学控制体重

体操、跳水和跳高等项目运动员为完成复杂的高难度动作,经常需要控制体重和体脂水平,运动员常采取控制饮食的措施来控制体重。一般来讲,此类项目运动员的膳食能量不宜过高,应略低于实际需要。在减轻体重期间,蛋白质供能比可增加至15%~20%;膳食脂肪的供给量不宜过高,应在20%~25%;碳水化合物供能则应在60%~65%。

(二)适当增加维生素和矿物质的供应

灵敏、技巧型项目运动员在运动过程中神经活动或视力活动紧张,对维生素、矿物质等营养素的需求量较大。为保证紧张神经活动的需要,应提供含充足蛋白质、B族维生素、钙、磷等的食物,如维生素B_1的供给量应达到4 mg/d。此外,乒乓球、击剑等项目运动员运动中视力活动紧张,应保证供应充足的维生素A。

四、球类运动员的合理营养

球类项目如篮球、排球、足球和冰球等要求运动员具备力量、耐力、灵敏、速度、技巧等素质,运动强度大、多变,运动员能量消耗较大,其膳食供给应根据运动量的大小,保证充足的能量,均衡膳食。

(一)营养以碳水化合物为主

国外研究指出,大部分团体项目运动员的主要能量来自体内碳水化合物和脂肪氧化。

因此,团队协作项目运动员的膳食应以高碳水化合物为主,碳水化合物占总能量的55%～65%,而蛋白质占总能量的12%～15%,脂肪占总能量的25%～30%。

人体试验表明,运动前补充含糖饮料,在足球赛后半场的跑步距离比对照组长40%。另有报道,足球运动员在练习赛前10 min补充7%的葡萄糖溶液0.5 L,然后在比赛进行到一半的时候再补充同样量和浓度的葡萄糖,可节约肌糖原39%,疲劳发生延迟。同样,补液对其他球类团体项目也有良好的作用,补液可减轻自觉的疲劳感觉,提高运动耐力,这可能与儿茶酚胺分泌减少有关。

(二) 重视比赛期的营养补充

目前广泛推荐的球类团队项目运动员的营养措施如下。

(1) 在剧烈运动前的3～4 h采用高碳水化合物膳食。

(2) 在长时间的训练或比赛前,每隔20 min补充运动饮料150 mL。

(3) 为了加速糖原的恢复,在运动结束后应尽快补充50 g糖,以后每隔1～2 h重复补充,直至下一餐。

(4) 恢复期的前24 h内,每千克体重补充总量应达到10 g,并采用高血糖指数的食物。为尽快恢复水、电解质平衡,可采用含糖电解质饮料,补充量应达到运动后体重减轻量的150%。

1. 赛前营养

运动员的比赛成绩取决于科学的训练、良好的竞技状态、心理素质和合理的营养。合理的营养有助于提高运动员训练效果和竞赛能力,并促进运动后体力的迅速恢复。合理的营养促使竞赛能力提高的作用不是在短期内产生的,所以不能过高地期望赛前营养产生"奇迹"。运动员在比赛前处于高度兴奋和精神集中的生理、心理紧张应激状态,消化系统血流量减少,肠蠕动增加,使运动员消化功能减弱,可出现食欲减退和腹部不适,甚至腹泻等症状。赛前合理的营养为运动员保持良好的竞技状态创造条件。相反,如果比赛前饮食不当,如采用饥饿和脱水等不合理措施快速减轻体重,会使运动员的比赛能力下降,甚至出现消化功能紊乱、腹部绞痛、呕吐、腹泻、低血糖、疲乏无力和肌肉痉挛等症状,以致降低竞赛能力,影响比赛成绩。

(1) 均衡膳食。

运动员的营养状况受膳食供应、运动负荷等因素的影响。摄取品种多样、营养素充足的膳食,不但可以满足运动员日常训练的营养需要,而且可以储备和调整某些营养素使之满足比赛的需要,促进运动员运动能力和竞赛能力的提高。

(2) 赛前补液、补糖。

机体内糖的储备包括肌糖原、肝糖原和血糖三部分,其中肌糖原的储备量最大。在超过1 h的耐力型运动项目中,如长跑、长距离游泳、自行车、滑雪等,体内糖耗尽可影响比赛能力,特别是耐久力。比赛前及比赛中适量补充糖可维持血糖水平并可提高竞赛能力,延缓疲劳的发生。赛前补糖的目的是使体内有充足的肝糖原和肌糖原。近年来发展的一种改良的糖原负荷的方法:在赛前6 d的第1 d进行60 min的较大运动量运动,以后的两天每天进行60 min运动,第4 d和第5 d每天进行20 min的运动,最后1 d完全休息,这样整个过程(6 d)的运动强度是逐渐减少的。前 3 d 膳食中碳水化合物占总能量的 40%～50%，后 3 d 天增至 70%～75%，碳水化合物的摄入总量为 525～600 g/d。通过采取这种糖原负荷措施，肌糖原含量可提高到 207 mmol/kg，为混合膳食的 2 倍以上。但由此引起某些副作用，如体重增加和肌肉僵硬，也应加以注意。大量出汗和失水的运动项目，在赛前还应注意及时补液。

（3）增加抗氧化剂的摄入。

为了增加食物中的抗氧化成分，应进食适量的瘦肉以合成抗氧化物谷胱甘肽，增加新鲜蔬菜和水果的摄入量，必要时可在医生指导下补充抗氧化维生素或微量元素制剂。

2. 赛中营养

运动员在剧烈的比赛中大量出汗，因失水而使体液处于相对高溶状态。因此，赛中补充的饮料应是低渗的（含糖和含盐量低）。能量消耗较大的项目可在途中摄入一些容易消化吸收的液体型或质地柔软的半流质食物，液体食物胃排空快。食物体积要小，以免影响呼吸，运动员可根据饥饿感选用。

除赛前少量补液外，比赛中每 15～30 min 补液 100～300 mL。但每小时补液量不宜超过 800 mL。比赛中的补液量，一般为出汗量的 1/3～2/3。决定补液量的一种简单方法是先通过称体重，了解失水量，然后按照失水 500 mL，补液 2 杯左右，找出自己能耐受的补液量。比赛中应以补水为主，5% 的低聚糖饮料在比赛中饮用效果良好。饮料中应含少量钠盐，浓度一般为 18～25 mmol/L。

3. 赛后营养

赛后饮食仍然是高碳水化合物、低脂肪、适量蛋白质、富含矿物质和维生素的易消化食物。为促进赛后恢复，补液极为重要，补液量应满足体重恢复到赛前水平的需要。为促进体内储能物质恢复，补充含碳水化合物或含糖饮料的时间越早越好，因大强度、大运动量运动后糖原合成酶活性最高。此外，为促进关键酶的恢复，应补充矿物质、维生素、微量元素和碱性食物；为加速抗氧化酶的恢复，可补充具有抗氧化性质的天然食物，如蔬菜和水果，或具有抗氧化性质的植物化合物等。

课后作业

1. 试述运动员合理营养的基本要求。
2. 试述运动员膳食营养制定的依据与措施。
3. 试述运动员膳食能源物质营养。
4. 试述耐力型项群运动员的合理营养。
5. 试述灵巧型项群运动员的合理营养。

第五章 常见的运动营养补充剂

学习目标
(1) 了解运动营养补充的误区;
(2) 熟悉常用运动营养补充剂的使用方法;
(3) 掌握不推荐使用特殊运动营养补充剂的种类。

本章提要

运动员在进行大负荷的运动训练过程中需要消耗大量的能源物质和各种营养素,为了维持运动员的运动能力和促进运动后身体功能快速恢复,就要求运动员必须及时补充各种营养物质。但是由于运动者营养学知识的缺乏,在营养学方面存在误区,使得运动者普遍忽视膳食营养的重要性,过分强调特殊营养的重要性,导致他们不科学和不合理地选择食物,造成运动者膳食的不平衡现象。目前,许多运动者都存在着运动营养补充的误区。本章从以下三个方面对营养补充品进行介绍:

(1) 有潜在益处的运动营养补充剂;
(2) 因缺乏足够证据而无法推荐的补充品;
(3) 不推荐的补充品。

同时,要防止运动员滥用营养补充剂,甚至误用兴奋剂的问题出现。国家体育运动委员会于1993年5月10日就已经发布了关于《运动员使用运动营养补品管理暂行办法》,严格规定了营养补充剂选用、管理、使用、监测和评审的方法以及处罚措施。

关键词

支链氨基酸　谷氨酰胺　β-羟基-β-丁酸甲酯　抗氧化剂　碳酸氢钠　咖啡因　肌酸

第一节　有潜在益处的运动营养补充剂

一、抗氧化剂

大量研究结果表明:补充外源性抗氧化剂有利于对抗和降低运动时内源性自由基的生成和抑制脂质过氧化。大负荷强度运动时自由基的生成速率可以达到安静时的数百倍,远远超过了机体抗氧化能力的增加幅度,机体处于氧化应激状态。运动中抗氧化物质缺乏会损伤耐力,而某些抗氧化剂无毒副作用。因此,补充抗氧化剂以对抗运动中生成的大量自由基是延缓运动性疲劳的发生、加快运动后疲劳的消除和身体机能恢复的重要手段之一。

目前，大量的研究证实具有良好的抗氧化能力的物质有维生素 E、维生素 C、谷氨酰胺和谷氨酰胺肽、类胡萝卜素、辅酶 Q、番茄红素、螺旋藻系列产品、牛磺酸、N-乙酰半胱氨酸、硒、某些中药成分（如人参、黄芪等），以及某些植物提取剂等，其中效果较好的抗氧化剂是维生素 C、维生素 E 和番茄红素。抗氧化剂分为脂溶性的和水溶性的两种，如维生素 C、牛磺酸、谷氨酰胺等为水溶性抗氧化剂；类胡萝卜素、辅酶 Q、黄酮类、番茄红素、维生素 E 等为脂溶性抗氧化剂。对于不同溶解性质的抗氧化剂来说，补充时应注意环境条件即脂溶性抗氧化剂，补充时必须给予油脂以促进机体对这类抗氧化剂的摄入。抗氧化剂的补充最为重要的形式是在食物中补充，当食补满足不了需要时才应以片剂的形式进行补充。

（一）维生素 E

维生素 E 的不同衍生物中，α-生育酚被认为是一种与细胞膜和亚细胞膜结合最重要和活性最高的脂溶性抗氧化剂，提供氢原子，防止自由基对生物膜上多不饱和脂肪酸的氧化作用。α-生育酚直接作用于氧自由基，清除有高度反应性单线态氧，节约硒，保护 β-胡萝卜素，与细胞膜功能有密切关系。补充维生素 E 可使脂质过氧化物减少。富含维生素 E 的食物有胡麻油、麻籽油、豆油、棉籽油、芝麻油、菜籽油等植物油脂类食物；葵花籽、山核桃、核桃、榛子、松子等坚果类食物；酵母（鲜）、苦豆子、五香豆豉、芝麻酱等调味品；鹅蛋黄、鸡蛋黄粉、鸭蛋黄等蛋类食物；红螺、鱼油等水产品；羊肝等动物肝脏食物；麦芽、麦胚油、全谷（糙米、全麦、燕麦和玉米等）、小麦胚粉、小麦面等谷类食物；芦笋、菠菜、白薯、新鲜甜菜根、新鲜胡萝卜、甘蓝菜等蔬菜类食物。其中维生素 E 的含量随着贮存时间、烹饪方法、生长地和收获的方法而变化。

（二）维生素 C

维生素 C 在体内参与多种反应，如参与氧化还原过程，在生物氧化和还原作用以及细胞呼吸中起着重要的作用，直接清除液体系统不同种类自由基，如清除单线态氧和超氧阴离子，稳定羟自由基，并有助于恢复维生素 E。超长距离跑步者在跑 42 km 前补充维生素 C 600 mg/d，补充 21 d 可减少赛后上呼吸道感染的发生及其后的症状。维生素 C 是一种温和的还原剂，在体内易被氧化，从而保护其他物质不被氧化。维生素 C 含量丰富的水果有猕猴桃、橘子、柠檬、葡萄柚、酸橙、番茄、草莓等；维生素 C 含量丰富的蔬菜有辣椒、甜椒、萝卜缨、芥蓝、豌豆苗、花椰菜、香菜、苋菜（绿）、芦笋等大部分的绿色蔬菜。由于维生素 C 不耐高温，补充维生素 C 应以生吃的蔬菜为主，在大强度训练期间运动员可以片剂形式摄入一定量维生素 C。

运动可增加人体对维生素 C 的需要，但补充维生素 C 对运动能力的影响至今也有争议。有资料提出大剂量补充维生素 C 对有氧运动能力或生理指标无作用。长期大剂量使用维生素 C 可引起毒性作用已引起关注，除了可引起泌尿系统结石外，由于维生素 C 是一种原氧化剂，对铁负荷有遗传素质者，维生素 C 的最大摄入量不可 >500 mg/d。

（三）β-胡萝卜素

β-胡萝卜素的主要功能是对高度反应性的线态氧解毒。大部分流行病学研究表明，高水平的 β-胡萝卜素可降低癌症和心血管病的危险性，维生素 A 有两种天然形式即视黄醇和

3-脱氢视黄醇,前者在人体内含量更多。所有高级动物都可将植物来源的胡萝卜素和隐黄素转化成视黄醇。类胡萝卜素是脂溶性维生素,其中β-胡萝卜素在胡萝卜素中分布最广,含量最多,在众多异构体中最具有维生素A的生物活性,具体良好的抗氧化能力。α-胡萝卜素具备强力的抗氧化及抗癌特性,α-胡萝卜素比β-胡萝卜素要强上10倍。含类胡萝卜素丰富的食物有苔菜、南瓜、胡萝卜、白薯、西葫芦、甘蓝、番茄、菠菜和新鲜的热带水果(番木瓜、罗马甜瓜、杧果等)。

补充β-胡萝卜素对运动能力的作用尚缺少证据。

(四) 番茄红素

番茄红素是近几年国际上最新发现的一种抗氧化效果较好的抗氧化剂,它同α-胡萝卜素、β-胡萝卜素及黄体素一样,属类胡萝卜素的一种。人体不能自身合成番茄红素,番茄红素只能通过外界提供。目前的研究结果证明,来自番茄的番茄红素极易在循环的血液中被吸收。番茄红素存在于许多蔬菜和水果中,其中番茄中含量最多,其他水果如番石榴、西瓜和柚子中也含有较多的番茄红素。由于番茄红素是脂溶性的,我们提倡膳食中应富含经过加工的番茄食品,以促进机体对番茄红素的吸收和利用。建议每天饮用500 mL左右的番茄汁,或服用番茄红素胶囊,番茄红素每天的摄入量在10~20 mg即可达到良好的抗氧化效果。

(五) 硒

硒是谷胱甘肽过氧化物酶的必需组分,现已证实,硒代半胱氨酸为该酶提供其活性中心的必需基因,此酶催化还原型谷胱甘肽转变为氧化型谷胱甘肽,同时使有毒性的过氧化物还原为无害的羟基化合物,并使H_2O_2分解,其他抗氧化剂和抗氧化酶也共同参与反应。因此,可以保护细胞膜的结构和功能免遭损害,保护细胞中重要活性物质不受强氧化剂的破坏。同时,硒本身是一种自由基的清除剂,可以直接清除自由基和脂质过氧化自由基从而起到保护作用。

富含硒的食物有全谷和谷类食物、麦芽、酿制的酵母、魔芋精粉、新鲜水果和蔬菜、大蒜、洋葱、松蘑(干)等,但注意一些贫硒土壤种植的食物的硒含量可能会很低。此外,食品中一些添加剂、防腐剂也有抗自由基的作用,但大量补充可致中毒。

(六) 螺旋藻

螺旋藻是近年来开发和研究的天然藻类提取物,对螺旋藻的研究发现其具有促进机体抗氧化酶活性增强,显著降低运动训练中自由基生成的作用。螺旋藻是一种较为理想的抗氧化剂。

(七) 黄酮类化合物

黄酮类化合物是膳食的常见成分,例如,山楂和猕猴桃中均含有。近期研究表明黄酮类化合物对自由基有解毒的作用,快速作用于短自由基。最近的研究还表明植物酚和茶色素也有抑制脂质过氧化产物的作用。从天然资源中寻求无毒副作用的营养强力物质和抗氧化剂、活性物质是科学家们关注的研究课题。

二、碳酸氢钠

(一) 碳酸氢钠的性质

碳酸氢钠是一种碱性盐,通称小苏打,是人体内可见的天然物质,在运动员中作为强力措施使用和研究已有多年,但对其有效性仍有争论。

(二) 碳酸氢钠的作用

在依赖糖酵解供给能量的运动(如 400 m 和 800 m 跑步),体内会产生大量乳酸,使肌肉中酸度增加,补充碳酸氢钠缓冲酸性代谢产物,提高血液和肌肉的 pH 值,保持酸碱平衡,延缓疲劳的发生,有利于增强无氧运动能力。碳酸氢钠的作用机理可能是对血液中离子的缓冲(不是肌肉中)。研究证实:血清 pH 值提高,肌细胞内酸中毒程度减轻,使体力和心理上的疲劳感觉减低,高强度运动至衰竭时间延长。

(三) 碳酸氢钠的用量

在许多研究中碳酸氢钠用量都采用 0.15~0.40 g/kg,常使用 0.3 g/kg,也有用到 0.58 g/kg 的,方法不一。还有人在赛前 1~2 d 内饭后服用,但近期有研究表明,宜在赛前的 1~3 h 服用,并提出剂量过小或服用时间过早无效。此种强力措施主要用于 0.5~5 min 一次全力运动到衰竭,或重复多次冲刺(中间有很短的休息间隔)的运动比赛项目;对高强度<30 s 或耐力运动项目无明显作用。

(四) 碳酸氢钠的毒副作用

大量补充碱性盐类可引起的副作用。

(1) 胃肠道不适,可有恶心、呕吐和腹胀等症状。

(2) 超量补充可导致碱中毒,表现为冷漠、易刺激、肌肉痉挛等症状,但无长期的副作用。

(3) 过量补钠可引起血浆低钠、心律不齐等症状。目前,资料提出补充量达到 0.4 g/kg,未发生心律不齐,血浆钾水平仍>3 mmol/L。补充碳酸氢钠同时大量饮水可减轻副作用,而且溶液量增加有利于小肠吸收,使尿液更加偏碱性。很多学者都不主张使用碱性盐,并建议采用含高碳水化合物和大量蔬菜及水果的饮食来增加体内的碱储备。

三、咖啡因

(一) 咖啡因的性质

咖啡因是一种生物碱,属于甲基黄嘌呤类药物,也是咖啡饮料、茶、可口可乐中的成分。运动员在日常训练或赛前饮用咖啡饮料是许可的,但饮用量受限制。咖啡因是中枢神经的兴奋剂、精神刺激剂。

(二) 咖啡因的作用

咖啡因的作用与剂量、运动类型、运动强度、运动前饮食、以往是否用过咖啡、训练状态以及个体差异有关。咖啡因对运动的益处有很大的变异。系列研究结果表明：有加强长时间耐力运动能力的作用，机制尚不完全清楚。近期资料报道：摄取咖啡因后，对中枢神经有刺激作用，提高应变力，儿茶酚胺释放增加，血浆肾上腺素水平提高，并能促进脂肪酸分解，增加血浆 FFA 浓度和肌肉利用甘油三酯的能力，间接抑制肌糖原分解，节约肌糖原的消耗，延长耐力。咖啡因的强力作用不能以一种单一的代谢变化来解释，尤其在使用小剂量的情况下，并不引起明显的代谢改变。咖啡因对耐力运动的作用似已比较肯定，但对短时间大强度运动作用的可能机制尚不完全清楚。最新资料提出对咖啡因的某些作用，需要排除混杂因素进一步进行研究。

(三) 咖啡因的用量

在允许范围内，运动前可饮用 2～3 杯咖啡（含咖啡因 200～300 mg）饮用量应限制在尿中咖啡因浓度 $<12\ \mu g/mL$，1～2 h 内饮用 5～6 杯咖啡即可使尿中咖啡因达到限制浓度。尿中咖啡因浓度 $>12\ \mu g/mL$，被认为是使用兴奋剂阳性。国外报道每千克体重摄入咖啡因 3～13 mg，可增加在实验室进行耐力和跑步运动的能力，但仍缺少在现场比赛使用咖啡因的有效的证据。

(四) 咖啡因的毒副作用

咖啡因使用量大于 500 mg 对耐受性差者轻度的副作用包括：利尿、胃酸增加、焦虑、失眠、过度兴奋、胃肠道不适和心悸等。平时不喝咖啡者，赛前服用应慎重。急性严重的副作用有胃溃疡、谵妄、癫痫发作、室上性或室性心律不齐。慢性的副作用有血清胆固醇水平增高、缺血性心脏病增加、致畸、致癌，并使纤维囊性乳腺病增加。

四、特殊糖类营养品

(一) 1,6-二磷酸果糖(FDP)

1. 1,6-二磷酸的性质

1,6-二磷酸果糖是细胞内糖代谢的中间产物，它不仅是细胞内的供能物质，而且还可通过改善和增强糖的无氧代谢来加速糖酵解合成 ATP，从而改善细胞在缺氧后的生理功能和应激适应，因此，FDP 是国际公认的细胞强壮剂。

2. 1,6-二磷酸果糖的作用

(1) 外源性 FDP 能够促进内源性 FDP、二磷酸甘油酸、ATP 成倍增加。

(2) 促进红细胞向组织释放更多氧；增加心肌供血，改善微循环，促进心肌细胞能量代谢，加强心肌收缩力。

(3) 提高心搏量和舒张期快速充盈率，减少心肌耗氧量。

(4) 维持细胞内 K^+ 浓度，改善细胞膜极化状态和缺血组织器官功能。

(5) 具有抗氧化作用，抑制肌细胞产生自由基，对维持细胞膜完整性，恢复和改善细胞膜功能有重要的作用。

3. 1,6-二磷酸果糖的用量与安全性

目前 FDP 作为药物广泛应用于临床实践,可作为冠心病、急性心肌梗死、肾功能衰竭等多种疾病的辅助药物。同时,FDP 改善缺氧状态下运动机能和抗疲劳作用越来越受到重视。FDP 的作用强度与其剂量有一定相关性,也与应用时间有一定关系。动物实验表明,在缺血损伤前给予 100~300 mg/kg 可起到保护作用,如果在缺血后给予 FDP,剂量要加大。中长跑运动员在运动前 50 min 饮用占碳水化合物供能比 24% 的果糖水溶液,能最大限度地提高耐久性运动能力。FDP 的摄入可分为赛前、赛中的促力性补充以及赛后的恢复性补充。有关 FDP 对运动机体保护作用的有效剂量还需要进一步研究。

4. 1,6-二磷酸果糖的毒副作用

临床使用 FDP 常见不良反应有局部疼痛、口唇麻木,偶有头晕、恶心、胸闷及过敏性皮炎等。有报道,静脉滴注果糖二磷酸钠可出现寒战、高热、过敏性哮喘,甚至过敏性休克或肾功能受损。单纯口服果糖可能引起胃肠道不适,故应摄入含果糖的饮料。

(二) 核糖

核糖是合成 ATP 的起始分子,是核酸的重要组成部分。核糖也是合成嘌呤核苷酸的重要前体物质,所以它是骨骼肌和心肌合成能量物质的重要原料。由于核糖可以加快骨骼肌和心肌磷酸核糖焦磷酸(PRPP)的合成速度,消除了磷酸戊糖途径中葡萄糖-6-磷酸脱氢酶活性低的限制,使嘌呤核苷酸的合成速度成倍增加,因此补充核糖可以提高运动能力。

此外,研究结果支持肌肉中可提供的核糖是再合成 ATP 速率的一个限制因素这个假说,表明补充核糖可以提高 ATP 的合成速率,延迟疲劳的产生,增强运动能力。

(三) 壳聚糖

壳聚糖又称脱乙酰甲壳素、几丁聚糖等,是甲壳素脱乙酰化反应后的产物。壳聚糖主要是从虾和蟹的外壳中提取。壳聚糖具有很强的吸附凝聚性和螯合性,可以吸附机体内的毒素和自由基等,也可以与 Cu^{2+}、Hg^{2+}、Cd^{2+}、Fe^{2+}、Ag^+ 等金属离子螯合排出体外。另外,壳聚糖带有弱碱性和阳离子性,在体内,壳聚糖可以结合多余的酸,改善体内的酸性环境。

研究结果表明壳聚糖具有以下的生物学作用。

1. 良好的止血、抗感染、促进愈合的作用

体育运动经常有各种各样的损伤发生,包括出血、骨折、软组织损伤等。运动损伤不仅影响运动员的运动成绩,也是缩短运动寿命的直接原因。因此,如何促进损伤组织尽快愈合、减少感染、预防和减少疤痕组织的形成,已成为运动医学的一个重要的课题。到目前为止,大量报道的还是关于壳聚糖在治疗外科创伤中的应用,如壳聚糖止血敷料、壳聚糖外敷药膜等,对抗感染具有积极的意义。

2. 提高机体免疫机能

大负荷强度的运动训练是造成运动员免疫机能降低的一个重要因素,而免疫力的下降使得运动员易患上上呼吸道感染的概率大大提高。如何提高由于运动训练造成的免疫力低下是体育科研的研究热点。大量的研究结果表明壳聚糖可以提高机体的免疫力。在体内壳聚糖可以通过直接活化吞噬细胞、自然杀伤细胞（NK细胞）、B淋巴细胞、T淋巴细胞，来提高机体的免疫机力，这对预防由于运动训练造成的免疫力低下具有重要的意义。

3. 清除自由基，提高机体抗氧化能力

运动训练引起自由基生成急剧增加，是导致运动性疲劳的重要因素之一。壳聚糖的应用研究表明，服用壳聚糖可提高机体清除自由基的能力，提高机体抗氧化的能力，有助于提高运动能力。

同时研究结果还表明，壳聚糖可保持机体在无氧训练中的运动能力，促进大强度训练中糖原的合成，有利于维持血液中pH值的稳定，加速机体在大强度训练后的恢复。因此，壳聚糖也可作为今后一类特殊的糖类营养品用于提高运动能力。

五、肌酸

（一）肌酸的性质

肌酸是膳食中的天然成分，是骨骼肌中的天然有机化合物。肌酸是合成磷酸肌酸的重要原料，肉类食品中含量尤其丰富。人体自身也可由肝脏和肾脏合成肌酸，但合成量不能满足需要，因此，肌酸被认为是正常膳食的"必需成分"。

（二）肌酸的作用

肌肉收缩时，需要ATP供能，而磷酸肌酸是高能磷酸基团贮存库和线粒体内外的能量传递者，能满足迅速合成ATP的要求。补充外源性肌酸，有利于保持体内肌酸和磷酸肌酸储备。补充肌酸以提高大强度运动能力的可能原因有以下几点。

（1）高浓度肌酸（血浓度50 mmol/L）促进肌肉吸收和转变成磷酸肌酸，而磷酸肌酸储备充足能保证肌肉收缩时ATP的供应，也有利于运动后磷酸肌酸的恢复。

（2）磷酸肌酸分解反应产物是骨骼肌缓冲系统的重要部分，能中和运动中产生的乳酸，这对高强度运动时快速供能十分重要。

（3）加速肌酸与磷酸肌酸之间能量穿梭循环，有利于ATP跨膜转运。目前，国内外大量运动员使用肌酸，但仅有少数事实支持在高强度、重复性、有短时间恢复的训练时，口服肌酸有提高运动能力的作用。对多次冲刺的间歇性运动，如网球、篮球、排球等项目的效果尚不清楚。实验研究未证实口服肌酸对耐力型运动的效果。肌酸补充的适宜量、适宜项目、具体补充办法尚待进一步研究。

（三）肌酸的用量

肌酸的补充方法，一般都采用短时间大剂量（如20 g/d连服5～6 d）或小剂量长时间（如3 g/d连服28 d），也有先采用大剂量负荷后，再使用小剂量维持的做法（如先采用20 g/d连服5～6 d后，再采用2 g/d连服35 d）。据报道，后两种方法可使肌肉中肌酸浓度增加，且保持时间长。另外，肌酸与单糖液体同时服用的效果比单独补充肌酸效果好，可使肌肉的肌酸总量增加40%～60%。

(四) 肌酸的毒副作用

肌酸不属于国际奥林匹克委员会颁布的违禁药物,已被广泛使用,但口服肌酸也存在一些副作用。

(1) 抑制内源性肌酸的合成:长期大剂量补充肌酸会引起此副作用。

(2) 体重增加:每日口服肌酸 20 g,4~5 d 后体重可增加 1~16 kg。

因此,对需要控制体重或减轻体重的运动员应慎重使用这种补充方法。

(3) 肌肉酸胀感:部分运动员补充肌酸后,出现肌肉酸胀的感觉。有人建议采用按摩、理疗等措施减轻症状,国外有学者建议增加饮水量消除肌肉酸胀感。目前,仍不清楚长期大剂量补充肌酸其他的副作用。

(五) 提高口服肌酸效果的方法

1. 在口服肌酸的同时补糖

胰岛素可促进肌肉从血液中吸收肌酸。运动中可采用增加口服含糖饮料或新鲜果汁等措施,以刺激胰岛素的分泌。

2. 补充某些辅助营养成分

当肌酸与牛磺酸、谷氨酰胺、RNA 的钠盐等特殊营养物质混合服用时产生"合成动力"的作用。这些辅助成分促进肌酸在体内的跨膜运输与吸收。

3. 增加维生素 E 的摄入量

体内维生素 E 营养不良会影响肌酸进入肌肉,因此在口服肌酸时应增加维生素 E 的摄入。

4. 增加优质蛋白质和氨基酸的摄入量

服用肌酸期间要注意补充蛋白质,如乳清蛋白或氨基酸等。因为在肌肉细胞内肌酸浓度增加时,会加速胞质和线粒体间肌酸与磷酸肌酸之间的能量穿梭转移,氨基酸摄入量增多,有助于蛋白质合成代谢,提高速度。

第二节 因缺乏足够证据而无法推荐的补充品

一、支链氨基酸

支链氨基酸(BCAA):支链氨基酸包括亮氨酸、异亮氨酸和缬氨酸。

(一) 支链氨基酸的性质

5-羟色胺具有压抑的性质,可能与疲劳的形成有关,色氨酸(5-羟色胺的前体)进入脑中的数量增加时,会增加中枢疲劳的发生。据动物实验的研究,当血液中支链氨基酸处于低水平时会促进色氨酸进入脑。耐力运动的后期,血清中支链氨基酸水平下降,引起血液色氨酸水平相对增加,并与支链氨基酸竞争入脑的速率,从而影响脑色氨酸和五羟色胺水平。

(二)支链氨基酸的作用

支链氨基酸能减轻运动过程中的心理疲劳,从而在耐力比赛中有所帮助。一些研究显示,每天使用 5~20 g 支链氨基酸可以改善运动成绩。

支链氨基酸作为氮的载体,辅助肌肉合成所需的其他氨基酸,简单地说,它是一个简单氨基酸合成复杂完整肌肉组织的过程。因此,支链氨基酸刺激胰岛素的产生,胰岛素的主要作用是允许外周血糖被肌肉吸收并作为能量来源。胰岛素的产生也促进肌肉对氨基酸的吸收。支链氨基酸既有合成作用,也有抗分解作用,因为它们可以显著增加蛋白合成,促进相关激素的释放,如生长激素(GH)、IGF-1(胰岛素样生长因子-1)和胰岛素,以及有助于维持一个合理的睾酮/皮质醇比例。

支链氨基酸还具有非常好的抗分解作用,因为它们有助于预防蛋白分解和肌肉丢失。

(三)支链氨基酸的用量

国外支链氨基酸使用的补充量一次为 5~15 g,也有更大量或小于 5 g 的。运动前 30 min 补充比运动中补充的效果要好。补充氨基酸宜采用小剂量,有报道提出长时间运动,每千克体重每小时可补充 0.15 g。小剂量氨基酸补充时,口感好、可起到预防血浆支链氨基酸水平下降,且不引起胃肠道刺激。

(四)支链氨基酸的毒副作用

目前,关于支链氨基酸毒性的研究较少。综合现有动物实验数据来看:以类似于动物蛋白质的比率补充 BCAA,是非常安全的。

大量使用支链氨基酸时的血浆血氨水平升高幅度大,氨对大脑有毒性作用,并消耗丙酮酸以中和氨,影响有氧氧化,引起胃肠道刺激,使水分吸收减少。亮氨酸促进蛋白质合成,限制蛋白质异生为糖,因此补充以低剂量较好。

同时,支链氨基酸补充的效果仍需要进一步肯定。例如:肌肉能用亮氨酸作为能量,血浆中亮氨酸的水平在运动中也会下降,所以运动员需要额外的亮氨酸也是符合逻辑的。但是在运动中服用补品亮氨酸并没有显示什么优势。最重要的还是要摄入足够的碳水化合物以防止肌肉蛋白质水平降低。

二、谷氨酰胺

(一)谷氨酰胺的性质

谷氨酰胺是人体肌肉、血液和氨基酸池中含量最丰富的氨基酸,它占人体游离氨基酸总量的 60%。空腹血浆谷氨酰胺浓度为 500~750 mol/L,谷氨酰胺是蛋白质、核酸、谷胱甘肽,以及其他重要生物大分子合成的必须营养素,但是它不是必需氨基酸,其在人体内由谷氨酸,异亮氨酸合成。在疾病、营养状态不佳或高强度运动等应激状态下,集体对谷氨酰胺的需求量增加以至机体自身合成不能满足。

(二)谷氨酰胺的作用

谷氨酰胺的补充对运动能力的作用主要表现有以下几点。

(1) 增长肌肉,主要是通过以下几个方面来实现:为机体提供必需的氮源,促使肌细胞内蛋白质合成;通过细胞增容作用,促进肌细胞的生长和分化;刺激生长激素、胰岛素和睾酮的分泌,使机体处于合成状态。

(2) 谷氨酰胺有强力作用。增加力量,提高耐力。运动期间,机体酸性代谢产物的增加使体液酸化。谷氨酰胺有产生碱基的潜力,因而可在一定程度上减少酸性物质造成的运动能力的降低或疲劳。

(3) 补充谷氨酰胺可以维持和提高机体免疫机能水平,有利于运动员抗感染能力的提高,减少患疾病的概率。

(4) 谷氨酸是主要的中枢兴奋性递质,具有促进记忆的作用,谷氨酰胺作为谷氨酸代谢的前体,谷氨酰胺可以自由通过脑血屏障,补充谷氨酰胺对促进学习记忆能力具有重要的作用,有利于运动技能的形成。

(5) 补充谷氨酰胺可以促进机体抗氧化能力的提高,谷氨酰胺是谷胱甘肽的前体,补充谷氨酰胺可以促进机体谷胱甘肽的合成,而谷胱甘肽是机体中强有力的抗氧化剂。

(6) 谷氨酰胺的补充有利于机体胰岛素的分泌,有利于机体能源物质的快速恢复。

(7) 谷氨酰胺是胃肠道管腔细胞的基本能量来源,其含量对维持胃肠道管腔细胞的生物学功能极为重要。

(8) 及时适量地补充谷氨酰胺能有效地防止肌肉蛋白的分解,并可通过细胞的水合作用,增加细胞的体积,促进肌肉增长。谷氨酰胺还是少数几种能促进生长激素释放的氨基酸之一。研究表明,口服 2 g 谷氨酰胺就能使生长激素的水平提高 4 倍,使胰岛素和睾酮分泌增加,从而增强肌肉的合成作用。研究显示,及时适量地补充谷氨酸胺,能有效地防止肌肉蛋白的分解。

(三) 谷氨酰胺的用量

谷氨酰胺的最佳补充剂量还没有确定。国外专家普遍认为,高强度运动时全天分几次(每次 2~3 g)补充谷氨酰胺较为合适。国外一些优秀的健美运动员坚持每日 10 g 的补充剂量。另有许多研究提示,像补充肌酸一样补充谷氨酰胺,可使谷氨酰胺发挥最大的功效。也就是说,第 1 周以较大剂量(如 10 g/d)补充,第 2~6 周以较小的剂量(如 2~4 g/d)维持,6 周后又开始新的循环。

一般认为服用谷氨酰胺的最佳时间在两餐之间、运动前 10~30 min。Anthony Almada 认为在某些时候,如运动后即刻或睡觉前补充谷氨酰胺,可满足内脏和免疫系统对谷氨酰胺的需求,保持肌肉中谷氨酰胺的高水平。

因此,建议谷氨酰胺服用量为 5~10 g/d,在运动或比赛后服用。

另有一项研究表明,以每千克体重 0.3 g 的高剂量摄入谷氨酰胺,有节省蛋白质的效果,但是其在力量训练中并不影响肌肉的表现。

总的来说,每日每千克体重 0.1~0.3 g 的谷氨酸盐摄入量是较为安全的。

(四) 谷氨酰胺的毒副作用

谷氨酰胺毒性很低,但谷氨酰胺在代谢过程中可产生氨,因此,不能用于严重肾功能不全(肌酐清除率＜25 mL/min)或严重肝功能不全的患者。对于代偿性肝、肾功能不全的患者，建议定期监控肝、肾功能。不良反应偶见恶心、呕吐等，尚未发现与其他药物配伍禁忌。

大量补充谷氨酰胺具有一定的副作用，主要表现为大量补充谷氨酰胺会导致血氨的升高，从而对运动能力产生一定的影响。

三、β-羟基-β-丁酸甲酯(HMB)

(一) β-羟基-β-丁酸甲酯的性质

β-羟基-β-丁酸甲酯是支链氨基酸中的亮氨酸和 α 酮异乙酸的代谢产物。而亮氨酸和 α 酮异乙酸也被用作健身补品。体内每天在肌肉和肝脏中生成 0.2～0.4 g β-羟基-β 丁酸甲酯，取决于饮食中摄入亮氨酸的量。

(二) β-羟基-β-丁酸甲酯的作用

β-羟基-β-丁酸甲酯的功效并不完全明晰，一个假说是 β-羟基-β-丁酸甲酯能在高强度运动中意识肌肉的疲竭，因为补充 β-羟基-β-丁酸甲酯之后在血液和尿液中因运动导致的肌肉损害的代谢副产物变少了。(如果正面的效果最终得到证明，进行力量训练的健身人员、运动员将能得到实质性的好处。)

研究证明在力量训练的同时，每天补充大约 3 g 的 β-羟基-β-丁酸甲酯更能增进肌肉重量和力量，在许多个案中都是使力量训练有翻倍的效果。

同时有成熟的相关研究表明："已获得的数据在一定程度上是支持使用 β-羟基-β-丁酸甲酯的，它看起来是安全、合法而合乎伦理的补品。"

β-羟基-β-丁酸甲酯能减轻肌肉疲劳，增进肌肉的重量。

(三) β-羟基-β-丁酸甲酯的用量

证据表明，β-羟基-β-丁酸甲酯每天使用 3 g 是安全的。甚至在研究中的 β-羟基-β-丁酸甲酯用量能达到每天 1.5～3.0 g。

(四) β-羟基-β-丁酸甲酯的毒副作用

在目前的 β-羟基-β-丁酸甲酯的相关动物实验中没有发现明显的毒副作用。在人的临床安全性和耐受性实验中也表明 HMB 是安全的，并且具有改善机体健康状况的潜力。

第三节 不推荐的补充品

当一种补品只进行了很少研究或者研究表明除了好的营养之外没有其他好处，这些补充品对运动员来说是不需要的，甚至可能会产生毒副作用。所以，并不推荐这类补充品。本节将谈到这类产品中的一小部分。现在市场上的很多营养补品就是这一类的，比如精氨酸、鸟氨酸、蜂花粉和丙酮酸等。

一、单种氨基酸

氨基酸因其对内分泌的影响或对脑代谢中注意力和激发能力的作用而被应用于提高运动能力方面。氨基酸还可以作为肌肉运动能量的一小部分来源,但仅占5%～10%。最常用的是精氨酸和鸟氨酸。

(一) 精氨酸和鸟氨酸的性质

这两种常用的氨基酸均为非必需氨基酸。推论摄取精氨酸和鸟氨酸可刺激人的生长激素释放,增加胰岛素样生长因子-I,进而促进肌肉生长。

(二) 精氨酸和鸟氨酸的作用

早期研究报告使用精氨酸和鸟氨酸,每日1 g,连续5周,可使体重减轻、力量增加和脂肪减少,但近期严格控制条件技术研究所获结果表明,实验组和对照组比较,力量、做功量和生长激素结果均未出现显著差异,而且即使给进行12周阻力训练的男性无训练者补充生长激素,或给有训练的举重运动员补充2周生长激素,均未见到对肌肉蛋白质合成、整体蛋白质分解有作用。

(三) 精氨酸和鸟氨酸的用量

每日1 g,连续5周,未显效。大剂量使用鸟氨酸170 mg/kg,可引起胃肠道不适(渗透性腹泻)。

(四) 精氨酸和鸟氨酸的毒副作用

人群研究,每日服用1.5～3.0 g的精氨酸和鸟氨酸,几周内未见急性的副作用。长期使用生长激素对健康的危害(不论是遗传工程或补充氨基酸)尚不清楚,但已引起关注。

二、蜂花粉

(一) 蜂花粉的性质

蜂花粉是蜜蜂从植物花朵上采集花粉的过程中加入一些花蜜和唾液,以使花粉黏集成团,即形成花粉团。蜂花粉含有多种营养成分。一般蜂花粉中含水分30%～40%、蛋白质11%～35%、总糖含量20%～39%(其中葡萄糖14.4%、果糖19.4%)、脂质1%～20%,还含有多种维生素和生长因子。

(二) 蜂花粉的作用

蜂花粉声称能提高运动表现和性功能,预防癌症,延长寿命,改善消化。M.威廉姆斯博士在6项组织的研究报告中说,补充蜂花粉对新陈代谢、运动的生理和心理反应、最大摄氧量和好几项运动任务中的耐力能力没有影响。

(三) 蜂花粉的毒副作用

由于蜂花粉的消化率很低,可能会产生不良症状,比如乏力、肌肉痛、皮疹、瘙痒、肿胀、头痛、头晕、恶心、胃痛以及腹泻等。另外,一些蜂花粉产品中所夹杂的某些杂质也是诱发比较轻微的副作用的因素。建议易于过敏或者知道对花粉有反应的运动员避开使蜂花粉。自20世纪90年代以来,这种补品已经不受欢迎了。

三、丙酮酸

(一) 丙酮酸的性质

丙酮酸是糖在细胞质中无氧代谢的中间产物,也是进入线粒体进行有氧代谢的起始物,在细胞质中丙酮酸既可以在缺氧条件下或无氧代谢速率与有氧代谢速率不相协调时生成乳酸,丙酮酸又可以进入线粒体在有氧条件下生成乙酰辅酶A,乙酰辅酶A进入三羧酸循环被彻底氧化生成二氧化碳和水,同时生成大量的ATP。丙酮酸可以通过生成乙酰辅酶A和三羧酸循环将糖、脂肪和蛋白质代谢联系起来,并实现糖、脂肪、蛋白质的相互转化。因此,丙酮酸在三大能源物质的代谢中起着极为重要的中心枢纽作用。

(二) 丙酮酸的作用

正是由于丙酮酸在三大能源物质代谢中的重要地位,目前丙酮酸开始被广泛作为运动营养品所使用,并且在应用时加入二羟丙酮。国内外对服用丙酮酸对机体的影响进行了一定的研究,结果表明服用丙酮酸对机体的作用主要表现为以下几点。

(1) 丙酮酸和二羟丙酮的服用可以改变机体的代谢速率和身体成分,促进脂肪酸的氧化速率。服用丙酮酸和二羟丙酮加速脂肪代谢的机制目前还不清楚,可能的原因是服用丙酮酸可以通过丙酮酸羧化支路生成草酰乙酸,草酰乙酸是乙酰辅酶A进入三羧酸循环的受体,草酰乙酸的增加可以促进脂肪酸代谢生成的大量乙酰辅酶A进入三羧酸循环被彻底氧化生成二氧化碳和水,从而加速了脂肪酸的代谢,改善机体成分;服用丙酮酸可以引起胰岛素的降低,从而有利于脂肪的分解代谢。

(2) 长期服用丙酮酸有利于有氧代谢能力的提高。研究认为服用丙酮酸对肌糖原的含量没有影响,在高糖膳食中服用丙酮酸可以增加胰岛素激发肌肉对血糖的利用速率,从而提高有氧代谢能力。

(3) 服用丙酮酸对改善心血管机能具有一定的作用。其主要是通过降低血浆甘油三酯的水平,也可能是通过改善血浆高密度脂蛋白-胆固醇和低密度脂蛋白-胆固醇的水平而达到这一目的的。虽然服用丙酮酸对机体影响的机制目前尚不十分清楚,但其对有氧代谢能力、心血管和机体成分的有利影响已被证实,而且目前尚未见到服用丙酮酸副作用的报道。

(三) 丙酮酸的用量

基于丙酮酸的研究结果,丙酮酸主要适用于耐力型运动项群和对体重要求严格的运动项群。耐力型运动项群补充丙酮酸主要是通过促进肌肉吸收利用血糖,节省肌糖原来达到提高运动能力的效果。而对体重要求严格的运动项群主要是在控体重时通过服用丙酮酸促进脂肪酸的代谢、降低体脂、改善机体的体成分、缓解瘦体重的下降,从而提高此类项群的运动能力。目前,研究中显示丙酮酸的服用量为25 g/d、二羟丙酮为75 g/d时并结合高糖膳食效果较好,但是对丙酮酸及二羟丙酮的服用的最佳剂量和服用时间,以及不同运动项群服用剂量、时间,长时间服用丙酮酸和二羟丙酮的副作用等有待于进行深入的研究。

(四) 丙酮酸的毒副作用

对于需要控制体重的运动员来说,传统的控制体重方法是限制饮食。而限制饮食不可避免地会带来一些不良影响,如脱水、电解质失衡、损失瘦体重。如果丙酮酸能在不限制饮食的条件下起到减脂的作用,对于广大运动员来说不无裨益。目前,国内关于丙酮酸对机体成分的报道很少,还未见有关丙酮酸运用于运动员减重的报道。

丙酮酸是体内代谢的正常组成部分,对人体无任何毒副作用,目前已经投放使用。但在以人为研究对象的有关丙酮酸的研究中,有些受试者出现了肠胃不适反应。虽然可用剂量因素来解释(超过推荐剂量 10 倍以上)这些不良反应,但存在的问题是,目前似乎所有有关的丙酮酸应用的研究都是在远远高于推荐剂量的基础上得出的;而且将丙酮酸应用于人体的研究时间不长,因此丙酮酸对人体的副作用有待进一步的研究。

四、左旋肉碱

(一) 左旋肉碱的性质

左旋肉碱是一种含氮的短链羧酸、水溶性、维生素样化合物,在肉中含量丰富,其他动物性食物也含有。也可在肝脏和肾脏中由赖氨酸和蛋氨酸合成。人体内大部分肉碱位于骨骼肌和心肌中。红肉及动物产品是肉碱的主要食物来源,而一般人只能从膳食中吸收 50 mg。为使身体达到理想的健康状态,每日膳食应含不少于 250 mg 的左旋肉碱。运动人群及精神高度紧张的人群和其他缺乏左旋肉碱的人,如老人均需要额外补充,尤其从事大运动量训练的运动员。

(二) 左旋肉碱的作用

机制在于增加血流,去除氨的毒性,加强自由脂肪酸(FFA)转移,促进其穿过线粒体内膜,并加强其后的 β 氧化,节约肌糖原;另一方面,减小乙酰 CoA/CoA 的比值,刺激丙酮酸脱氢酶活力,理论上促进丙酮酸氧化,可减少乳酸堆积,改进长时间有氧运动耐力。但近期资料报道,补充左旋肉碱后,血浆肉碱水平提高,肌肉肉碱水平并未提高,补充对运动能力的效果尚缺少有力的证据。有研究表明左旋肉碱服用有利于有氧和无氧代谢能力的提高,但其具体效果仍有争论。

(三) 左旋肉碱的用量

实践中采用不同剂量补充左旋肉碱,1~6 g,补充时间从 1~4 周,对不同运动强度运动所获结果不一致,也需要加强研究。运动实践中一般采用口服左旋肉碱 2~6 g,分 2 次服用,便可显著提高血浆和肌肉内肉碱的浓度。由于肉碱是肌肉的天然成分,小剂量的补充未发现任何副作用,但大剂量补充会引起腹泻等不利影响。补充左旋肉碱应注意其构型,D-肉碱有毒,会影响左旋肉碱的合成和利用,导致左旋肉碱的缺乏。但是左旋肉碱补充对运动能力的具体效果以及补充剂量和补充维持时间仍需要进一步研究。

（四）左旋肉碱的毒副作用

小量使用是安全的，但大剂量可引起腹泻。仅左旋肉碱可作为补充，D-肉碱有毒，补充D-肉碱可损害左旋肉碱的合成，导致左旋肉碱缺乏，引起肌病和肌软弱。

五、铬和吡啶羧酸铬

（一）铬和吡啶羧酸铬的性质

铬这种金属是帮助胰岛素高效工作的葡萄糖耐受因子的组成部分，因为它也辅助蛋白质新陈代谢，所以引起了想增加肌肉组织和力量的研究者的注意，主要以吡啶羧酸铬的形式出售，它也以"能减少体内脂肪"进行营销。

吡啶羧酸铬有一项专利。但是申请了专利并不意味着它有用或者与其声明相符，只是说它和别的东西不同罢了。在1997年该专利持有者被美国联邦贸易委员会勒令停止做减肥宣传，因为专利持有者无法证实这一点。

（二）铬和吡啶羧酸铬的作用

铬可以作为葡萄糖耐受因子的组成成分，协助胰岛素发挥生理功能。它可促进胰岛素的生物学功能，同时控制着氨基酸、糖和脂代谢全过程，缺铬能影响糖耐量和引起血脂代谢紊乱，引起疾病。运动可导致机体对铬需求的增加，铬补充对运动员肌肉力量、瘦体重可产生较好的影响。

然而，高质量的研究发现，给运动员补铬并没有增进机能的效果。对36名美国运动员的研究揭示，每天200 μg 的吡啶羧酸铬补品对肌肉组织和力量的增加并没有效果，也不能降低体内脂肪水平（Clancy等人，1994）。Volpe等人在研究中发现补充铬只会极少量地引起体重或脂肪的降低。所以认为，铬的补充只能在实验室严格控制条件下的动物或人的瘦体重有极少量增加，并不像有些宣传那样可以有效促进体重降低和肌肉生长。

六、辅酶

（一）辅酶的性质

辅酶是存在于线粒体里的分子，参与了三磷酸腺苷的制造，因此，作为补品的额外的辅酶能提高运动成绩。辅酶也是一种抗氧化剂，能吸收起破坏作用的自由基。我们的身体能制造辅酶，并且食物里含量更多。

（二）辅酶的作用

因为辅酶能帮助心脏病人提高运动耐力，人们希望类似的效果能在健康的运动员身上出现。而这个希望并没有得到后来在运动员身上做的实验的证实。对健康人群，没有证据表明辅酶补品像某些人声称的那样，改善了健康状况或是提高了运动成绩或是延缓了衰老。在两项研究里，三项全能赛运动员和自行车手每天服用100 mg辅酶，坚持4~6个星期（Braun等人，1997），或者每天服用每千克体重1 mg，坚持4个星期，这根本没有改善他们的表现。

七、人参

(一) 人参的性质

人参含有人参皂甙、糖苷和微量元素等活性成分,为我国传统的中草药或食药两用的保健品。

(二) 人参的作用

从理论上推测人参皂甙、糖苷等活性成分有强力作用,具体作用的机制不清楚,但被认为有影响中枢神经系统(包括兴奋和抑制的双相影响),尤其是脑下垂体神经介质浓度的作用,从而加强体力和影响心理能力。

(三) 人参的毒副作用

人群应用的人参剂量是安全的,但在运动员应用实践中观察到用量大时,会引起出鼻血,长期慢性使用可能会发生高血压。

课后作业:

1. 常用的抗氧化剂有哪些?
2. 简述肌酸的用法用量。
3. 简述使用谷氨酰胺可能对人体产生的毒副作用。
4. 简述 β-羟基-β-丁酸甲酯的作用。
5. 为什么有些补充品是不需要的?
6. 支链氨基酸和左旋肉碱的毒副作用有哪些?
7. 怎样合理地使用丙酮酸?

第六章 运动饮料

学习目标：
（1）掌握运动饮料的生理作用。
（2）掌握运动饮料的组成成分。
（3）掌握运动饮料的饮用方法。
本章提要
通过对运动饮料生理作用、组成成分和饮用方法的介绍，对人们在运动时补液提出建议。不同项目需要考虑不同因素，不能盲目补液，也不能不补。
关键术语
糖-电解质溶液　高钠血症　低钠血症　脱水　低血糖　体重

运动饮料是用来保持和提高人体运动能力所用的饮料。定义为营养素及其含量能适应运动或体力活动人群的生理特点，能为机体补充水分、电解质和能量，可被迅速吸收的饮料。运动饮料有以下几个生理意义：

（1）调节体温；
（2）维持循环系统血量；
（3）补充丢失的电解质；
（4）供应能量物质。

正确地使用科学配制的运动饮料，有助于提高运动成绩，促进运动训练和全民健身的科学化，是从运动医学和营养角度来促进运动训练、竞赛和健身的积极手段。

脱水会影响运动表现。因此，在运动之前、之中、之后饮用足够的液体对运动员的身体健康和良好的经济表现都是必要的。而运动员通过运动饮料补水。近30多年来，在中国，运动饮料逐渐受到广大运动员、教练员和体育爱好者的重视，在人们的日常生活中扮演着越来越重要的角色。本章主要介绍运动饮料的成分、分类、科学特征和基础，以及运动饮料的科学研究和实际应用。

第一节　运动饮料的生理意义

一、调节体温

人体在运动时代谢加强，可比安静时增加10～20倍，ATP供能的25%变为肌肉活动及其他器官系统的活动消耗；另外75%直接转化为热能，向体外散发使体温升高。运动量越大，产热越多，体温越高。据国外学者对奥林匹克运动员的研究，马拉松运动员跑后的直肠温度甚至可达40.8℃以上。若机体不能及时将热散发，会使体温过高，对生理机能和运动能力产生不良的影响。还有研究发现，运动前用凉水泡脚降低中心温度，将提高运动成绩，而用热水泡脚运动成绩会下降。为达到最佳的运动状态，身体通过三种途径来散热。第一，传导的方式。热量从温度高的物体传到温度低的物体上。运动员在游泳池中游泳，长时间在水中，会导致失热。第二，对流方式。空气的温度小于身体的温度时，空气发生对流。特别是滑雪和自行车运动员这种热量散失较多。第三，蒸发的方式。皮肤出汗和呼吸道蒸发是运动中机体的主要散热方式，也是周围温度高于皮肤的温度时，唯一的散热机制。体液变为水蒸气的时候，可以代谢身体70%的热量。但如果天气潮湿，将不利于汗水蒸发，而是滚落，没有散热的效果。汗液的丢失取决于运动的强度和持续时间，以及周围的温度和湿度。

每蒸发1g汗可散热0.57 kcal，出汗率与热能消耗量、运动强度，以及环境温度成正相关。据研究，在夏季进行一场足球大运动量训练后，排汗量达3 000 mL左右。我国马拉松运动员在比赛时出汗率为0.699~0.846 L/(m²·h)，总出汗量为4 000 mL，平均占体重的4.9%。运动时的发汗量如表6-1所示。

表6-1 运动时的发汗量

运动项目	运动时间	总发汗量/L	1 h发汗量/L
跑步(7.7 km/h)	2 h	2.1	1.1
跑步	3 h	3.9	13
划船	22 min	2.5	6.8
足球	70 min	6.4	5.5
足球	2 h	1~2	0.5~1
登山	1 d	4~5	—

值得注意的是，出汗的个体差异较大。因此，从血浆、细胞外液和细胞内液丢失的比例不同。血浆丢失占的比例越大，越不利于运动。当长时间运动后，汗液丢失导致外周血量减少，为防止中心静脉压的下降，皮肤血流量减少，中心温度上升，同时肌肉血流量也会下降，导致工作效率降低。

二、维持血量

汗液中的成分98%~99%为水，大量出汗使机体脱水。脱水可使生理机能和运动机能下降，严重时危及生命。当脱水占体重2%时，机体耐热能力降低，脱水占体重4%时肌肉耐力下降，脱水占体重4%~6%时肌肉的力量和耐力均降低，运动能力下降30%。再严重的脱水可使体温过高和循环衰竭以致死亡。但是，已有适应能力的高水平运动员，脱水占体重5%时对机体的影响可不显著。

脱水造成生理机能障碍的主要机制是由于失水使体内血容量减少，心脏每搏输出量减少，不能满足运动时机体的需要。运动时机体需要有充分的血容量，一方面是为加强肌肉组织的血液供应,以保证肌肉中增强的物质代谢过程的进行;另一方面是运动时体内产生大量的热,需要血液将其带到体表散发,以维持正常体温。若是缺水,上述两个方面对血液循环需要的矛盾将更为突出。心脏为了维持每分输出量,只能增加心率,从而使心脏负担加重,机能下降。研究表明,运动中不补充水分,机体的血容量减少,体温和心率明显增高,运动持久力降低。

三、补充电解质

汗腺在分泌汗液的时候是会重吸收汗液中的钠离子。运动时汗腺分泌大量汗液,汗液初始的渗透压与血浆相等,在流经汗腺导管排出体外过程中大部分钠离子被重新吸收,而水很少被吸收。因此,血液成为高渗性脱水。

随着出汗大量失水,还从汗中丢失无机盐,微量元素和维生素,因而在长时间运动中适当补充这些营养素是非常必要的如表6-2和表6-3所示。如果不及时补充钠盐,会导致肌肉痉挛。但是不需要刻意补充钠盐药物,运动饮料是一种很好补充的方式。过高食入钠盐,会导致腹痛。

表 6-2　运动员汗液中无机盐和微量元素含量

元素	汗液中浓度/(mg/100 mg)
钾	32.40±8.40
钠	32.40±35.60
钙	10.20±4.40

表 6-3　汗液中维生素的浓度

维生素	汗液中维生素的浓度/(μg/100 mL)
B_1	0～15
B_2	0～3
PP	0～140
C	0～110

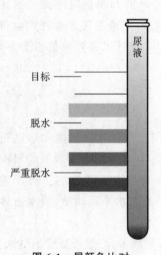

图 6-1　尿颜色比对

口渴反应是在高渗性脱水时才出现的。一般运动员有意识到口渴的时候一定会有2%体重减少。我们通过尿液的颜色判定身体是否脱水。依据图 6-1 显示,若是尿液呈现无色,代表是喝水量已经过多,应该适当地减少;若是尿液呈现浅麦色或是透明的黄色,则代表身体健康状况良好;如果尿液颜色深黄色,则代表虽然正常,但应该尽快补充水分;尿液颜色如果为琥珀色或是蜂蜜色,表示饮水量不足,身体迫切需要水分;若是呈现暗棕色,则代表身体有严重脱水的迹象,或是产生肝脏疾病方面的问题;尿液颜色呈现粉色或是偏红色,则代表可能是血尿,可能是产生了肾脏疾病或前列腺方面的问题,或是尿道感染引起,甚至可能是水银中毒,应该要立即就医并做详细检查(没有食物干扰下)。

四、供应糖

我们都知道,在运动持续时间超过 40 min 的运动中,摄入饮料可提高运动成绩。而含 CHO(糖)的水比纯水更好。糖的功能在基础章节已经有所介绍。而且已有大量的文献研究发现:工作肌肉和血流供给充足的 CHO,对运动员维持高强度训练负荷和比赛中有良好表现是非常重要的。首先是低血糖的预防,血糖浓度必须在 2.5 mmol/L 以上,特别是神经系统。当持续长时间的运动后,血糖会明显降低。出现眩晕、恶心等症状。低血糖是马拉松运动员主要运动疲劳的问题之一。运动饮料中含有 CHO,将很好地避免了这个问题,同时还能提高运动能力。专家建议糖供给量在每小时 30~60 g。不同项目可能有所差异。需要在时间和实验中确定量和服用时机。

在运动中提供糖从而提高肌肉工作能力的机制除了能提高肌肉的能源物质以外,还和 CHO 刺激 GLUT-4 蛋白的表达有关,CHO 对激素的影响微乎其微。

第二节 运动饮料的特征

一种运动饮料应该建立在科学研究的基础之上,并具有其本身的科学特征和运动实践的效用。在这个前提下,运动饮料的科学特征应该体现出:一,快速为机体提供足够的水分;二,快速为机体提供足够的能量。为了达到这两个目的,运动饮料的配方在考虑到含有足够的糖和电解质时,也应顾及饮料的口味、胃排空率、小肠的吸收速率和体液的保留程度。下面就从刺激饮用、胃排空和小肠吸收三个方面来阐述运动饮料的科学特征及其基础。

一、刺激饮用

作为一种有科学基础的运动饮料,首先应考虑到是否能被运动员和广大体育爱好者所喜爱和接受。只有被运动员和广大体育爱好者所喜爱和接受的运动饮料,才能使之主动并适量地饮用。也只有在运动前、中、后适量地饮用运动饮料,才能确保身体得到足够的水分和能量,防止脱水,促进复水,提高运动能力。因此,对于一种有效的运动饮料而言,能否刺激饮用,增大饮用量是一个关键。

(一) 风味和口味

运动饮料的风味多种多样,绝大多数是各种不同的水果味。运动饮料风味的多种多样和味道的好坏是决定饮用量的主要因素。在运动饮料中加入适当的风味可使其口味变佳而促进饮用量。早在 1962 年,在运动后恢复期,与葡萄糖-电解质饮料和汽水比,运动饮料和混合果汁的味道较佳,饮用量也较大。因此,不仅要重视运动饮料的风味,同时也要重视风味的质量。

儿童对环境条件和运动的生理适应及其汗液的电解质成分和体温调节能力与成年人都有所不同,但是,在味觉反应上,儿童与成年人是类似的。

(二) 碳酸气

碳酸气在饮料中是很常见的。有些运动饮料也含有碳酸气。但结果发现,饮料含有2.3和3.0体积的CO_2导致饮料口味可接受程度显著地下降,同时,也显著地降低了饮料的摄入量。通常,汽水和软饮料,如可乐等含3.5或更高的CO_2碳酸气不仅对饮料口味有影响,而且也会引起胃的充盈和不适感。因此,为了刺激饮用量,不引起胃的充盈和不适,一个有效的运动饮料不应该含有CO_2。

(三) 糖(碳水化合物)和盐(钠)

饮料中含糖和盐的多少也直接与饮料的口感有关。糖浓度适中,令人舒适的甜味可增进饮用量。通常,运动饮料的糖浓度在6%~9%的范围。最近一项有关糖浓度和饮料口感的研究指出,6%、8%和10%的糖饮料提供了不同的甜度。10%的糖饮料比8%的糖饮料甜很多,8%的饮料又比6%的饮料甜。因此,10%的糖饮料的可接受程度比6%和8%的糖饮料明显低。显然,饮料的糖浓度有一个最适浓度,这个最适浓度可为味觉提供一个适宜的甜度。当糖浓度超过了这个最适浓度,与甜度有关的口感就下降。

饮料中的盐(钠)有刺激下丘脑以维持渴的机制和帮助保持体液、避免体液丢失的作用。同时,钠也起到了调节饮料口味的作用。我国运动饮料国家标准中规定,运动饮料中钠的指标为50~1 200 mg/L,钾的指标为50~250 mg/L。

由此可见,运动饮料的风味、口味,有无碳酸气和饮料中的糖盐含量都会影响运动饮料的饮用量,进而影响补液效果和运动后的复水过程。

(四) 蛋白质

蛋白质饮料对运动员有好处。蛋白质有助于形成肝糖原。研究表明,如自行车运动员运动饮料的引用蛋白质含量为1.8%时,运动员可以多骑29%的路程。但是还需要进一步地研究确定项目和蛋白含量的关系。

二、胃排空

一个有效的运动饮料不仅能刺激大量地饮用,而且也能很快地从胃里排空入小肠,进而吸收入血液。快速地胃排空受到很多因素的影响,比如,胃内液体量、能量、糖浓度、渗透压浓度、酸碱度、饮料温度和运动方式等。而这些因素中,大部分都直接与饮料的组分有关。因此,运动饮料的科学配方是决定运动饮料快速从胃排空入小肠的关键。

(一) 胃内液体量

采用一次或重复多次饮用的胃排空研究证明,胃内液体量极大地影响了胃排空率。饮用量或胃的液体量越大,胃排空率也越大。胃排空率越大,在小肠里可被吸收的液体量也越大。当液体量下降时,胃排空率的绝对值也成比例地下降。然而,在不同的时间测定胃排空,从胃排空入小肠的百分比是较恒定的。如果通过反复多次地饮用来维持胃液体量,胃排空率也可保持相对恒定。可见,胃排空率取决于液体量,而它的机制是胃内液体量的变化增加了膨胀感和压力,进而刺激胃壁肌肉中的感受器,使胃排空率增加。因此,对于运动员而言,重要的是在运动中经常或每15~20 min补液一次来保持胃内有一定的液体量。这样可以帮助运动员维持一个恒定的胃排空率,为小肠快速吸收提供足够的液体。为了达到在胃内有一个理想的液体量的目的,饮料的口味很重要。如果饮料的味道迎合运动员的口味,运动员就会多饮用。通常,除了饮料的口味,甜度是饮料味道的关键所在,因为,甜度可以决定饮用量。饮料中的糖浓度增加,使其甜度增加,也趋于降低运动中和运动后的液体饮用量。糖浓度的增加,不仅增加甜度,而且也增加饮料的渗透压浓度——一个决定胃排空的重要因素。

(二)糖浓度或能量

胃排空率随着饮料中糖浓度的增加而降低。糖浓度影响胃排空率,当糖浓度达6%时,即使增加小于2%的糖浓度,胃排空率也受到显著的影响。但是,在清水、4%和6%的糖溶液之间,胃排空率没有显著性的差异。众多研究所示的胃排空率有所不同。含有能量的液体的平均胃排空率为每分钟5~20 mL不等。清水和盐水的排空率大约在这范围的上限。液体从胃排空的总量随着糖浓度的增加而减慢。糖浓度与胃排空率之间呈负相关,可能与能量密度有关,而不是渗透压浓度,因为溶液的糖浓度增加显著地降低了胃排空率,但是,溶液含有相同糖浓度、不同渗透压浓度时,其胃排空率则有显著的差别。

(三)渗透压

渗透压浓度对胃排空率的影响尚有争议。一些研究指出,饮料的渗透压浓度会降低胃排空率。高渗溶液从胃排空入十二指肠的速率慢于等渗盐溶液或低渗溶液。其机制是由于高渗溶液使十二指肠上的渗透压受体失水,而产生延缓胃排空的信号。然而,近来有研究证明,高渗透压浓度对胃排空率的抑制主要来源于营养物对胃的特殊反馈作用,可能葡萄糖-钠共同转运体参与控制胃排空。在影响胃排空率方面,糖浓度比渗透压浓度更为重要。

(四)其他

影响胃排空率的因素还有酸碱度、饮料温度、运动强度、运动方式和热负荷等。食物的酸度越大,胃排空则越慢。这个与pH值相关的胃排空减慢被认为取决于十二指肠感受器的刺激。运动强度只有在超过65%最大吸氧量时才会对胃排空有影响。在同等运动强度时,跑步时的胃排空比骑车时快。所以,运动强度和运动方式能够影响胃排空率。

胃排空率也许也受到饮料温度的影响。十二指肠壁的通透性很大,水和一些小分子物质较容易在渗透压的作用下,在此被吸收。随着小肠的延伸,空肠和回肠的通透性逐渐降低,渗透压对水的吸收影响也减小。然而,空肠中的糖、电解质等转运体增多,使溶质的主动转运增加而导致水的被动吸收也增加。因此,运动饮料在小肠的吸收快慢取决于饮料的渗透压浓度、糖浓度和糖种类等因素。

三、小肠吸收

(一)渗透压浓度

1. 渗透压浓度与水吸收的关系

无论是人体实验还是动物实验都证实低渗溶液比等渗溶液或高渗溶液产生较大的水吸

收,所以,溶液的渗透压浓度一直被认为是决定水吸收的主要因素。有的学者甚至认为渗透压浓度在水吸收过程中是起主导作用的。

2. 糖浓度

糖是运动饮料中的主要固体成分,因此,糖浓度是运动饮料的渗透压浓度的主要决定因素。糖浓度的改变,饮料的渗透压浓度也会随之而变。在口服复水液基础上,增加其葡萄糖浓度,结果发现,葡萄糖浓度增加,渗透压浓度增加,水的吸收则降低。这一葡萄糖浓度增加和小肠水吸收之间的线性负相关与溶液的渗透压浓度有关。所以,运动饮料的糖浓度不能太高。

3. 糖种类

运动饮料所含的糖种类也会影响渗透压浓度和水的吸收。市场上常见的运动饮料或口服复水液通常使用不同的糖,如葡萄糖、蔗糖、果糖、多聚糖和高果糖玉米糖浆。蔗糖是一个很有效的运动饮料组成成分。按相同摩尔的浓度,在治疗脱水的时候,蔗糖和葡萄糖一样有效。这可能是由于蔗糖溶液的渗透压浓度较低。另一种可以明显降低渗透压浓度的方法是用多聚糖取代葡萄糖。这样可以以多聚糖的形式将大量的葡萄糖送入肠腔,不显著地增加渗透压浓度,而增加葡萄糖的运送和水的吸收。这主要归功于多聚糖溶液的低渗透压浓度。

(二) 溶质转运

1. 溶质转运与渗透压浓度

小肠的水吸收除了与溶液的渗透压浓度有关外,溶质的转运也是一个很重要的因素。溶质的转运与渗透压浓度之间的关系是互补的。低渗透压浓度可促进水吸收,高渗透压浓度减慢水吸收,甚至导致水的分泌。当溶液中含有2个或更多的可转运糖时,溶质的转运可以改变肠腔内的渗透压浓度,减小高渗透压浓度对水吸收的影响。因此,在同一渗透压浓度时,溶液含有多种可转运糖类时,会比只含一种可转运糖的溶液产生更多的水吸收。运动饮料中的溶质主要是糖和电解质,如钠和钾,这些溶质可以逆或顺浓度梯度转运。溶液的组分决定了溶质的转运和渗透压梯度,从而决定了水的吸收。

2. 糖浓度

运动饮料的糖浓度直接与糖的吸收有关。许多人体小肠局部灌注的数据证明,葡萄糖在小肠的吸收与其在溶液中的浓度呈正比,但是,葡萄糖的吸收在 200 mmol/L(空肠)和 100 mmol/L(回肠)时就趋于饱和。所以,运动饮料中含有太多的糖,不仅不能被及时地吸收和全部地被肌肉氧化利用,同时也会影响水吸收。

3. 糖种类

不同种类的糖在小肠中具有不同的转运机制和转运率。例如,葡萄糖可利用葡萄糖-钠联合转运体;果糖通过葡萄糖转运蛋白吸收;蔗糖可能用蔗糖酶或双糖酶转运系统完成其转运。另外,扩散或者当细胞间通道打开时,细胞间通道可为所有不同种类的糖所用。在同一时间内,越多的转运机制被激活,被转运的溶质也越多,水的吸收也越快。因此,运动饮料应该在满足渗透压浓度要求的前提下,尽量含有多种糖类以扩大糖的吸收,提高水吸收。

4. 水吸收

水的转运从属于由溶质的主动转运而形成的局部渗透压梯度。过去的人体实验证明，水的吸收从属于溶质的吸收。无论水分是通过细胞内还是细胞间进入血液，水的吸收与溶质（糖）的吸收高度相关。运动饮料中合理的糖种类组合、比例以及糖浓度都直接关系到溶质的转运，以及随之而来的水吸收。

四、体液的保留

作为运动饮料，快速吸收水分和糖分，以及将吸收的水分保留在体内是很重要的。快速吸收不仅在运动中能帮助防止和纠正脱水，而且在运动后能帮助机体尽快地复水，促进恢复。然而，快速吸收后的一个重要问题是如何将吸收的水分保留在体内，这也直接与运动饮料的组分有关。

（一）钠浓度

钠不仅能调节饮料口味、促进小肠的水吸收，而且具有维持体液平衡的作用。然而，钠浓度太高，在味觉上使人难以下咽，因而减少饮用量。钠浓度太低，又不能补回由汗液丢失的钠以及彻底复水。

（二）咖啡因

咖啡因是一个利尿剂和兴奋剂。在一般的饮料中，如可乐等，加入咖啡因，有一些兴奋和利尿作用也无关紧要，但在运动饮料中加入咖啡因，则不利于体液的恢复和保留。

第三节 运动饮料的成分与分类

一、成分

运动饮料是随着体育运动的开展而出现的糖-电解质饮料，也称为补电解质饮料。所有饮料中最主要的成分是水和糖。由于大部分的运动饮料在配制时都试图使饮料的渗透压浓度趋于血液的渗透压浓度，以达到水分快速被吸收的目的，因此，运动饮料也常常被称为等渗饮料。在世界各地市场上可见到的运动饮料的品牌众多。表 6-4 列举了一些国家的运动饮料及其主要成分。运动饮料配制的目的在于迅速为运动中的肌肉、组织和器官提供能量，补充运动时因出汗丢失的水分和电解质，从而有效防止脱水，维持体液平衡和正常的生理功能，提高运动能力。基于这个目的，运动饮料一般都含有 6%～9% 的糖。在运动饮料中常见的糖有葡萄糖、果糖、蔗糖、多聚糖和玉米糖浆。它们在各种运动饮料中的比例各不相同。一般在运动饮料中可见 2～3 种糖类。研究表明长链葡萄糖比短链葡萄糖更容易吸收。不过，稀释的糖溶液也可以提高运动能力，甚至更有效，有研究表明 16 g/L 的糖溶液能提高耐力运动。另外，运动饮料也含有适量的钠（10～30 mmol/L）和钾等电解质。一般运动饮料为等渗溶液。有人提出低渗溶液更好,但是,糖浓度上来后,渗透压一般下降不了,目前理想值还没有明确。

此外,运动饮料最好含有维生素 C,以提高生理机能,还可含调味剂以改善饮料的味道,使运动员喜欢饮用。

表 6-4 中国和世界各地市场上销售的部分运动饮料

运动饮料	碳水化合物浓度(糖)/(%)	碳水化合物种类(糖)	能量/(kcal/100 mL)	钠/(mg/100 mL)	钾/(mg/100 mL)	渗透压浓度/(mOms/kg)	碳酸气
佳得乐	6.0	蔗糖、果糖、葡萄糖	24	42	12	290	无
健力宝	9.0	蔗糖、蜜糖	26	9	14	559	有
宝矿力	6.5	蔗糖、果糖、葡萄糖	24	62	25	355	无
葡萄适	6.5	葡萄糖、多聚糖	28	69	9	279	无
耐力	9.0	蔗糖	20	48	16	538	无
激能 21	8.2	蔗糖、果糖、葡萄糖	34	47	14	424	无

二、分类

运动饮料可分成含有二氧化碳气体和不含有二氧化碳气体两类。在平时安静或非运动状况下,饮用含汽和不含汽的运动饮料在饮用量和接收程度上没有很显著的差异。但在运动时,或者在体力劳动以及炎热出汗需要快速和大量补液时,含汽的运动饮料会显著地减少饮用量。这主要是由于饮料中高浓度的二氧化碳引起喉部的炙热感和胃部的充盈感。最新的研究证明:运动时饮用含有防腐剂和二氧化碳气体(相当于软饮料所含的二氧化碳量)的饮料,受试者的喉部炙热感增加,对饮料的甜度和风味的感觉改变,对饮料的可接受程度下降,胃部充盈感增加,从而使饮用量明显减少。运动中补液、补糖的先决条件是饮用量。如果饮用量不够,身体就得不到足够的水分、糖分和电解质,无法满足身体的需要。通常,不含汽的运动饮料较易饮用。因其没有喉部的炙热感,也不易引起胃肠充盈,故较易被接受,饮用量较大,能满足身体在运动时对水、糖和电解质的需求。

另一种常见的运动饮料是功能饮料。

主要目的是提高人体精力、降低疲劳、提高注意力和专注力。典型的功能饮料一般含有以下物质的一种或多种,包含:咖啡因、牛磺酸、左旋肉碱、肌酸、瓜拉纳、人参提取物、葡醛内酯等,还可能含有碳水化合物、蛋白质、氨基酸、维生素、钠和其他矿物质。功能饮料也可以提高人的运动表现,在运动前饮用能提高最大摄氧量,延长力竭时间等。

美国运动医学会(ACSM)推荐运动时糖的补充量为 30～60 mg/h,相当于每小时饮用 450～900 mL 的运动饮料。

(1) 运动饮料的含糖量为 2～19 g/240 mL,功能饮料的含糖量为 0～67 g/240 mL。

(2) 运动饮料的能量在 10～70 kcal,功能饮料的能量在 10～270 kcal。

(3) 咖啡因可提高运动强度,推荐剂量为每千克体重 3～6 mg,70 kg 的人,使用量为 210～420 mg。

(4) 青少年、儿童只有在进行长时间的激烈运动时才使用运动饮料,但是不建议使用功能饮料或含咖啡因的饮料。某些功能饮料中咖啡因达到了 500 mg,可能会引起儿童中毒。

运动饮料中一般都含有柠檬酸,如果在嘴巴里停留时间过久,对牙齿会有一定的腐蚀性,因此喝运动饮料时,建议小口快速喝下。另外,运动饮料在冰箱里冷冻下再喝会更好,因为低温会降低酸的解离。而某些含刺激剂的运动饮料可能会让人产生上瘾的作用,应减少饮用。

第四节 运动饮料的饮用方法

一、饮用量

运动中的饮水量与生理机能的改善有关,饮水量达到一定程度才能有较好的效果。一般单凭主观口渴感来掌握饮水量是不够准确的。建议运动员在训练和比赛中监控体重的丢失,并饮用足够的液体来限制体重丢失不超过原始值的 1% 可能比较合适。

饮水也不能过多,饮水量超过出汗量时,对机体也有不良的影响,可引起低血钠症(又称水中毒)。当大于 4 h 的运动后,也可能导致低钠血症。

二、饮水方法

运动中饮水应少量多次,每次间隔 20～30 min 饮用 150～200 mL 的水。这种方法,水分徐徐地不断进入体内,使血容量不发生太大变化,机体内环境较稳定,也不增加心脏和胃肠的负担,有利于生理过程和运动活动的进行。运动中切忌一次大量饮水,因为胃肠吸收水的速度有限(每小时最多 800 mL)。若一次饮水过多,过量的水分骤然进入血液,使血液稀释,血容量增加,会增加心脏的负担,降低运动能力。

为了在体内暂时贮存一些水分,减轻运动时的缺水程度,可在运动前 2～3 h 饮用液体 400～600 mL。

运动后也不应一次大量饮水,特别是在进餐前不要饮水过多,以免稀释胃液,影响消化能力。

关于运动途中饮料的安排,应该照竞赛规定设置饮料站,一般是在距起点 15 000 m 处设第一站,以后每隔 5 000 m 一站。各站最好备有各种饮料,包括特殊饮料、淡盐水(0.3%)、清淡茶水等,运动员可自行选用。最好用一次性的纸杯或塑料杯。

第五节 运动饮料的科学研究和实际应用

运动饮料的科学研究在国际上得到了广泛而深入的开展。运动饮料的实际运用也正在国际上逐渐推广。越来越多的运动医学学者、队医、教练员、训练员和运动员认识到进行运动饮料研究和运用运动饮料来提高运动能力的重要性。在运动比赛的时候都应该是水合状态最好的时候。判断水合状态：一是看尿的颜色、二是看渗透压。

一、超长时间持续运动

超长时间持续运动是指持续时间为大于 3 h 的项目。例如全程马拉松等，需要补液、糖和钠离子。饮用 15～20 ℃ 的可口的糖溶液。并防止丢失水分。已经脱水的状态和运动中逐步脱水会妨碍运动能力。建议每小时 30～60 g 的糖。超长的耐力项目会导致低钠血症。因此，应摄入含氯化钠的饮料和食物。低钠血症很重要的一个原因是液体摄入过多？以超过汗液丢失的速度饮用。运动员饮用的量不应引起比赛的体重增加。事实上，长时间运动中体重丢失 1%～2% 与汗液丢失可能无关，是可以被接受的。

二、长时间耐力型运动

长时间耐力型运动是指持续时间为 1～3 h 的项目。例如半程马拉松等，需要补液和糖。无数科学研究证明，运动前和运动中饮用糖-电解质饮料能显著地提高运动能力。有关运动前饮用运动饮料的研究，通常饮料含糖的浓度都很高，其含糖量在 12%～40% 的范围。受试者在运动前 45～60 min 饮用糖-电解质饮料，虽然运动前的血糖和胰岛素都升高，但是，在运动中没有发现有低血糖的现象，运动能力和成绩有显著的提高了。建议每小时摄入 30～60 g 的糖，饮用 15～20 ℃ 的可口的糖溶液。在极度炎热的条件下，建议糖的浓度不超过 4%。否则，运动员难以忍受。在运动中可以食用一些食物，用来缓解饥饿。例如，50 g 糖可用 600～1 000 mL 含糖浓度为 4%～8% 的饮料供给。

大部分的研究证明，补充糖-电解质饮料有助于运动能力、提高运动成绩时，也有一些研究报道认为，运动前或运动中补充糖-电解质饮料对运动能力没有影响。

三、长时间间歇性运动

长时间间歇性运动是指持续时间在 30～60 min 的运动。这类运动应提供糖供应，饮用 15～20 ℃ 的可口的糖溶液，并防止丢失水分。冰球、网球和足球都属于间歇性运动项目。糖-电解质饮料的饮用提高了冰球运动中的滑行距离、穿梭滑行次数、每次穿梭滑行的时间和滑行速度，也提高了网球中发球和防守状态，以及使足球赛下半时的跑动距离增加了 30%。这些来自实验室和运动实践的数据充分说明，间歇性高强度运动中的补糖补液和长时间耐力型运动中补糖补液同等的重要，补糖和补液不仅有利于长时间耐力型运动，而且有助于长时间间歇性运动。运动员应该通过平时的情况,确定自己的水分丢失的速度和疲劳速度,制定个体的运动饮料的饮用时间表。

持续在 1 h 左右的运动需要补充糖,否则会发生疲劳。通常建议每小时补充 30～60 g 的糖。大多数运动饮料中含有 60～80 g/L,可以满足此要求。但需要注意的是糖浓度应在 8% 以下。糖的种类可以自己选择,但是不能以果糖为主。

四、短时间大强度运动

在水合良好的情况下开始运动。比赛之间恢复丢失的水分。运动员通常在临近比赛的时候处于脱水的情况,这是由于没有恢复每日身体的液体丢失。一些研究也报道了运动饮料在短时间(30 min 以内)运动中摄取液体对运动能力无作用,因为此时水分还不能被运用,但是摄入水分可能会在主观上带来一些好处,减轻口干和 RPE 量表的值。

五、技巧性的项目

例如射箭和保龄球等项目。比赛时间很长,但运动的有氧需要很低,应用运动饮料增加水的摄入,糖摄入和平时训练一致。

课后作业

1. 怎样判断你身体是否脱水?
2. 运动饮料的成分和比例是怎样的?
3. 3 h 以内的长时间持续耐力运动怎样补液?

第七章 运动员营养状况评定

学习目标
(1) 了解运动员营养评价的目的。
(2) 掌握膳食调查的方法及结果评定。
(3) 掌握体格检查、生化检测、心理诊断在运动员营养评价中的应用。
(4) 掌握常见营养缺乏病的原因、过程、表现和防治措施。

本章提要
食品是维持人体生命活动的物质基础,它供给人体所需的各种物质,满足人体的能量需求,保障人体的健康。运动员和锻炼者运动的能量和各种营养素都是通过食物的途径获得的。不同种类食物的营养价值各异。要想了解运动员和锻炼者营养获得的情况,就需要借助一定的评价手段。营养评价是研究运动员和锻炼者营养状况的重要方法之一。对指导运动员和锻炼者的合理膳食、改善营养状况、提高身体功能状况、促进运动能力的提高有着十分重要的意义。本章主要讨论运动员营养评价的目的,常用的营养评价方法,常见的营养缺乏病的原因、过程、表现和防治措施。

关键术语
膳食调查 临床检查 原发性营养缺乏 营养缺乏病

第一节 营养调查的目的

运动员的营养状况与运动员的健康和运动能力密切相关。定期检测运动员的营养状况有助于了解运动员的膳食组成、营养状态、健康情况与伙食水平,为进一步改善运动员的营养与健康状况提供基本资料和科学依据。营养调查是评定营养状况的基本方法,通过应用营养科学手段来研究以个人或集体为基础的人群膳食摄入情况和营养水平。

运动员是一组特殊的人群,其营养需要随运动量、运动条件和不同季节而变化,因此必须经常进行营养调查。通过营养调查可以全面了解运动员个体或群体膳食和营养的状况,了解运动员膳食中营养素的供给量与需求量是否平衡,早期发现营养问题。其主要目的有以下几点。

(1) 了解运动员的一般营养状况,及早发现膳食中存在的问题,并拟定预防措施。
(2) 营养调查可为医疗预防机构提供营养缺乏和营养过度等情况,作为与营养有关疾病的诊断和治疗的依据。

（3）作为制定每日膳食营养素参考摄入量的依据。

（4）作为制定运动员伙食标准的参考。

（5）为食品的生产、加工、处理和供应计划提供资料。

（6）通过营养调查，可以找出营养理论与实践方面的新问题。

营养调查是一项内容复杂、技术性强、各项工作严密、要求各步骤高度协调统一、相互配合的综合性工作。调查结果质量的高低取决于营养调查工作的组织水平。因此，进行营养调查前应做到以下几点。

（1）明确调查的目的和性质。

（2）培训工作人员。

（3）统一调查方法、内容和评价标准。

（4）制定统一的调查表格、数据记录和处理原则。

（5）制订具体的实施计划和方案。

（6）规定严格的质量控制措施即监督检查制度。

调查包括膳食调查、身体营养状况体格检查和实验室生化检查三个部分。这三个组成部分相辅相成，构成一个完整的体系。一般情况下，需要同时进行三个部分的调查工作，以进行综合评价。如果当时条件限制不同，同时进行这三个部分的调查时，只进行契合任何一部分，也对评价受检者的营养状况有一定参考价值。

第二节　膳食调查

膳食调查是通过计算一段时间内每人每日膳食中各种营养素和能量的摄取，并与推荐的运动员每日膳食营养素适宜摄入量进行比较，判断这些营养素和能量的摄取量是否适当，营养是否合理。

一、调查对象

根据研究目的，选择具有代表性的运动员，即机体生理状况、饮食和运动量等具有代表性的运动员，同时适当考虑特殊情况，如以运动强度或饮食有问题的运动员为调查对象。

二、调查时间

一般为 3~7 d。根据调查方法不同，可以选择 3 d、5 d 或 7 d。应包括春、夏、秋、冬四季，至少应在夏、秋或冬、春各进行一次。运动员的膳食调查应与不同的训练时期配合进行，如日常训练、集训期、比赛期等。

三、调查方法

膳食调查的方法有记账法、回顾咨询法、称重法和化学分析法四种。

(一) 记账法

适用于有详细账目的集体单位的膳食调查。具体方法是在一定的时期内,如 7 d、10 d 或 15 d。根据调查单位的每日购买食物的发票和账目、就餐人数的记录,获取各种食物总消耗量和用餐的人日数,据此和食物成分表计算出每人每日平均的食物消耗量即各种营养素的摄取量。因此,用记账法进行膳食调查的结果的可靠性取决于被调查单位的账目和每餐就餐人数统计的准确性。

食物消耗量:详细记录食物的种类、数量及购入食物的日期。

就餐人数的统计。计算营养素摄入量时需要计算平均每人每日所吃食物的量,即计算以"人日"为单位。

平均每人每日食物的消耗量。平均每人每日食物的消耗量为每种食物的总消耗量除以总人数日。例如,调查期间大米的消耗量为 90 kg,总人数日为 300,则平均每人每日大米的消耗量为 0.3 kg,即 300 g。

每日膳食中营养素供给量的计算。按照食物分类和平均每人每日各种食物的消耗量,通过查食物成分表或应用相应的计算机软件,计算出各种营养素的摄入量。

(二) 回顾咨询法

回顾咨询法包括 24 h 膳食回顾法、电话调查、食物频率问卷调查和膳食史法。通过询问膳食的主要组成,每日进餐的次数、时间、食物种类和数量,来计算每人每日的食物消耗量。询问调查的日期一般为 3~5 d 或 7 d,询问观察期可以间隔 1~2 d,不一定要连续进行。调查记录表所列各项内容必须认真详细填写。如果发现询问观察不完全或者有遗漏,或对熟食的估计量不准确,应再询问、观察,并加以纠正。将调查期间所吃的同类食物相加,除以调查天数,即得出平均每日各类食物的进食量,然后填入"每人每日营养素摄取计算表",再按食物成本表计算出每人每日营养素的摄取量。

(三) 称重法

称重法是将被调查单位或个人每日每餐所消耗的各种食物的量,烹调前的生重,烹调后的熟重和吃剩的熟重都进行称重记录,并统计每餐就餐人数,然后根据生熟比计算出一餐平均每人所吃生食的重量,将一天各餐的结果加起来便可得出每人一天的进食量。此调查的时间不宜过长,一般为 3~6 d。

(四) 化学分析法

化学分析法是将调查对象一天的摄入量的全部熟食,在实验室进行化学分析,测定其中的能量和各种营养素含量的方法。由于手续复杂,一般需要进行精确测定时才采用。

(五) 四种膳食调查方法的比较

四种膳食调查方法优、缺点的比较如表 7-1 所示。

表 7-1 四种膳食调查方法优、缺点的比较

调查方法	优 点	缺 点
记账法	简便易行,易掌握,所费人力少,可调查时间较长的膳食	没有称重法准确,不宜用于深入研究某些营养问题
回顾询问法	最方便,多用于个人	不太准确,误差较大
称重法	较准确,适用于特殊要求的集体单位、个人和家庭,用于要求严格的研究等方面	费时费力,不合适大规模的膳食调查
化学分析法	准确,有必要进行精确测定时才用	手续太复杂

四、膳食调查结果评定

膳食调查结束后,根据已取得的平均每人每日各种食物的摄入量和食物成分表(中国预防医学科学院营养与食品卫生研究所编著)计算。

(1) 每人每日营养素平均摄入量。
(2) 各种营养素日平均摄入量占推荐的适宜摄入量百分比。
(3) 三餐能量分配百分比。
(4) 三大能量营养素摄入百分比。
(5) 动物蛋白质占总蛋白质的百分比。
(6) 钙磷比。
(7) 胆固醇摄入量。
(8) 不同种类的食物摄入量。

然后,结合临床营养检查和营养生化检查结果,对运动员进行综合评价。

第三节 体 格 检 查

体格检查包括人体测量和临床检查。人体测量测定人体身高、体重及其他长径(如坐高、股骨长)和周径(如胸围、腰围、臀围、腿围)等,取得测量资料并用这些资料以及由此计算出来的指数(如 BMI)和比值(如腰臀比)以评价人体发育状况及健康水平,从而了解有机体有长期和深远影响的营养状况。临床检查时应用临床检测手段来检查受检者的生理功能、临床和体征等方面有无异常表现即营养缺乏或过剩的病征,以判断受检者营养正常或营养不良。体格检查比较简单,但又是营养状况评定时不可或缺的一部分。

营养不良包括营养不足、缺乏或营养过度。营养缺乏或不足时体内营养储备耗损,继而出现生理、生化和病理形态的改变;营养过度时营养摄入量过多,造成机体代谢失调,出现功能和形态的变化。体格检查时出现这两个方面的问题都应当引起重视。

一、营养缺乏

各种症状与营养素缺乏的关系如表 7-2 所示;运动员营养、营养状况体格、体征检查表如表 7-3 所示。

表 7-2 各种症状与营养素缺乏的关系

身体部位	症 状	可能缺乏的营养素
全身	体重过轻	能量、蛋白质、钙、磷、维生素
	食欲不振、易疲倦	维生素 B_1、维生素 B_2、维生素 C、烟酸
	膝反射亢进或消失	维生素 B_1
	下肢浮肿	蛋白质、维生素 B_1
头发	缺少光泽、少、稀疏、易脱发	能量、蛋白质
脸	面色苍白、缺油脂	维生素 B_2、蛋白质
	满月脸	蛋白质
眼	结膜苍白	铁
	毕脱氏斑、结膜炎、角膜干燥,角膜软化畏光,睑缘炎,角膜血管新生,角膜周围充血	维生素 A、维生素 B_2
唇	唇炎、口角炎、瘢痕	维生素 B_2
舌	猩红、赤裸露肉	烟酸
	品红、慢性舌炎	维生素 B_2
牙床	肿胀、海绵状出血	维生素 C
腺体	甲状腺肿大、腮腺肿大	碘、能量
皮肤	干燥、毛囊角化过度、粉刺	维生素 A、维生素 B_2
	瘀点、瘀斑,糙皮性皮炎	维生素 C、烟酸
	阴囊皮炎	维生素 B_2
指甲	凹形甲、匙状甲	铁
皮下组织	水肿、皮下脂肪减少	蛋白质、能量
肌肉及骨骼系统	肌肉萎缩、颅骨软化、骨骺增大、前囟门持久不闭合、弯腿、串珠肋	蛋白质、能量、维生素 D
肝脏	肿大	蛋白质、能量
神经系统	多发神经炎、活动减弱	B 族维生素
心脏	肥大、心动过速	维生素 B_1

表 7-3 运动员营养状况体格、体征检查表

姓名：　　　　　性别：　　　　出生年月：　　　　民族：
运动项目：　　　集训时间：　　级别：　　检查日期：　　年　　月　　日

一般状况：	口腔：	眼部：
身高/cm	口角湿白	睑缘炎
体重/kg	口角糜烂	结膜皱褶
	口角裂	结膜增厚
BMI/(kg/m²)	唇红肿	结膜干燥
	黏膜溃疡	毕脱氏斑
体脂/(%)	牙龈出血	角膜软化
	牙龈萎缩	角膜血管增生
腰围/cm	增殖性牙龈炎	角膜血管充血
	化脓性牙龈炎	沙眼
臀围/cm	龋齿	畏光
	舌紫红	流泪
腰/臀比	舌乳头充血	烧灼感
	地图舌	夜盲
全身情况：	扁桃体肿大	其他：
皮肤黏膜苍白	腹部：	食欲减退
肌肉松弛	肝大	睡眠困难
皮肤干燥	脾大	腹泻
皮肤粗糙	阴囊：	便秘
鳞皮	皮炎	是否易患疾病
毛囊角化	发红	目前有无疾病
脱溢性皮炎	脱屑	近来体重情况
皮下出血	四肢：	近来是否易疲劳
浮肿	膝反射亢进	近来有无虚弱无力感
头发干燥、无光泽	膝反射减弱	
头发脆、易掉	腓肠肌压痛	
颈部		
甲状腺肿大		

二、营养过度

营养过度性疾病一般是由于摄取过多食物或某种营养素、机体对营养的需要减少或发生某种代谢失调等原因引起,因而又称之为代谢病。常见的营养过剩疾病主要有以下几种:肥胖症;糖尿病;高脂血症、动脉粥样硬化。其发病虽有遗传、体质、神经及精神等多种因素,但脂质营养失调,释放在膳食中生热比例过高,特别是动物性脂肪,饱和脂肪酸摄取过多,导致氨基酸不平衡,可以引起氨基酸过量,发生中毒,蛋白质利用率下降,阻碍生长发育;某些微量元素滥加强化或服用过多可引起铁、锌、铜的中毒;摄入过多的肝类食物(鱼肝、野生动物肝)和给儿童服用过多的维生素 A、D 制剂,可发生这两种维生素的中毒现象。过量维生素 A、维生素 D 还有明显的致畸性,摄入量一般不要超过 DRIs 制定的 UL 值。其中肥胖症、高脂蛋白血症及其引起的继发性疾病对人类健康的威胁非常严重。

预防营养过度的主要措施是加强普及营养学知识,宣传平衡合理营养的重要意义,建立良好的饮食习惯,避免摄入过多的营养素,保持营养素摄入和消耗的平衡状态,特别要加强对中、老年人和儿童等特定人群进行针对性的宣传、教育。

第四节 生化检测

实验室生化检查是测定受检者体液(血液、排泄物、汗液等)或其他身体成分(如头发)中所含有的各种营养素、营养素的代谢物或其他化学成分的含量,以评价膳食中营养的水平、吸收、利用与贮存的情况。生化检测用于发现受检者是否存在亚临床状态的营养状况(见表 7-4)。因此,如果能正确选择相应的生化指标,就可以早期检出某些营养素的缺乏状态。

表 7-4 营养过剩和某种维生素过多的症状和体征

过剩营养素	症状、体征	中度量/IU
能量、脂肪、碳水化合物	肥胖、高血脂、高血糖、动脉粥样硬化	
维生素 A	急性中毒:面部潮红、脱皮、头疼、头晕、昏睡,婴儿可有囟门突出 慢性中毒:皮肤丘疹、脱屑、脱发、骨疼、无食欲	急性:每次大于 200 万 IU 慢性:每天 6 万 IU 至 7 万 IU,持续 1 个月
维生素 D	呕吐、食欲不好、多尿、血钙增高、钙化过度、肾脏和心脏可出现钙化	50 000 IU/d,持续 1~2 个月

评价营养状况的生化检测包括:
(1) 血液中营养素含量;
(2) 营养素经尿中排泄的速率、浓度和总量;
(3) 尿中营养素代谢产物水平;
(4) 由于营养不良造成血、尿中出现营养素的异常代谢产物;

(5) 与营养素摄入量有关的血液成分或酶活性的改变;

(6) 营养素符合饱和实验及核素实验;

(7) 毛发和指甲营养素成本的测定。

在进行实验室生化检测时,取样的种类、方式、时间等因素是重要的问题。所取得样品应确切反应被检者的营养素摄入水平,而且要考虑样品的易取性。目前,应用的取样最多的尿和血液。一般来讲,血液比尿检查能提供更广的检测范围。血液的检查包括全血、血浆、血清、红细胞、白细胞及淋巴细胞中营养素的含量等。检查血样中的营养成分要注意血液中营养成分的浓度,在较大程度上反应的是近期膳食的情况,而不是长期的营养状态。因此,采集早晨空腹血样,分析结果才有较大的参考价值。取尿样测定时,收集24 h尿样能比较准确地反应每日经肾脏排出的特定的营养素的含量,但24 h尿样的收集困难,任选一次尿样又受时间、尿量多少、采样前水分摄入量、体力活动等多种因素的干扰,直接影响尿中营养成分及其浓度。因此,进行营养调查时,尿样采集选择晨尿,或用尿内某一营养成分对尿肌酐(g)的比值来表示。

第五节 心理诊断

研究发现,饮食营养与心理有着密切的关系,其中最具影响力的是认知行为理论。因此,应用心理量表对确诊不健康饮食心理有一定的价值(见表7-5)。了解被调查者在饮食营养上的心理,可以间接地反映人体的营养状况。

表7-5 饮食紊乱评估——平常行为自测量

问卷量表问卷	缩写词	量表项目数	饮食紊乱测量	免费/付费使用	应用
进食障碍问卷1	EDI	64	A,Bu	付费	筛选
进食障碍问卷2	EDI-2	91	A,Bu	付费	评定
进食态度量表	EAT	40	A,B	免费	分组
易饿病修订量表	BULIT-R	36	B	免费	筛选
饮食紊乱调查表	Q-EDD	50	A,B	免费	诊断
厌食感知量表	MAC	33	A,B	免费	研究/筛选

注:A为神经性厌食症,Bu为神经性大食症,B为暴饮暴食症。

引自:Judy A,et al. 2002.

饮食紊乱是一种由心理不健康引起的新型疾病。它大致可以分为三类:神经性厌食症、神经性大食症和暴饮暴食症。心理学家认为,饮食紊乱的发生、发展与特定的心理学机制有关。有资料显示,具有焦虑、压抑、抑郁症、强迫性冲动、创伤后压力心理障碍症、精神分裂或完美主义者,容易患有饮食紊乱。以美感、体重为主导运动项目中的运动员患有饮食紊乱症的比率比较高。

饮食紊乱本质上是生物心理学问题,通过医疗参数,以及观念和行为上的评价,了解运动员饮食紊乱对健康的影响程度是十分重要的。神经性厌食症和神经性大食症心理学特征如表7-6所示。

目前,从心理角度评判人体营养状况,只能获得定性结论。有关膳食营养的心理诊断仍需要进行进一步探讨。

表7-6 神经性厌食症与神经性大食症心理学特征

饮食紊乱	心理特征
神经性厌食症	过分关注食物,害怕肥胖,扭曲的身体形象,自尊心差,压抑和焦虑,完美主义,强迫症,高度需要赞同
神经性大食症	过分关注食物,想瘦的愿望,自尊心差,冲动,压抑,焦虑,恼怒,对身体不满,高度需要赞同,不正常的饮食习惯

引自:安妮塔.比恩等,2004。

第六节 营养缺乏病

一、营养缺乏的原因

营养缺乏是指机体摄入的营养素不足以维持正常的生理代谢机能和满足新生组织、修复损伤的需要。轻度营养缺乏可使患者体力减弱,劳动力下降,容易得病;严重的营养缺乏则能直接危及生命。常见的营养缺乏有原发性和继发性两种。原发性营养缺乏是由于膳食摄入不足所引起。继发性营养缺乏是由于体内外的各种因素妨碍了食物的正常消化,吸收和利用,以及各种原因增加了机体对营养素的需要量,或营养素在体内过多地被破坏与排泄引起。

(一)原发性原因缺乏

原发性营养缺乏又称之为膳食性营养缺乏,是指食物供应不足、膳食调配或选择不当,使摄入的膳食营养素含量不足或不平衡,或由于食物加工过精过细、烹调方法不合理,使食物中营养素损失破坏过多等因素造成营养素摄入不足所引起的疾病。目前,造成膳食营养缺乏的主要原因有不良的饮食习惯、过多食用精致食品和经济因素等。

1. 不良的饮食习惯

营养缺乏除了一部分是由于食物供给不足和经济原因所引起的以外,主要是由于人们缺乏营养知识、养成不良的饮食习惯而引起的。如过分讲究食物的口味而使用不合理的烹调方法(淘米时反复搓洗大米、煮粥时加碱、青菜切后长时间用水浸泡等)以致丢失、破化食物中的营养素。有些人有禁忌某些食物的习惯或者从小养成不良的偏食习惯,如不喝牛奶,不吃鸡蛋、鱼、肉、番茄和胡萝卜等,这都能减少一些营养素的重要来源而引起营养不良。还有些人喜欢喝酒或吃高糖高脂等精制食品,会使其他营养素的摄入量相对减少,并影响机体对营养素的摄取量。

2. 过多食用精制食物

食物经过精制加工后常会损失部分营养素。米面越精越白，其中营养素的损失过多，过分加工可以损失 90% 的维生素 B_1、维生素 B_2 和损失 70%～85% 的铁。

3. 经济因素

经济因素引起营养素缺乏的情况有两种：一种是经济条件不良者，只能以多吃主食来满足机体对能量的需要，副食摄入量很少，结果产生多种维生素和无机盐缺乏症状；另一种情况是随着经济的发展，生活条件的改善和膳食结果的改变，过多摄入高糖、高脂肪食物，而谷类、蔬菜和水果相对摄入不足，导致体内能量过剩和维生素 A、维生素 B_1、维生素 B_2、无机盐如钙、铁的缺乏。

（二）继发性营养缺乏

继发性营养缺乏又称为条件性营养缺乏。常见的条件因素有以下几种。

1. 机体摄取食物障碍

引起机体摄取食物障碍的因素有许多：女运动员饮食紊乱；某些疾病（胃肠病、发热、食物过敏、妊娠呕吐、神经性厌食等）；老年人牙齿不佳，胃肠机能减退；酗酒者因饮酒过多使食物摄入量减少，易发生维生素 B_1 缺乏和其他营养素摄入障碍。

2. 营养素需要量增加

由于疾病、环境、某些药物、运动等因素使身体的基础代谢率增加，身体对营养素的需要量也增加，此时，如果营养素供给量跟不上，将会出现继发性营养缺乏。如体温升高、甲状腺功能亢进、怀孕、哺乳、重体力劳动、大运动量训练、甲状腺素、发热疗法等，都会增加机体代谢率。长期大量摄入碳水化合物或注射葡萄糖，而同时又不增加水溶性维生素供给量则会引起水溶性维生素相对缺乏。

3. 营养素吸收障碍

胃肠道吸收障碍是造成营养素吸收障碍的主要因素。胃酸缺乏，可引起维生素 B_1 和维生素 C 的吸收障碍；腹泻由于肠道蠕动过快，使食物在肠道里停留的时间缩短，没有足够的时间消化、分解与吸收食物中的营养素，导致各种营养素缺乏，可引起脚气病（维生素 B_1 缺乏）、坏血病（维生素缺乏）、癞皮病（烟酸缺乏）、维生素 B_2 缺乏、维生素 A 缺乏症、蛋白质缺乏性水肿、低钙等。有些治疗措施也可能是吸收障碍的一个重要因素，如胃肠吻合术后常常引起大细胞性贫血。

4. 营养素利用障碍

人体从食物中摄取的维生素必须在体内经过转化才能发挥其生理作用，如必须将胡萝卜素变成维生素 A，维生素 B_1 经过磷酸化变成脱羧辅酶，烟酸和烟酰胺转化为辅酶Ⅰ、辅酶Ⅱ，维生素 B_2 变成黄素酶。这些转化多在肝脏中进行，因此，如果肝脏有病或肝功能不良，常常会发生营养素利用障碍。药物治疗也可以影响维生素在体内的利用，如口服抗生素类药物，由于在肠道的杀菌作用而抑制了大肠中细菌合成维生素的作用。

5. 营养素排泄增加

运动时，尤其是在热环境中进行长时间高强度运动，可引起大量出汗。汗液中含有多种矿物质,过度出汗而又不及时补充钠、钾等元素可引起无机盐缺乏症。严重的蛋白尿可产生蛋白尿缺乏症。不加控制的糖尿病患者,因尿排出过多,其体内水溶性维生素有过度排泄的可能。临床上由于治疗的目的,增加尿的排泄,也可能成为营养缺乏的原因,如水肿时大量营养利尿剂促使体液排出会增加营养缺乏症的发生。

二、营养缺乏的发展的过程

营养缺乏无论是原发性的还是继发性的,开始时不会出现营养缺乏的症状,因为体内有贮存的营养素可以弥补暂时的不足。只有当体内的贮存消耗完以后才会出现临床症状。营养素在体内的贮存量根据营养素的种类不同而有多有少。例如,体内脂肪比碳水化合物贮存多,脂溶性维生素比水溶性维生素贮存多。营养良好的成年人肝脏内贮存的维生素 A 可供数月使用,但维生素 B_1 完全缺乏时只要几天就可以将贮存量消耗殆尽。贮存在体内的营养素在供应不足时可以动用,并维持体内组织有相当稳定的供应。如果从肠道摄入的营养素暂时不足,机体动用体内贮存的营养素通过血液运输到机体各处供组织需要;如果吸收了超过身体的需要,机体就将多余的营养素贮存起来用;如果摄入更富裕,血液中营养素含量可以暂时升高,继而大部分从尿中排出体外。一般正常人在口服大量某种营养素以后,若体内的贮存已足够,尿中便有大量的排出;若贮存不足或很少或完全缺乏,则尿中排出很少。因此,血液中的营养素水平只能代表运输过程中的营养素,并不能代表机体的营养状况。血中营养素含量的水平仅能作为判断一个人营养状况好坏的参考,若要全面了解机体的营养状况,必须结合膳食调查、体格检查与适当的生化检测等方面的测试。

营养缺乏发展的过程如下:

组织中营养素含量下降—缺乏—生化变化—功能的改变—形态的病变—临床病理表现。

(一) 组织中营养素的缺乏

组织中营养素的缺乏发生的快慢取决于下列因素:营养不良的程度;营养素贮存量的多少;身体对营养素的需要量。在此阶段,即使营养缺乏相当严重,一般也不易出现营养缺乏症状,因为体内贮存量仍能供给各组织主要的营养素。此时,若营养素供给仍然不能满足机体的需要,体内贮存将逐渐耗竭,出现生化变化。

(二) 生化变化

当组织中营养素消耗至一定水平时,即发生生化变化。如维生素 B_1 缺乏时血丙酮酸含量增加,烟酸缺乏时尿中 N-甲基烟酰胺排出减少等。

(三) 功能的改变

继生化变化后,即有各种生理功能的改变。临床上表现有疲劳、失眠、注意力不集中、胸闷、心跳改变等各种身体异常感觉。此时,常常被误诊为神经衰弱,应当警惕营养不良。

(四) 形态的病变和临床病理表现

营养缺乏进一步发展便出现形态病变,初期在显微镜下可以看到组织学上的病变,后期才有肉眼可见的病变。体检时应首先检查适当的部位,如眼结膜、角膜、舌、牙龈等。如维生素 A 缺乏时角膜有血管新生,维生素 C 缺乏时牙龈出血等现象。

三、营养缺乏病及其表现

营养缺乏病是由机体长期缺少一种或数种营养素而引起的一类疾病。当前比较常见的营养缺乏病主要有蛋白质能量营养不良、缺铁性贫血、单纯性甲状腺肿(碘缺乏)、钙缺乏症、锌缺乏症、眼干燥症(维生素 A 缺乏)、佝偻病(维生素 D 缺乏)、脚气病(维生素 B_1 缺乏)、维生素 B_2 缺乏症、癞皮症(烟酸缺乏)、巨幼细胞性贫血(叶酸缺乏)等,其中蛋白质能量营养不良、缺铁性贫血、单纯性甲状腺肿和眼干燥症,被称为世界四大营养素缺乏病。

运动员营养缺乏的特点是:

(1) 临界缺乏即营养不足,以亚临床表现为主;

(2) 多见于高强度大运动量训练与比赛时和控体重期间,因生理负荷和环境应激增加易多发;

(3) 最常见的是某些维生素(B 族维生素和维生素 A)和矿物质(钙、铁)的营养缺乏;

(4) 由于运动时出汗量大,易发生水和电解质不足与缺乏;

(5) 由于蛋白质和脂肪摄入量过多,碳水化合物相对不足。

(一) 蛋白质与能量营养不良

蛋白质与能量营养不良多发生于儿童青少年。临床分为两种类型:干瘦型和浮肿型。干瘦型主要是能量营养不良,表现为皮下脂肪减少、体重减轻、肌肉萎缩、皮肤有明显皱褶;浮肿型以蛋白质缺乏为主,表现为明显浮肿、肌肉萎缩、体重降低、腹泻、肝脏肿大等。成年人蛋白质与能量营养不良,主要表现为显著消瘦、皮肤黏膜苍白、倦怠,血清总蛋白在 6% 以下。

7～14 岁儿童少年运动员出现下列症状与体征应注意是否有蛋白质与能量营养不良的现象(见表 7-7)。

表 7-7　7～14 岁儿童少年运动员蛋白质与能量营养不良的主要症状与体征

主要指标	轻　度	重　度
体重	低于正常体重的 20% 以上	低于正常体重的 30% 以上
身高	正常	低于正常
腹部皮脂厚度	减少	明显减少或消失
面部皮脂厚度	减少	明显消瘦
肌肉	轻微松弛	明显松弛
头发	不明显	明显稀疏、脆、易脱落
肤色与弹性	苍白、弹性稍差	苍白、弹性明显差
精神状况	无明显变化	精神不好,反应差

(二) 维生素 A 缺乏病

维生素 A 缺乏的早期表现是生理盲点扩大,暗适应能力降低。典型的临床表现为夜盲、角膜干燥及皮肤毛囊角化三大特征。

眼睛:眼球结膜干燥、皱褶,可见结膜干燥斑。此斑多在角膜两侧,呈圆形和椭圆形,灰白,表面泡沫状,无光泽,不能擦去。

皮肤:干燥、粗糙、脱屑、鳞皮(常见小腿部),丘疹(常在四肢伸侧、颈、臂、肩背部),毛囊角化。

毛发:干燥、无光泽、脆、易脱落。

指甲:缺乏光泽、脆、多纹、可有纵横嵴。

最近的研究表明,维生素 A 对机体免疫功能、维持骨代谢的正常进行有重要的作用,维生素 A 缺乏可使机体细胞免疫功能降低、使破骨细胞数目减少。成骨细胞功能失控,导致骨膜骨质过度增生,骨腔变小,并产生神经压迫症状。但有关维生素 A 对骨代谢作用的机制还有待深入研究。

(三) 维生素 D 缺乏病

维生素 D 缺乏的主要表现为儿童佝偻病、成人骨质软化和骨质疏松。典型的佝偻病可表现为低钙血症和牙齿萌出延迟。佝偻病儿童早期表现为兴奋不安,好哭多汗,肌肉松软,肠内积气;接着出现骨髓变化,不能正常钙化、变软、易弯曲、畸形、贫血和易患呼吸道感染,还可影响神经、肌肉、造血、免疫等器官功能。

成年人维生素 D 缺乏表现为骨质软化症。初期为腰背部和腿部不定位时好时坏地疼痛,通常活动时加重。严重时,骨髓脱钙,发生骨质疏松,可发生自发性或多发性骨折。

(四) 维生素 B_1 缺乏病

参见维生素 B_1 相关内容。

(五) 维生素 B_2 缺乏病

参见维生素 B_2 相关内容。

(六) 烟酸缺乏病

烟酸缺乏引起癞皮病。典型症状为"3D"症状,即皮炎、腹泻和痴呆。烟酸缺乏的早期表现为食欲不振、失眠、头痛、体重减轻、记忆力减退,进而出现皮肤、消化系统和神经系统症状。皮肤症状主要为肢体暴露部位对称性皮炎,包括急性红斑、褶烂、慢性肥厚、萎缩,色素沉重等;消化系统症状有舌炎、口角炎、恶心呕吐、慢性胃炎、便秘和腹泻等。消化系统症状有舌炎、口角炎、恶心呕吐、慢性胃炎、便秘和腹泻等。神经系统症状有精神错乱、神志不清,甚至痴呆。烟酸缺乏常见与维生素 B_1、维生素 B_2 缺乏同时存在。

(七) 维生素 C 缺乏病

参见维生素 C 相关内容。

(八) 碘缺乏病

碘缺乏病的临床表现取决于机体缺碘的程度、缺碘时机体处于发育时期,以及机体对缺碘的反应性或代偿适应能力。碘缺乏病的疾病谱带如表 7-8 所示。

表 7-8 碘缺乏病的疾病谱带

发育时期	碘缺乏病表现
胎儿期	流产、死胎、先天畸形
	围产期、婴幼儿期死亡率增高
	地方性克汀病
	神经型:智力落后、聋哑、斜视、痉挛性瘫痪、不同程度的姿态异常
	黏肿型:黏液性水肿、侏儒、智力落后
	神经运动功能发育落后
	胎儿甲状腺功能减退
新生儿期	新生儿甲状腺功能减退、新生儿甲状腺肿
儿童期和青春期	甲状腺肿
	青春期甲状腺功能减退
	亚临床型克汀病
	智力发育障碍、体格发育障碍
	单纯聋哑
成人期	甲状腺肿及其并发症
	甲状腺功能减退
	智力障碍
	碘致甲状腺功能亢进

甲状腺肿临床分为三型:弥漫型、结节型、混合型。以甲状腺肿大的程度作为指标分为 0、Ⅰ、Ⅱ、Ⅲ、Ⅳ 度(见表 7-9)。

表 7-9 甲状腺肿大程度分级

分 级	甲状腺表现
0_a 度	不可触及,或可触及但腺体大小在正常范围内
0_b 度	增大并可触及,但头部保持正常位或仰位时常看不到
Ⅰ 度	头部保持正常位或仰位时易看到,易触及
Ⅱ 度	头部保持正常位时易看到
Ⅲ 度	头部保持正常位时,远距离即可看到
Ⅳ 度	头部保持正常位时,可见巨大的甲状腺肿

(九) 铁缺乏病

机体铁缺乏可以引起下列几点变化。

(1) 缺铁性贫血。

(2) 机体工作能力明显下降,包括运动能力下降。长期铁缺乏明显影响身体耐力,动物实验研究发现,铁缺乏对动物跑的能力损害是由于铁缺乏使肌肉中氧化代谢受损所致,而与血红蛋白无关。

(3) 行为和智力受损害。大量的研究资料证明铁缺乏可引起心理活动和智力发育的损害、行为的改变。尚未出现贫血时的铁缺乏还可损害儿童的认知能力,即使以后补充铁也难以恢复。动物实验表明,短时间铁缺乏可使幼小动物脑中铁含量下降,以后补充铁可纠正身体内铁的贮存,但对脑中铁含量没有作用。

(4) 免疫和抗感染能力降低。

(5) 体温调节能力受损。缺铁性贫血的另一个特点是在寒冷环境中保持体温的能力受损。

(6) 铅中毒。动物和人体实验均证明缺铁会增加铅的吸收。

(7) 有害的妊娠后果。许多流行病学研究发现妊娠早期贫血与早产、低出生体重儿、胎儿的死亡有关。

(十) 钙缺乏病

钙缺乏主要表现为骨髓的病变。儿童期生长发育旺盛,对钙的需要量较多,如果长期摄入不足,常伴有蛋白质和维生素 D 缺乏,引起生长迟缓,新骨结构异常,骨钙化不良,骨变形,发生佝偻病。运动员由于运动量大,消耗多,对钙的需要增加,如果钙摄入不足,运动员会出现抽筋,损害运动能力。成年人缺钙,会发生骨质疏松尤其是绝经后的妇女,雌激素分泌减少,骨丢失速度加快,骨密度降低、骨结构的完整性受到破损,甚至压缩变形,以致易发生骨折。

四、营养缺乏的防止措施

(一) 健康教育,预防为主

预防营养缺乏是一项重大而复杂的社会任务,需要动员社会各界的力量,采取综合措施,才能达到效果。比如发展农业生产,开发新的食物资源和发展食品工业,加强文化卫生教育,发展卫生保健事业,增强全民的身体素质等。其中加强营养科学的研究、教育和实际工作,大力普及营养知识,养成合理的饮食习惯等,是预防和纠正营养缺乏必不可少的重要环节。

(二) 针对原因,区别对待

对营养缺乏的个体,针对不同的原因,采取不同的措施。防治原发性营养性缺乏的最好方法是克服偏食,提供营养平衡膳食,以及尽可能地减少加工和烹调过程中丢失的营养素。

对继发性营养缺乏,矫治的方法是治疗原发性疾病,增加营养素供给。出现营养缺乏病症状与体征的,应用营养素治疗。

(三) 预防运动员应用缺乏的建议措施

(1) 提高运动员膳食管理者的知识水平和管理水平。运动员膳食应匹配营养师参加管理和指导。

(2) 改善食物供应和调配。根据运动员运动的特点和实际营养状况,做到有目的、有计划地采购营养丰富的副食品,做好每天膳食的合理调配。增加奶制品、豆制品和蔬菜,尤其是可以生吃的蔬菜水果的比例。加强早餐品种的多样化,保证运动员一顿全营养素的早餐。

(3) 改进食物加工和烹调方法。主食用的米、面防止过分精细。减少维生素的损失;粗粮细做,提高膳食的营养价值;蔬菜先洗后切,防止水浸泡、开水烫、挤汁、弃汤;炒菜时大火急炒;煮粥时不加碱;即时烹调即时食用。

(4) 提高运动员和教练员的运动营养知识水平,使运动员自己知道我需要什么样的营养,应该选择食物,做到合理营养的自觉性。

(5) 应用强化食品、运动饮料和营养素补剂满足特殊情况下(集训期、比赛期、高温或寒冷环境、旅行时等)的营养需要。

课后作业

1. 营养调查的目的有哪些?
2. 膳食调查方法有哪些?有何优缺点?具体如何操作?
3. 评价营养状况的生化检测包括哪些?
4. 常见的应用缺乏的原因有哪些?

第三篇
大众健身营养

第八章　健身运动的合理营养

学习目标
(1) 了解健身运动者合理膳食营养的基本原则；
(2) 熟悉增强肌力、减少脂肪、增加体重和亚健康健身人群的物质代谢特点；
(3) 掌握增强肌力、减少脂肪、增加体重和亚健康健身人群的膳食营养安排原则及措施。

本章提要

本章主要介绍了健身运动者合理营养的基本要求，以及增强肌力、减少脂肪、增加体重和亚健康健身人群的膳食营养安排原则及措施。增强肌力健身人群的膳食营养安排应注意膳食比例与组成，多吃碱性食物，合理使用营养补充剂。减少脂肪健身人群的膳食营养安排应注意保持热量摄入的负平衡，安排好三餐饮食量与饮食结构，合理选择食物与烹调方法，合理使用减脂营养品。增加体重健身人群的膳食营养安排应注意蛋白质、脂肪和糖类三大营养素的选择和组合比例。蛋白质的选择应尽量以完全蛋白质为主，最好选择动物性蛋白质。糖类的选择最好侧重于淀粉类多糖，注意保持一定数量的皮下脂肪和肌间脂肪，可适当选择增重药膳方。亚健康健身人群的膳食营养安排应注意饮食习惯的调整，补充富含 B 族维生素、钙、镁的食物，多吃碱性食物，多饮水，适当补充膳食营养补充剂。

关键术语

合理营养　消瘦　亚健康

第一节　健身运动者合理营养的基本要求

一、健身运动者合理膳食营养的基本原则

（一）健身运动中合理膳食营养的必要性

营养与运动关系密切，对锻炼效果有着很大的影响。运动锻炼引起的消耗，要在运动结束后通过合理的膳食营养进行补充。如果缺乏合理营养保证，消耗后得不到补充，机体处于一种亏损状态。久而久之，对机体健康不利，会使锻炼者生理功能及运动能力下降，出现乏力、疲劳，甚至疾病状态。合理营养与运动锻炼是维持和促进健康的两个重要条件。以科学合理的营养为物质基础，以运动锻炼为手段，用锻炼的消耗过程换取锻炼后的超量恢复过程，使机体积聚更多的能源物质，从而提高各器官系统的功能。此时获得的健康，较之单纯

以营养获取的健康上升到一个新的高度。因为合理营养加运动锻炼,在获得健康的同时也获得了良好的身体素质。

(二) 健身运动合理膳食营养的基本原则

(1) 保证三大宏量营养素的合理比例:即糖类占总能量的60%～70%、蛋白质占总能量的10%～15%、脂肪占总能量20%～25%。

(2) 糖类:主要由谷类、薯类等淀粉类食品构成,应控制食糖及其制品。

(3) 脂肪:要以植物油为主,减少动物性脂肪的摄入。脂肪中饱和脂肪酸、单不饱和脂肪酸和多不饱和脂肪酸之间的比例一般为1∶1∶1。

(4) 蛋白质:应有1/3以上的优质蛋白(动物蛋白和大豆蛋白)。若以氨基酸为基础计算,成年人每日供给的蛋白质中,20%需要由必需氨基酸来供给,以维持氮平衡。10～12岁儿童需要33%的优质蛋白质,婴儿需要39%的优质蛋白质,以保证生长发育的需要。

(5) 维生素:要按供给量标准配膳,有特殊需要者另外增加。一般维生素B_1、维生素B_2、烟酸三者之间的比例为1∶1∶10较为合理。

(6) 膳食中钙磷比例要适当:膳食中钙磷比例为2∶1,基本符合机体的吸收及发育。若维生素D营养状况正常时,不必严格控制钙磷比例。

(7) 膳食中搭配的食物种类越多越好:一日三餐都要提倡食物多样化,这样不仅能提高食欲,促进食物在体内的消化吸收,而且食物中的氨基酸种类齐全,也能充分发挥蛋白质的互补作用。

(8) 食物的种属越多越好:最好包括鱼、肉、蛋、禽、奶、米、豆、菜、果、花,还有菌类和藻类食物,组合搭配、混合食用。将动物性食物与植物性食物搭配在一起,比单纯植物性食物之间搭配组合更有利于提高蛋白质的营养价值。

二、健身运动者的膳食营养需求

良好的运动能力受运动水平、遗传、营养、心理素质等多方面的影响,其中膳食营养对健康及运动能力的影响越来越引起人们的重视。健身运动者吃什么、吃多少、什么时间吃,对其锻炼效果起着举足轻重的作用。

(一) 对热源营养素有特殊需求

糖类的分解反应简单,容易氧化燃烧;脂肪和蛋白质的分解反应复杂,不易氧化,因此在体内不能完全燃烧,蛋白质的代谢产物——硫化物可使体液变成酸性,加速疲劳的产生。因此,作为健身者的能源,应以谷类和动物性食物为主,这两类食物供给热量的效率最高。一般来说,糖类的来源是粗粮、水果、蚕豆、小扁豆、坚果以及植物种子。因此,健身者可以在食用水果时搭配一些坚果,或在食用糙米的时候加一些鱼、坚果等。

(二) 蛋白质的补充

运动锻炼后是否需要增加蛋白质营养,意见尚不一致;但健身者在加大运动量期、生长发育期和减轻体重期如果出现热能及其他营养水平下降等情况时,应增加蛋白质的补充量,而且应补充优质蛋白。在补充蛋白质的同时,也必须补充适量的蔬菜、水果等碱性食物,防止蛋白质代谢产物使血液变为酸性而产生疲劳感。

(三) 无机盐的需要量

健身运动者的无机盐需要量与正常健康人无显著差别,但在大运动量和高温环境中锻炼时,应当注意无机盐不足引起的无力和运动能力下降等表现。一般健身者每天每人食盐需要量为 6~10 g,钙为 1 000~1 200 mg,铁为 20~25 mg。

(四) 维生素的补充

运动过程中,人体需要的能量、氧的摄入量和消耗量均增加,进而导致体内自由基成倍增多,最多时可达到平时的千倍。身体因此不得不消耗大量的抗氧化物质——维生素C、维生素B、维生素E来消除多出来的自由基。因此,食品营养专家提示,健身者在高强度运动后最好服用适量的维生素E补充剂和食用富含维生素E的食品。另外,维生素E补充剂和富含维生素E的麦胚及其制品还有减轻肌肉酸痛、消除疲劳、恢复体力的作用。

(五) 水分的补充

人在剧烈运动时,由于消耗能量而发热,使体温上升,出汗成为调节机体热平衡主要的途径。运动中的排汗率和排汗量与很多因素有关,运动强度、密度和持续时间是主要因素,运动强度越大,排汗率越高。此外,外界气温、湿度、健身者的训练水平和对热适应等情况都会影响排汗量。如足球健身者,踢球 1 h,体内水分约减少 10%,而这些水分主要来自血浆(细胞间液)和细胞内液体。因此,如果不及时补充液体,不仅会发生脱水现象,还会增加心血管负担,引起循环功能障碍,导致肾功能损害。

三、健身运动者合理膳食营养的总体安排

什么是合理的营养呢?简单地讲,合理营养是指,运动者一日三餐所吃食物提供的热量和多种营养素与其完成每日锻炼的运动量所需消耗的能量和各种营养素之间保持平衡。要有充足的热能,而且蛋白质、脂肪、糖类的含量和比例要适当;要有充足的无机盐、维生素、微量元素和水分。也就是说,每日各种食物的种类和数量的选择要得当、充足。如何实现合理营养呢?健身者要注意以下几个问题。

(一) 能量食物的数量和质量应满足健身运动的需求

在具体选择食物时,要注意重视主食的摄入,如米、面、馒头等。主食中含有丰富的糖类,能供给运动者充足的能量。快速释放能量的糖类会在人体内制造压力,刺激皮质醇的产生。因此,健身者在锻炼时,尽量先不要食用葡萄糖、糖果,以及其他添加糖分的食品。还要避免选食过多的肉类,目前,国内的运动锻炼者蛋白质缺乏已很少见,吃过多的肉食不仅不会给人体提供高能量,相反会给人体带来许多危害,在过多的蛋白质摄入的同时带入过多的脂肪,长期下去会引起高脂血症、冠心病等。动物性蛋白质和植物性蛋白质的比例要适宜,应多食牛奶和豆制品以代替部分肉类。吃各种各样蔬菜和水果,特别应强调增加生食的蔬菜,以减少营养素的损失。少吃或不吃油炸食物、肥猪肉、烤鸭、腊肉、奶油等,它们可能带入

体内过多的脂肪,引起肥胖。例如,一名体重 70 kg 的篮球运动者,每天需要热能为 4 200 kJ,每天应吃主食 500~600 g、牛奶 500 g、豆制品 50~100 g、蔬菜 500~750 g、水果 300~500 g,鸡、鸭、鱼、肉等合计 100~200 g,植物油 25~30 g。

(二) 食物应当营养平衡和多样化

所谓酸性食物或碱性食物,并不是指味道酸或碱的食物,而是指食物经过消化吸收和代谢后产生的阳离子或阴离子占优势的食物。也就是说,某种食物经代谢后产生的钾、钠、钙、镁等阳离子占优势的属碱性食物;而代谢后产生磷、氯、硫等阴离子占优势的食物属酸性食物。柠檬、柑橘、阳桃等味道虽酸,但它经人体代谢后,有机酸变成了水和二氧化碳,后者经肺呼出体外,剩下的阳离子占优势,仍属碱性食物;同理,肉、鱼、蛋类和米面虽无酸味,但代谢后产生的阴离子较多,仍属于酸性食物。因此,不能从食物的味道来区分酸性或碱性食物。

在运动后不宜大量食用鱼肉等酸性食物,以免食物搭配不当引起生理上的酸碱失调。因为运动后人体内的糖类、脂肪、蛋白质被大量分解,产生乳酸、磷酸等酸性物质。这些酸性物质会刺激人体组织器官,使人感到肌肉、关节酸胀和精神疲乏。鱼、肉等食品均属于酸性食物,运动后即食用这些酸性食物,会使人的体液更加酸性化,不利于肌肉、关节和身体功能的恢复,严重时还会引起酸中毒而影响健康。因此,运动后应多食一些蔬菜、豆制品、水果等碱性食品,以保持人体内的酸碱平衡(pH 值维持在 7.3~7.4 的范围),从而达到消除运动疲劳的目的,保持健康的体魄。常见的碱性食物有海带、菠菜、萝卜、四季豆、南瓜、黄瓜、莲藕、西瓜、香蕉、苹果、草莓等。

(三) 重视一日三餐的合理营养

运动者要根据自己每天的锻炼量,合理选择三餐食物种类和数量;而不仅是根据自己的喜好选择食物。要合理安排一日的餐饮,两餐之间的间隔和每餐的数量、质量,使进餐与日常生活制度和生理状况相适应,并使进餐与消化吸收过程协调一致。膳食制度安排适当,有助于提高劳动效率和工作效率。按照我国人民的生活习惯,正常情况下,一般每日三餐比较合理,两餐的间隔以 4~6 h 为宜。各餐数量的分配要适合锻炼的需要和生理状况,较适宜的分配为:早餐占全天总热能的 30%,午餐占全天总热能的 40%,晚餐占全天总热能的 30%。

(四) 健身者要养成合理的饮食习惯

空腹和刚进食后就开始运动,对人体健康都是非常不利的。在运动前 30 min 应食用少量食物,可以避免因为体力活动而导致的功能紊乱,同时还可以增强运动效果。进食后 30 min 之内不要进行体力活动。如果是晨练,早餐最好食用少量的奶制品、谷类食品、水果饮品及运动营养食品,但一定要避免食用难以消化、吸收的食物。

(五) 合理补水

健身者的水分摄取量应以满足机体失水量、保持水分平衡为原则,不能单凭有无口渴来判断。健身者在日常锻炼无明显出汗的情况下,每日水分的需要量为 2 000~3 000 mL。大量出汗时,应采取少量多次补给,长时间大量出汗时,应每隔 30 min 补液 150～250 mL。运动前也应补液 400～700 mL,因为运动中水分的最大吸收速率是 800 mL/h。

在运动过程中,应及时补充水分,如果运动时间不超过 1 h,每 15 min 应饮水 150～300 mL;如果运动时间在 1～3 h,应及时饮用糖水,以免出现低血糖。但切记,运动时一定不要饮用冰水。因为剧烈运动时,饮用冰水会引起人体消化系统的不良反应。

(六) 合理地选择运动营养保健品

运动营养保健品,亦称强壮食品或功能食品,是专为从事运动的人群而设计的一类特殊营养品。为保证锻炼的有效性,运动者在合理膳食的基础上,还应科学合理地选用运动营养保健品。

第二节 增强肌力健身人群的合理营养

一般而言,运动员为了拥有更强的竞技能力而需要增强肌力,普通男性人群为了彰显自己的体魄而需要增强肌力,普通女性人群为了自身形体完美和健康而需要增强肌力,肌力的增加不仅需要合理有效的锻炼,更离不开营养的补充,二者只有并驾齐驱才能取得满意的效果。

经常进行健身锻炼的人与较少参加健身锻炼的人相比,肌肉的能量物质——三磷酸腺苷和磷酸肌酸储备要多,血管更丰富,耐酸能力和糖酵解能力更强。锻炼水平越高,能量储备越多,运动的耐受能力越强,肌肉中新生的毛细血管也越多,可使肌肉中的血流量增加,新陈代谢加快,同时也增加了肌肉的体积。所以,只有坚持长期的健身锻炼,才能加强肌肉的物质代谢,提高肌肉的能量储备,使肌纤维增粗、增多,肌肉体积和肌力增加;而营养的补充应从健身人群的代谢特点入手,从肌肉的物质组成成分上进行补充。

一、增强肌力健身人群的物质代谢特点和营养需求

人体肌肉增长是随年龄增长而不断变化的,可分为快速增长、相对稳定和明显下降三个阶段。人类从出生起,随着机体不断生长发育,肌肉逐年增长,男子 25 岁时达到最高值,女子 22 岁左右达到最高值,以后又逐年缓慢下降。少年时期肌肉含水量比成人高,而肌肉蛋白和能源物质等的储备比成人低,肌纤维较细。年龄越小与成人的差异越大。所以,在增加肌肉过程中要考虑到年龄因素,因人而异。

超量恢复学说认为,运动后在一定范围内不仅能使已经消耗的物质恢复,而且还能出现比原先水平更高的超量恢复现象。在肌肉运动停止之后,肌肉中蛋白质的强烈合成过程就开始进行,而且最后会使蛋白质含量超出了原先水平。肌力较弱的人蛋白质含量较正常值低,能源物质的储备值也较低,表现为肌力弱、耐力差、易于疲劳。增强肌力的关键是在保证能源物质的基础上,增加肌肉的蛋白质含量,减少脂肪含量。

(一)增强肌力健身人群的糖类代谢

糖类进入人体后有三种变化:一部分被氧化分解,最后生成二氧化碳和水,并释放出能量;一部分被肌肉和肝等组织、细胞利用,生成能量物质——糖原暂时储备;一部分通过其他代谢途径合成脂肪和某些氨基酸,这也是人体多食糖类易发胖的原因之一。糖类在氧化过程中需要多种维生素和金属离子作为辅酶,如维生素 B_1、维生素 B_2、维生素 PP 及铁、镁、锰等,这些物质严重缺乏时,可造成糖类代谢障碍,糖类代谢还受机体的摄氧量、代谢中间产物、激素和神经体液调节等多种因素的影响。

在增强肌力的健身过程中,糖类是重要的能源物质。一般通过力量训练的方法增强肌力,而力量训练主要是通过糖酵解和有氧氧化来进行供能。运动时物质代谢释放的能量大部分用于肌肉收缩,运动后则主要用于合成代谢或离子的转运过程。锻炼肌力时主要依赖糖酵解进行供能,常常会出现乳酸的堆积,长时间的乳酸堆积会产生肌肉酸痛等症状。所以,对运动负荷强度的选择要循序渐进,适当延长恢复时间,以使乳酸代谢加快。此外,如果体内糖含量过多,会有一部分通过其他代谢途径转化成脂肪,因此在健身过程中,为了减少脂肪含量,一定要注意控制糖类的摄入量,既不能过多而转化成脂肪,也不能太低而影响正常的供能。

(二)增强肌力健身人群的脂肪代谢

脂肪的主要成分是甘油三酯。在不同场所的脂肪酶作用下,甘油三酯被水解成脂肪酸和甘油,甘油和脂肪酸进入人体后,大部分又再重新被合成为脂肪,其余部分则以磷脂化合物等形式被机体利用。体内脂肪的主要作用:① 参与构成组织成分,如磷脂参与细胞膜的构成;② 贮存在皮下等部位;③ 被各种腺体利用,生成各自的特殊分泌物;④ 再次被氧化分解生成二氧化碳和水,并释放出能量;⑤ 转变为肝糖原。

参加增强肌力健身的人群,有一部分人是由于体脂超标,这部分人群就要特别控制脂肪的摄入量,增加脂肪的利用率。在健身过程中,增加肌力往往和减少脂肪联系在一起,要减少脂肪含量,可以通过减少脂肪的摄入、提高脂肪的利用率来实现。一般来说,运动强度越小,运动时间越长,依靠脂肪氧化供能占人体总能量代谢的百分率就越高。

还有一部分人群是由于自我感觉瘦弱而选择增强肌力的,这时要注意脂肪的摄入量,既要保证能量的供给,也不能摄入过多而造成脂肪堆积。

(三)增强肌力健身人群的蛋白质代谢

生物体内的各种蛋白质更新,包括蛋白质的分解代谢和合成代谢,前者是指蛋白质分解为氨基酸及氨基酸继续分解为含氮的代谢产物、二氧化碳和水,并释放出能量的过程。蛋白质的合成是一系列十分复杂的过程,几乎涉及细胞内所有种类的 RNA 和几十种蛋白因子。蛋白质合成的场所在核糖体内,合成的基本原料为氨基酸,合成反应所需的能量由 ATP 和 GTP 提供。体内蛋白质的合成受多种因素的调控。机体蛋白质是一个动态平衡体系,儿童、青少年机体蛋白质合成率大于降解率,成年人两个过程的速率相等;蛋白质摄入严重不足的人群,体内蛋白质分解率则大于合成率。不同的组织器官,蛋白质合成和降解的速率不一样。

氨基酸进入人体后,一是被利用来合成组织细胞中的各种蛋白质,二是通过代谢转变成其他氨基酸或合成糖类和脂肪,三是通过分解代谢转变成尿素或氧化分解成二氧化碳和水,并释放出能量。

参加增强肌力健身的人群,健身的主要目的之一就是要增加机体蛋白质的含量,所以增加蛋白质的摄入量是关键,重点是补充优质蛋白质,促进机体蛋白质的合成率大于降解率。同时,要避免蛋白质的过度代谢。

(四)增强肌力健身人群的水、无机盐和维生素代谢

任何生物体都离不开水,水是机体进行生化反应的介质。水在人体内,构成体液,维持电解质平衡,并且能够调节体温、润滑关节、维持长时间的运动。无机盐对维持机体渗透压和体液的酸碱平衡,以及神经肌肉的兴奋性起着重要的作用。维生素是维持人体正常代谢和功能所必需的有机化合物,对能量的代谢也起到一定的调节作用。通过健身锻炼排出的体液,带走了大量的水、维生素和无机盐,如果不及时补充,会导致体内代谢紊乱、酸碱失衡,对机体造成不利的影响。因此,参加增强肌力健身的人群,根据不同年龄和运动强度及时补充水、无机盐和维生素,是增强肌力效果和维护机体健康水平不可忽视的重要措施之一。

二、增强肌力健身人群的膳食营养安排

增强肌力健身人群的膳食营养安排应首先考虑个人的健康状况,如果有肾病或是其他健康问题,应先接受医生的建议,再从根本上改变饮食。为了获得肌肉块的增长,应该寻求最巧妙、最科学和最健康的方法——既可获得坚实的肌肉和增加的肌力,又不会使机体皮下脂肪增加。

(一)增强肌力健身人群的膳食营养安排原则

中国营养学会推荐的蛋白质营养标准成年人为 $70\ g/d$,相当于每千克体重每天 $1\sim1.2\ g$。婴幼儿与儿童因生长发育需要,应增至每千克体重每天 $2\sim4\ g$。若没有适宜的营养,任何锻炼都是无效的。因此,增强肌力健身人群的膳食营养安排要遵循以下原则。

(1) 补充足够的热能:肌肉生长是要消耗能量的,没有足够的热量,就不可能保证肌肉的正常生长。

(2) 补充足够的糖类:增强肌力锻炼时所需的能量主要由糖原提供,摄入的糖类可以补充糖原、供给能量,并防止锻炼造成的肌肉分解。

(3) 补充优质蛋白质原料:蛋白质是肌肉构成的基石,也是肌肉生长的基础。因此,每天必须摄入优质蛋白质以构建肌肉。

(4) 促进合成,减少分解:当肌肉的合成大于分解时,肌肉增长;反之则缩小。因此,增强肌力人群要注意抗肌肉分解,促进蛋白质合成。

(5) 保持适宜激素水平:人体内的生长激素、胰岛素和睾酮对肌肉蛋白质的合成至关重要。通过饮食与营养补充品可调控激素水平,刺激肌肉的生长。

(二) 增强肌力健身人群的膳食营养安排措施

1. 膳食比例与组成安排

增强肌力的健身人群采用"日食 5 餐法"较为合适。5 餐总和达到每日应摄取的热量之和。5 餐的比例为早餐占全天总量的 20%,上午加餐占 10%,午餐占 30%,下午加餐占 10%,晚餐占 30%。每日食谱配备组成为适度的优质蛋白质、较低含量的脂肪加高含量的糖类。其中蛋白质、糖类和脂肪三种主要营养素的比例应为 3∶2∶1。馒头、面条和米饭等主食及山芋、燕麦和土豆等的糖类含量较高,是增强肌力健身人群的首选食物。

增强肌力必须通过"超负荷"锻炼引起肌肉的超量恢复,使肌纤维增粗、肌肉体积增大。肌肉除去水分,80% 的成分是由蛋白质构成的,蛋白质是肌肉增长最重要的营养源。因此,要增加肌肉,就必须补充优质蛋白质。但也不是蛋白质吃得越多越好,肌肉的形成和"运动—补充营养—休息"的关系密切。只摄取高蛋白食品或一味地进行肌肉锻炼,并不能取得增强肌肉的良好效果。所以要有合理的营养补充和适当的肌肉锻炼。事实证明,在进行间歇性的力量训练前提下,有适宜的蛋白质营养支持才能使肌肉增长。增强肌力健身人群的蛋白质摄入应以非脂食品或低脂食品为主,如脱脂牛奶、蛋清、鱼、去皮家禽和牛排等。适量摄入必需脂肪酸,既可满足机体需要,又不会增加心血管疾病的发生概率。

2. 多吃碱性食物

正常人的体液呈弱碱性,健身运动后体内的糖、脂肪和蛋白质等营养物质被大量分解,产生乳酸、磷酸等酸性物质,使人感到肌肉和关节酸胀,精神疲乏。此时应食用蔬菜、甘薯、柑橘和苹果之类的碱性食物,保持体内酸碱度的基本平衡,以尽快消除运动带来的疲劳。除了蔬菜水果之类的碱性食物,还可以补充多种必需的维生素,以补充机体代谢和出汗时维生素的损失,满足增加肌力健身运动的需要。

3. 合理使用营养补充剂

使用营养补充剂能够快捷、方便和高效地为机体提供各种营养素,促进肌肉生长和疲劳恢复。对增强肌力的健身人群,不推荐在早期使用更多的营养补充剂;当运动锻炼的量和强度达到一定程度后,可适当使用一些营养补充剂。

1) 肌酸

肌酸是在肉类和鱼类食品中存在的一种天然营养物质,正常人体中也含有。由肌酸和磷酸共同合成的磷酸肌酸是人体内主要的能量物质之一。正常人肌酸的日需要量为 2~3 g,其中一半从食物中获得,另一半可由精氨酸、甘氨酸和蛋氨酸在人体肝、肾和胰腺中合成。关于肌酸对运动能力影响的研究较多,补充肌酸可提高运动能力,促进训练后机体的疲劳恢复。有研究报道,每天服用肌酸 20 g 或每千克体重服用 0.3 g,连续补充 4~7 d,肌肉内肌酸和磷酸肌酸的浓度可增加 10%~30%。肌酸能增加锻炼者瘦体重以及肌肉的爆发力和耐久力,同时,肌酸把水带进肌肉,使得肌细胞的体积增大,有利于肌细胞吸收氨基酸。当肌酸和糖同时使用时,瘦体重和力量的增加效果更明显。因此,对于初级锻炼者来说,服用含有配比糖的肌酸比服用单纯肌酸更为有效。

2) 乳清蛋白

乳清蛋白是从牛奶中提取的蛋白质,富含各种游离氨基酸和易于吸收的蛋白质,其生物价是 100,是所有蛋白质中最高的。乳清蛋白中脂肪含量很少,富含支链氨基酸和谷氨酰胺,同时还含有乳铁转运蛋白,它不仅容易消化,而且代谢率高,有效利用率高,水解以后吸收快,在几分钟内氮可在肌肉内达到峰值,并可提供大量的必需氨基酸,是锻炼后最佳的蛋白质补充剂,可以快速填充肌肉细胞。在一般的锻炼期间,乳清蛋白补充量维持在每天 20 g 左右。许多研究认为,增强肌力的人群需要增加饮食中蛋白质的摄入量,应该每千克体重每天摄入蛋白质 1.3~1.8 g。国际运动营养食品学会建议,对于那些想增加肌肉体积的人来讲,每天蛋白质的摄入量每千克体重为 1.5~2.0 g。

3) 大豆蛋白

大豆蛋白是植物蛋白中唯一的完全蛋白质,虽然吸收利用率要比乳清蛋白低,但是对女性锻炼者非常有好处。经过浓缩加工的大豆蛋白粉中蛋白质含量较高,有些大豆蛋白粉产品的蛋白含量可以高达 80% 以上,是一种良好的蛋白质补充剂。

4) 增重粉和增肌粉

增重粉和增肌粉是一类高热量的营养补充品,其主要成分包括糖类、蛋白质、各种维生素和微量元素,有的还添加有肌酸、谷氨酰胺、支链氨基酸、肉碱和甲基铬等,可最大限度地补充运动锻炼时所需的各种营养素。目前认为,凡是蛋白质含量在 33% 以上的属于增肌粉,33% 以下的是增重粉。

5) 谷氨酰胺

谷氨酰胺能够增加肌细胞体积,刺激肌蛋白和糖原的合成。因此,运动前或运动后补充谷氨酰胺(6~10 g)可促进蛋白质合成,从而获得更大的肌肉体积和力量。

6) 肌力皂苷

研究表明,从刺蒺藜中提取出的肌力皂苷能够有效地刺激人体垂体促性腺激素的分泌,进而促进人体内原睾酮的分泌,提高血睾酮的水平,并对增加肌肉体积、围度、饱满度及肌肉力量有重要作用。

此外,还有牛磺酸等一些氨基酸的补充也对增强肌力起着重要的作用。

三、增强肌力健身人群的膳食营养策略及误区

(一) 增强肌力健身人群的膳食营养策略

在增强肌力锻炼时,除了制订科学、规律的健身计划之外,膳食营养在达到锻炼目的的过程中也起到非常关键的作用。

1. 根据运动水平、性别调整膳食营养

初级锻炼人群糖类的摄入量,一般女性每千克体重每天摄入 2~2.5 g,男性每千克体重每天摄入 2.5~3.5 g。为了最大限度地利用锻炼后合成代谢的机会,最好把每天糖类总量的 25% 安排在锻炼后立即食用。锻炼后按 3∶1 的比例摄入复合糖类和简单糖类,将有利于

胰岛素快速而持久地释放,并可避免低血糖的发生。锻炼后的一餐应避免食用较难消化的蛋白质食物,如鸡肉、牛肉等,而应选择牛奶、鸡蛋等容易消化的高蛋白食物,目的是提供充足的氨基酸给肌肉,作为肌肉生长的原料。锻炼达到一定水平之后,为了取得更加理想的增加肌力的效果,有必要服用运动补充剂。为了达到增加肌力的目的,最好选用乳清蛋白。蛋白粉在锻炼后 30 min 内补充效果最佳。注意,由于蛋白粉摄入过多会增加肾的负担,所以它的摄入量应根据运动强度而定,一定不要服用过量。另外,有肾病的健身者应咨询医生是否可以服用蛋白粉。

2. 高蛋白晚餐

发达的肌肉可通过有规律的负重训练、高蛋白饮食以及睡眠来获得。日本营养学家发现,促进肌肉生长的生长激素是在人睡眠时分泌的,生长激素能将血液中的氨基酸导向肌肉组织,使其造出新的肌细胞并修复损伤的肌细胞。因此,在晚餐中适当增加高蛋白食品,有助于肌肉更有效地生长。

3. 锻炼后进食高蛋白食品

负重锻炼后,生长激素分泌大约能维持 2 h,饭后的 1~2 h 又是蛋白质吸收的高峰阶段,所以,训练后进食高蛋白食品更有利于肌肉生长。

4. 采用多餐制

每日多餐,特别是锻炼后适当补充营养物质,能够及时补充所需营养,提高新陈代谢率。应根据锻炼阶段的改变,对饮食结构和餐次做不同程度的调整。合理摄入蛋白质、重视糖类的补充等一系列措施,是增加肌力的关键要素。

5. 不空腹吃甜食

从理论上来讲,人吃甜食以后,体内血糖浓度就会升高。这时,机体会释放出胰岛素使血糖转变为糖原,从而使血糖恢复正常。若空腹吃甜食,则会使胰岛素过度释放,使血糖快速下降,甚至形成低血糖,从而迫使机体释放肾上腺素,以便使血糖恢复正常。

此外,不少体型比较瘦弱的增肌者,为了使自己的肌肉迅速长起来,喜欢加餐。建议可在每次锻炼前的 0.5~1 h 吃蛋糕、香蕉等食品,以保证锻炼过程中的能量供应。其次,要抓住每次锻炼结束后 30 min 内这段营养补充的"黄金时期"(这段时间是肌肉合成最旺盛的时期),补充 1~2 个鸡蛋或 1 勺蛋白粉,有助于受伤肌肉和组织的修复、重建及肌肉酸痛等症状的减轻。

6. 增强肌力健身人群的一日膳食营养安排

增强肌力健身人群的一日膳食营养安排如表 8-1 所示。

表 8-1　增强肌力健身人群的一日膳食营养安排(以 75 kg 体重为例)

三餐名称	食物名称	进食量
早餐	全麦切片面包或馒头	5 片或 2 个
	牛奶	1 盒(500 mL)
	蛋清	3 个
	鸡蛋	1 个

续表

三餐名称	食物名称	进食量
午餐	米饭或馒头	250 g
	蔬菜	1份
	鸡胸肉或鱼肉或牛肉	200 g
	桃子或苹果或香蕉	1个
	牛奶	500 mL
	左旋肉碱	0.5 g
中加餐	运动饮料	500 mL（运动前及运动中、运动后）
	乳清蛋白	25 g（运动后即刻服用）
	肌酸	5 g（运动后即刻服用）
晚餐	米饭或面条	200 g
	蔬菜	1份
	鸡胸肉或鱼肉或牛肉	200 g
	桃子或苹果或香蕉	1个
	牛奶	500 mL

注意：还要根据个人工作强度、运动情况和身体状况进行调整。如果个体患有疾病，应遵医嘱。

（二）增强肌力健身人群的膳食营养误区

1. 不用自己准备膳食

要增强肌力，必须自己准备膳食，依赖食堂或快餐店是无法满足增强肌力健身人群的少食多餐和营养丰富的进食需求的。

2. 不用做营养记录

制定一份营养记录表，记录什么食物有效，吃下后的肌肉感觉等是非常必要的。以后就可根据以往的资料对食物做出调整，使营养摄取达到最佳状态。

3. 饮水多少无关紧要

水参与全身的新陈代谢，可使微血管保持清洁、畅通，通过清洗细胞使肌细胞得到再生。补水量可按锻炼前后的体重差值补充。

4. 多吃肉有助于肌肉的生长

有些增强肌力的健身人群认为，多吃肉有助于肌肉生长，但事实上并非完全如此。为了满足肌肉的生长，蛋白质的摄取量每千克体重需要达到1.6～2 g，但如果单靠吃肉来获取，有可能摄入过量脂肪。所以，在日常膳食中应选择脂肪含量低的肉类食物，如去皮的鸡胸肉、牛肉和鱼肉等肉类，鸡蛋白也是不错的选择。蔬菜和水果对增肌者来说也是必不可少的,因为其中蕴含丰富的维生素和矿物质,如硼、锌和维生素 C,具有促进睾酮分泌的作用,而睾酮有利于促进肌肉生长,充足的蔬果补充往往能使增加肌力达到事半功倍的效果。此外,蔬菜和水果中富含的番茄红素、维生素 C、维生素 E 等具有很好的抗氧化作用,能有效清除体内因力量训练堆积的氧化物质,促进疲劳恢复。

第三节 减少脂肪健身人群的合理营养

减少脂肪健身人群的锻炼目的主要在于调节代谢功能,增强脂肪消耗,促进脂肪分解。人体在运动时,大量肌肉参加活动,而肌肉的运动需要消耗大量的热能,其能量来源主要是脂肪和糖类。大量的研究表明,理想而有效减少脂肪的方法是适量运动、适当控制饮食和生活方式的改变。

一、减少脂肪健身人群的物质代谢特点及营养需求

减少脂肪健身人群中比例较大的是肥胖人群。肥胖是体内某些物质过剩、滞留、堆积(过多的体脂肪)的现象或症状的总称。肥胖按发病原因分为单纯性肥胖和继发性肥胖,按体型分为苹果形肥胖和梨形肥胖,按脂肪细胞情况分为脂肪细胞增大型肥胖和脂肪细胞增殖型肥胖。肥胖的主要成因是食物摄入与能量消耗间的失衡,致使能源物质在体内大量堆积,转化为脂肪并在体内积累。随着生活方式的变化,肥胖人群呈逐年增加的趋势,尤其是以腹部脂肪堆积为主的中心型肥胖症,已经成为现代"文明病"之一。实践表明,增加运动、改善营养结构和生活习惯是最健康有效的减肥方法。特别是系统的有氧运动,是增加能量消耗和脂肪分解的有效途径。同时,运动还可以改变激素调节和影响肥胖基因的表达。

(一)健身运动减少脂肪的生物学机制

正常人体组织中脂类占体重的 14%~19%,主要分布于皮下及内脏器官周围,绝大多数以甘油三酯的形式贮存于脂肪组织中。脂肪大部分从食物中摄取,食物中的糖类、蛋白质摄过多时也会转变为脂肪进行贮存。研究证实,肥胖基因仅在脂肪组织中表达,其基因产物为瘦素,瘦素是控制体重稳定和能量平衡的关键因素。瘦素在脂肪细胞内合成分泌入血,通过血脑屏障作用于中枢神经系统,抑制食物摄入,增加机体产热,最终起到减肥降脂的作用。

在运动强度低于 70% 最大摄氧量,持续运动时间分别为 40 min、90 min、180 min 和 240 min 时,脂肪供能占总耗能的比例分别为 37%、37%、50% 和 62%。运动时,交感肾上腺素能系统地活性提高,糖皮质激素分泌增多,血浆糖皮质激素浓度升高,糖皮质激素能抑制胰岛素分泌,使血浆胰岛素浓度降低。当运动强度达到 50%~70% 摄氧量时,交感肾上腺素系统兴奋性能明显提高,血浆肾上腺素和去甲肾上腺素浓度也显著增加,机体一方面通过刺激肾上腺素能 α 受体,提高激素敏感脂肪酶的活性,加强脂肪动员和脂肪分解以满足机

体运动时能量消耗增加的需要;另一方面通过降低血浆胰岛素浓度来减弱血浆胰岛素的抗脂解作用而增加脂肪分解供能。血浆胰岛素、糖皮质激素及交感-肾上腺素能系统地活动,影响肥胖基因的表达,促进瘦素的合成,从而更有效地起到减肥降脂的作用。

胰岛素在能量平衡和体重调节方面起重要作用。长期外周使用胰岛素将导致体脂增加,而中枢(脑室)微量使用胰岛素却有抑制食欲、减少摄食、增加产热、降低体重的作用。实验证实,系统的有氧运动可使脑脊液及下丘脑胰岛素水平明显增高。有氧运动能促进脑组织神经元合成并释放胰岛素,脑脊液胰岛素浓度增高与下丘脑胰岛素含量增高有关。由于脑脊液胰岛素有减少摄食、减轻体重、提高机体产热量、增加能量消耗的作用,所以运动减肥与运动所致的脑脊液胰岛素含量增加有关,脑脊液胰岛素水平升高在运动减肥的过程中起重要作用。

(二) 减少脂肪健身人群的物质代谢特点及营养需求

运动强度低于70%最大摄氧量的长时间有氧活动,可提高脂肪酶活性,并增加血浆脂蛋白的转运。在长时间运动过程中,肌组织内甘油三酯供能占总耗能的25%,血浆游离脂肪酸供能占75%,有氧运动能增加血浆游离脂肪酸的浓度,使脂肪供能比例增加,从而减少体脂的贮量。

低强度运动时,心肌和骨骼肌组织中的脂肪酸可完全氧化,生成二氧化碳和水,这时运动能耗主要是脂肪供能。运动性减脂主要是通过脂肪组织中的脂肪分解来实现的,运动时脂肪细胞内的甘油三酯经脂肪酶的催化水解产生脂肪酸,约1/3释放入血液中,2/3经再脂化生成甘油三酯;血浆甘油三酯在脂蛋白脂肪酶(LPL)的催化下水解成甘油和游离脂肪酸;肌内脂肪滴的甘油三酯经LPL催化水解成脂肪酸,脂肪酸进入线粒体氧化供能。

长时间、中低强度的有氧运动可使体内甘油三酯和低密度脂蛋白胆固醇减少,而高密度脂蛋白胆固醇增高,同时可以改善体内脂肪代谢酶的活性,提高体内脂肪的利用率。有研究显示,70%最大摄氧量强度的长时间运动时,脂肪酸供能的75%来自肌内脂肪,25%来自血浆游离脂肪酸;在超长距离运动后肌内脂肪量下降75%,脂肪酸供能占总耗能的50%,其中肌内脂肪酸占25%,而血浆游离脂肪酸占75%。一般来说,运动员的体脂百分数较普通人群显著降低,进行长期低强度运动实验后人体的体脂百分数有明显下降趋势。所以,运动减脂从营养供应的角度来讲是利用中、低等强度的长时间有氧运动造成人体中脂类供应负平衡,充分动用体内脂肪分解供能,使体脂下降。

人体在运动时,由于三大供能系统的输出功率、供能顺序以及供能比例不同,所以相对于不同的运动其贡献率也不一样。运动开始时糖酵解和磷酸肌酸系统供能占主要部分,有氧氧化供能较少,30 min以后主要由有氧氧化供能。有氧氧化所消耗的原料主要来自糖、脂肪和蛋白质三大营养物质。一般来说,运动强度较小时,持续时间越长,依靠脂肪氧化供能占人体总能量代谢的百分率越高。有资料表明,脂肪和糖类在中低强度、长时间运动中供能比例呈反比关系。人体以50%摄氧量在持续4 h运动中脂肪和糖类的供能比例分别是87%和13%,脂肪供能比例和氧化速率都随时间增长而逐渐增大,其原因为有氧运动造成机体热量负平衡,通过中枢神经的刺激,加速脂肪酸分解产生ATP,以适应热量消耗的需要;同时,运动时肌肉对游离脂肪酸的摄取和利用增加,促使脂肪细胞分解予以补充。

二、减少脂肪健身人群的膳食营养安排

(一) 减少脂肪健身人群的膳食营养安排原则

在减少脂肪健身锻炼期间,控制饮食十分重要。有的人为了减少脂肪健身锻炼很刻苦,但锻炼结束后不控制饮食,摄入的总热量大于运动消耗时的热量,非但不能减脂,体重反而会上升。所以,在艰苦锻炼的同时应该按照一定的饮食原则,给自己制订出一套适合自己的饮食计划。

(1) 热量摄入:不锻炼的当天,最低摄入量为1 500 kJ。锻炼当天,总热量的摄入量不要超过2 000 kJ。

(2) 营养成分比例:脂肪占总能量的15%～20%,蛋白质占总能量的10%～25%,糖类占总能量的55%～70%。每天做到少食多餐,5～7餐,减少体内脂肪堆积的可能。

(3) 不要依靠节食来减体重:相反,节食会消耗掉更多的肌肉,降低代谢水平。应尽量减少吃零食,特别是热量高的甜品。

(4) 大量饮水:如果运动前感到饥饿,可选择吃含高水分的水果(苹果或橙)。晚上9时以后,如果感到饥饿只能喝水,不能吃任何食物。

(5) 最好不要饮酒:酒精热量高,一般的运动很难消耗掉。

(6) 选择自己喜欢的且热量低的食物:将自己喜欢的且热量低的食物加入饮食计划中,这样可以更容易坚持进行饮食计划。

坚持减少脂肪健身的膳食营养安排原则,加上专业的有氧运动锻炼,还必须持之以恒。经过半年到一年时间,会达到自己满意的效果。

(二) 减少脂肪健身人群的膳食营养安排措施

1. 保持热量摄入的负平衡

膳食提供的能量必须低于机体实际消耗的能量,以造成能量的负平衡,促使长期积蓄的能量被代谢掉,使体重恢复到正常水平,这是减脂的前提。

2. 安排好三餐的饮食量与饮食结构

早、中、晚三餐的比例各占到总食量的30%、40%、30%,尤其晚饭不要过量摄入食物。作为减少脂肪者,其膳食应降低脂肪和糖类的比值,提高蛋白质比例,使得糖类、脂肪和蛋白质三大供能物质比例适当。

3. 合理选择食物与烹调方法

少吃高糖、高脂肪和高热量的食物。按照中国营养协会推荐的食物金字塔,成年人在一天中食物的摄入比例为:五谷杂粮300～500 g,各种蔬菜400～500 g,各种水果100～200 g,豆制品50 g,奶100 g,蛋1～2个,各种鱼肉125～200 g,油脂等调味品<25 g;而减少脂肪者在此基础上要相对减少谷类和饱和脂肪酸油脂类的摄入量。少吃或不吃油炸食品;炒制菜肴时选择含不饱和脂肪酸高的油类并尽可能少放;菜炒好后先用干净餐巾纸蒙在菜肴上,将菜肴表面上多余的油吸去后再食用;尽量用煮、炖、蒸代替炸、煎、炒的烹饪方法。

4. 饮食上需要注意的一些问题

(1) 摄入一定量的糖类:当糖类摄入不足时会使得脂肪酸不会被彻底氧化分解,反而对减少脂肪不利,因此,在减少脂肪节食的过程中不可过分限制糖类的摄入。

(2) 限制酒精的摄入:酒精热量相当高,会转化成脂肪堆积在体内,造成啤酒肚、脂肪肝、脂肪心。

(3) 多吃奶和豆制品:脱脂牛奶和豆腐是含水量多、高蛋白、低脂肪并含有丰富钙质的减脂食品,可以补充身体所需的蛋白质,其中的钙质还能促进脂肪的分解。

(4) 膳食中不能缺少蔬菜水果:芹菜、韭菜、南瓜、苹果和西瓜等蔬菜水果中的蛋白质和糖类不易转变为脂肪,尤其是蔬菜中不含多余糖分,其中的纤维素还能阻止脂肪成分的吸收,减少脂肪堆积;蔬菜水果中富含的维生素 C、B 族维生素和叶酸等,可以补充减肥期间节制饮食引起的维生素摄入的不足。

(5) 尽可能多地喝水:水分可以起到促进脂肪分解和毒素代谢的作用。另外,饭前 20 min 喝 1 杯温水,可以抑制过强的食欲。

(6) 经常饮茶:茶叶中含有多种维生素、酚类和微量元素,可促进脂肪分解。

5. 合理使用减脂营养品

1) 左旋肉碱

左旋肉碱是一种氨基酸衍生物,与脂肪代谢密切相关,主要功能是转运长链脂肪酸通过线粒体内膜进入线粒体基质进行 β 氧化供能。红肉及动物产品是其主要食物来源,但一般人只能从膳食中吸收 50 mg。在减少脂肪的运动过程中,建议每日摄入量不应少于 250 mg,因此,有必要补充一些左旋肉碱,以达到加速消耗体脂的效果。

2) 膳食纤维

膳食纤维是食物中一类不被人体分解、不可消化、不提供热量的成分,在胃中能够吸水膨胀,增加饱腹感,对抗饥饿感,减少食欲,还能延缓糖的吸收。减少脂肪期间仅仅通过饮食增加膳食纤维摄入量是不够的,所以有必要额外进行补充。魔芋中膳食纤维含量相当高,可以选择魔芋类产品,并配合饮水以产生饱腹感来节制食欲。

3) 多种维生素

减少脂肪期间,限制饮食会导致维生素 A、维生素 C、B 族维生素和维生素 E 等的摄入不足,且减少脂肪的运动使身体代谢水平提高,消耗的维生素量上升,运动出汗也使一些维生素随汗液排出体外,造成维生素缺乏。食用复合维生素补充剂可满足减少脂肪期间人体的需要。另外,维生素 E 和番茄红素还有抗自由基氧化的作用,可以消除减少脂肪运动时产生的大量自由基对机体细胞的损伤。

4) 矿物质及微量元素

钙能显著抑制脂肪的生成,改变分解脂肪的速度。当减少脂肪者进食高钙饮食时,脂肪也会显著减少。营养调查表明,我国人群的钙摄入量普遍不足,仅达到推荐量的一半,因此每天都需要补充钙剂。钙与维生素 D 同用吸收效果更好。通过运动减少脂肪时导致出汗量增加,体内的钠、钾和镁等无机盐也随汗液流失,造成体内电解质紊乱,体力下降,应及时补充含有这些矿物质和微量元素的营养补充品,以满足机体的需要。

6. 减少脂肪健身人群的一日膳食营养安排

减少脂肪健身人群的一日膳食营养安排如表8-2所示。

表8-2 减少脂肪健身人群的一日膳食营养安排

三餐名称	食物名称	进食量
早餐	全麦切片面包	2片
	牛奶	1盒(250 mL)
	苹果或桃子	1个
	鸡蛋	1个
午餐	米饭或馒头	100 g
	蔬菜	1份
	鱼或鸡肉	100 g
	苹果或桃子	1个
	酸奶	125 mL
	左旋肉碱	5粒(运动前0.5 h)
晚餐	米饭或馒头	100 g
	蔬菜	1份
	桃子或苹果	1个(约200 g)
	酸奶	125 mL

注:还要根据个人工作强度、运动情况和身体状况进行调整。如果个体患有疾病,应遵医嘱。

三、减少脂肪健身人群的膳食营养误区

1. 多吃水果减少脂肪

多吃水果帮助消化,水果的好处多得说不完,许多人更是借着吃水果来减肥,认为它好吃、会饱、却不会太过"滋补",水果成了健康、美容、减肥的万灵丹,事实证明是错误的。

2. 吃香蕉蘸蜂蜜可快速减少脂肪

香蕉富含膳食纤维,可以刺激胃肠的蠕动,帮助排便。如果只食香蕉蘸蜂蜜,热量远比正餐低,自然会瘦下来。但这样急速减重,身体往往因为没做好调适而产生不良反应。若长期以香蕉为食,身体缺乏蛋白质和矿物质等各种营养成分,慢慢地身体就会发出危险警报。

3. 以葡萄柚和菠萝代替一餐可以减少脂肪

葡萄柚富含维生素C,糖分也不高,如果仅吃一个葡萄柚来代替一餐,热量当然低,假使其他餐的热量也控制得宜,一段时间后自然会瘦下来。但如果体质较弱,最好先吃几片高纤维苏打饼干,防止因为空腹可能受不了的酸度引发的胃肠疼痛。菠萝富含维生素B_1,能促进新陈代谢,消除疲劳感;丰富的膳食纤维,让消化更顺畅。爱吃菠萝的话,可以在饭后吃一

些,切勿在胃里空空的时候食用,否则很容易被菠萝中的酵素伤害。

4. 持续吃"苹果餐"能减少脂肪

苹果是低热量高营养水果,正因为如此,许多人用苹果来作为减肥餐。苹果和一般餐食比起来,热量低了很多,当然会瘦下来;但长此以往,营养的不均衡会让身体吃不消,而且一旦停下来,体重也会慢慢回升。

5. 单一食物,减少脂肪

每天只吃苹果或者蔬菜等单一食物,误以为这么做可以减少热量摄入、大幅度消耗脂肪,事实上却会反过来令体内营养失衡,损害健康。其实,控制饮食的秘密很大一部分在于"量"上,本来要吃 200 g 饭,现在改成 100 g;本来要吃 2 个馒头,现在改成 1 个;这样就能既享受美味,又不会摄入过多。

6. 不运动仅控制饮食可减少脂肪

每天只是单单控制饮食、限制食量,不做任何运动,只会令肌肉减少,令身体抑制消耗能量。配合适量的运动,可以增加基础新陈代谢,有效减少身体的脂肪。

7. 过分重视体重

不应只看重体重,重要的是身体脂肪是否下降。做桑拿流汗方法要注意,体重下降只是水分流失,与减少身体脂肪无关。

8. 短期内减重太多

千万不要极端地减少热量的摄取。这样会拖垮身体,导致贫血等损害健康的情况。养成均衡营养的饮食习惯,不要过量进食是基本原则。短期内令体重下降的节食方法是不能持久的,反而会引起反作用,导致过量进食。各种资料显示:1 周减体重 1 kg 以上会造成身体负担过度,不可取。

第四节 增加体重健身人群的合理营养

体内脂肪与蛋白质减少,体重下降超过正常标准 20% 时,即称为消瘦。该类人群一般表现为身体瘦高、颈细长、垂肩、胸廓扁平、胸骨剑突下角<90°,皮下脂肪减少,肌肉瘦弱,皮肤松弛和骨骼突出,虽然精力较充沛、完全能胜任学习或工作,但易患各种慢性病。过度消瘦等同于亚健康、营养不良、慢性病。

一、增加体重健身人群的物质代谢特点及营养需求

如果体脂率过低,低于体脂含量的安全下限,即男性<5%、女性<13% 时,就可能引起人体功能失调。

(一)消瘦的类型及特点

1. 脾胃虚弱型消瘦

脾胃虚弱型消瘦分为胃强脾虚型、脾强胃虚型和脾胃双虚型三种。

胃强脾虚型主要表现：多食不胖，饭量正常但长期消瘦，可有家族史或遗传因素；在遗传、内分泌等因素影响下，人体没有器质性疾病，属于无力型体型。

脾强胃虚型主要表现：间断性消瘦，食量不佳，有胃病或无胃病，厌食挑食。

脾胃双虚型主要表现：饭量不佳，厌食挑食，长期消瘦，可有家族史或遗传因素，间断性食欲正常。

2. 病理型消瘦

病理型消瘦包括慢性疾病型和手术型。慢性疾病型消瘦主要表现：患某种慢性疾病（比如慢性肝炎、慢性胃肠疾病、糖尿病、癌症等）后造成长期或间断性消瘦。手术型消瘦主要表现：在做某种手术（比如胃切除、胆囊切除等消化系统手术和脏器移植手术等）后造成长期或间断性消瘦。

3. 精神情绪型消瘦

精神情绪型消瘦主要由于情绪因素所致，多见于精神焦虑、生活不规律、过度劳累、睡眠不足者，身体消耗多于摄入。精神情绪型消瘦还包括神经性厌食，多见于发育期少女；由于患者开始并非厌食，而是由病态心理所支配，为了追求苗条，担心肥胖，主动采取节食或诱发呕吐，或服泻药，或过度运动。临床表现：极度消瘦等症状。

4. 综合型消瘦

综合型消瘦既属于病理型消瘦又属于脾胃虚弱型消瘦，同时具备两种以上症状的患者统称为综合型消瘦。

（二）消瘦人群的体质健康状况与营养学问题

体重过轻的人很容易出现营养不良、疲劳、抑郁、肌肉耗损等，严重的还会出现如内脏下垂、脊柱畸形、免疫力下降、妇女出现子宫脱垂、月经异常、不孕症等；尤其是一些患有慢性病的老年人，会增加并发症的机会。可见，治疗消瘦不容忽视，有效地治疗消瘦对提高我国人口素质有重要的意义。

1. 食物摄入不足

主要因食物缺乏、偏食或喂养不当引起的消瘦，可见于小儿营养不良和佝偻病等。进食或吞咽困难引起的消瘦，常见于口腔溃疡、下颌关节炎、骨髓炎及食管肿瘤等。厌食或食欲减退引起的消瘦，常见于神经性厌食、慢性胃炎、肾上腺皮质功能减退、急慢性感染、尿毒症及恶性肿瘤等。

2. 食物消化、吸收和利用障碍

主要见于慢性胃肠病（常见于胃及十二指肠溃疡、慢性胃炎、胃肠道肿瘤、慢性肠炎、肠结核及克罗恩病等），慢性肝、胆、胰腺病（如慢性肝炎、肝硬化、肝癌、慢性胆道感染、慢性胰腺炎、胆囊和胰腺肿瘤等），内分泌与代谢性疾病（常见于糖尿病等）。另外，久服泻剂或对胃肠有刺激的药物也会影响食物的消化、吸收和利用。

3. 食物需要增加或消耗过多

食物需要增加或消耗过多，如生长、发育、妊娠、哺乳、过劳、甲亢、长期发热、恶性肿瘤、创伤及大手术后等。

(三) 增加体重健身人群的能量需求与分配

增重并不是简单的发胖,增重指的是肌肉组织的增长和皮下脂肪层的必要堆积。人体的重量,大致上是来自于骨骼、肌肉、脂肪、水分以及其他内脏器官,有意义的增重应着重在肌肉、脂肪的比例上增加。

人体健康增重,应该是增"重"而不是增"肥",必须先满足两个条件。

一是,每天必须额外摄入 500 kJ 热量。研究表明,体重无变化时,摄入和消耗的热量是相等的,此时在饮食量和消耗量不变的基础上,额外增加摄入 3 500 kJ 热量,便可增重 1 kg 左右。科学健康的增重方式是将额外增加的 3 500 kJ 热量分配到 1 周内摄取,即每天额外增加摄取 500 kJ 热量,1 周的体重增加数控制在 1 kg 左右。一般而言,年轻人增重每天摄入的热量可达到 2 000~2 800 kJ,老年人每天为 1 600~2 000 kJ 即可。如果一日三餐摄入的热量达不到以上标准,则应采取加餐的方法增加体重。

二是,摄入热量的分配必须科学。人体摄入的热量主要来自蛋白质、糖类和脂肪三大营养素:如果糖类过多脂肪过少,就会加重胃肠负担;如果脂肪过多而糖类过少,则可能引起肥胖症和心脑血管疾病;如果蛋白质过少,就会使生长发育受抑制和机体抵抗力降低。

如果发现自己的体重过轻、身体过瘦,首先要查一下是不是疾病的潜在影响,如甲状腺、肾上腺、消化系统疾病以及糖尿病等,这些疾病都容易造成体重过轻。排除了疾病的原因,才可以实施增加体重的计划。

二、增加体重健身人群的膳食营养安排

增加体重健身人群对蛋白质的需求量取决于运动锻炼的强度、频率、持续时间、目的和肌肉块大小等因素。一般来说,增加体重期蛋白质的需要量每天每千克体重增加到 1.6 g 以上。

(一) 增加体重健身人群的膳食营养及生活方式安排原则

1. 制定合理的饮食制度,改变进餐程序,养成良好的饮食习惯、均衡饮食

一日三餐营养素分配合理,热量分配应该是早餐、中餐、晚餐各占 1/3,如早餐 33%,中餐 34%,晚餐 33%,使体内热量供给均匀。进餐程序为先吃浓度高、营养密度高的食物,再吃其他食物。

一日三餐按时吃,可少量吃点零食,但注意就餐前 1 h 内不宜吃零食,以免影响食欲。如无特殊活动,晚上不宜吃夜宵,也应注意宜吃软而易消化的食物,可选择一些水果,但只能吃七分饱,以利于胃肠消化吸收。不挑食和不偏食,采用均衡饮食及渐进式地增加食量,避免强迫性地供给,破坏食欲。

2. 睡眠充足,睡前需要补充高热量饮食

增加体重健身人群除了夜间睡眠外,若上午进行运动,最好有 2 h 左右的午睡。其目的不仅仅是为了休息,而是为了给生长激素以充足的生成时间。研究表明,所有高强度的运动对肌肉组织都有较大的损害。以往人们只注重修复损伤的肌肉所需要的蛋白质,却忽视了

人体增加这种蛋白质合成所需要的生长激素,生长激素不仅在运动中加速生成,在睡眠时也十分活跃。生长激素需要2 h才能达到高峰,所以午睡时间不能太短;而运动中消耗的肝糖原,一般需要2~3 h才能补足。

对一般健身运动者而言,睡前不主张吃高热量饮食,因多余热量可能转化为脂肪;而增加体重健身人群午睡前的午餐和晚睡前的晚餐,都应摄入足够的营养,如肉、鱼、蛋、乳酪、含铁丰富的瘦肉和花椰菜等,其目的是让损伤的肌肉在睡眠中借生长激素合成肌蛋白时有充足的原料。

3. 调整食物结构,增加能量物质的摄入量,选择适度烹调的食物

按所需的热量调整食物结构,增加主食数量,减少副食数量;多食动物蛋白质(如鱼、肉和蛋),并可多选择淀粉和糖分含量高的食物,还可选择毛芋头、马铃薯、藕、木薯、竹薯、山薯、番薯、荸荠、菱角、慈姑、果汁、果酱、蜂蜜和各种新鲜水果,特别是南方水果,如桂圆、荔枝、杧果、波罗蜜和香蕉等。增加脂肪摄入的数量要以胃肠道能正常消化吸收为标准,不至于引起腹泻等消化不良症状,可适当选用动物性脂肪(如奶油、肥肉、牛油)和动物皮等。

选择经适度烹调(如蒸、炖、卤、炒和煮等)的食物,这些烹调方法能使菜肴原料变得质地软烂,容易消化吸收,避免因油炸、煎、烤等导致食物变得坚硬和不易消化。

4. 保持心情愉快,运动适度,持之以恒

布置良好的进餐环境,集中精神用餐。紧张和焦虑不但影响食欲,胃肠道消化吸收功能也不好。消瘦者要增重而不是增肥,要坚定信心持之以恒,一口吃个胖子的想法是不对的,只有坚定信心做好吃苦准备,科学、有计划和坚持不懈地增重健身才能获得理想和健康的体重。每天应抽出一定的时间来锻炼,这不仅有利于改善食欲,也能使肌肉强壮、体魄健美。

一般来说,大运动量、短时间和快速爆发力的运动都能起到增重效果,主要是用来增加肌肉比例,养成良好的生活习惯,早睡早起,不熬夜。研究表明,每天2 h的激烈运动,比不大运动者每千克体重需要多1.5倍的蛋白质。大量需要增加的蛋白质及其他营养素,不是什么时间补充都行,运动后30 min内进食较为合理。

(二)增加体重健身人群的膳食营养安排措施

在原料选择方面,应注重蛋白质、脂肪和糖类三大营养素的选择和组合比例,维生素、微量元素也要适量。具体的膳食营养安排措施如下。

1. 蛋白质的选择

蛋白质的选择应尽量以完全蛋白质为主,最好选择动物性蛋白质。动物性蛋白质在组成上接近于人体蛋白质,吸收率和利用率比植物性蛋白质高。虽然大豆蛋白质也是完全蛋白质,但是大豆蛋白质含有一定量的大豆异黄酮,它具有类似于女性雌激素的作用,又称为植物雌激素。对于增重者来说,大豆异黄酮会阻碍有助于肌肉增长的雄激素的分泌,不适合增加体重者;而其他种类的植物性蛋白质,由于所含必需氨基酸的种类受限,需要多种组合才可以达到补充蛋白质的目的。

2. 糖类的选择

在糖类的选择上最好侧重于淀粉类多糖。淀粉属高分子化合物,是人们每天的主食,包括大米和面粉，其主要成分经过人体内酶的水解后分解成单糖类。

3. 可适当摄入富含脂肪的食物

想要达到增重的目的，不能只是依赖增长肌肉，一定数量的皮下脂肪和肌间脂肪也是需要的。除了糖原可以转化为脂肪以外，直接摄入富含脂肪的食物，如植物油、核桃和松仁等，可以起到吸收和积累脂肪的作用。出于对人体健康的考虑，建议多摄取富含不饱和脂肪酸的食物，大多数植物油及深海鱼的脂肪不仅能够增重而且具有保健作用。

4. 可适当选择增加体重的药膳方

一般瘦弱者欲增加体重健身，无须求助于药物，只要恰当饮食，用食疗来调补，就能收到良效。体瘦之人，多有阴虚、血亏、津少，故饮食上宜多食甘润生津之品，如牛奶、蜂蜜、鸡蛋、鳖（甲鱼）、海参和银耳等。

常用的食疗方有核桃牛乳饮、蜂蜜饮料、海参膏、龟肉百合红枣汤、甲鱼滋肾羹、参麦甲鱼、银耳鸽蛋、百合鸡子黄汤等。阴虚者往往内心热，体瘦者多见烦躁易怒、口干咽痛和性欲亢进等虚热内生现象，故在滋养的同时，还要注意清虚火，可选食蛤蜊麦门冬汤、菊花肉片等。

增重药膳方举例——山药粥：成分为山药、乳酪、白糖，其制法可分为两种。

一种方法是将鲜山药洗净，捣泥，待大米粥熟时加入拌匀，而后调入乳酪、白糖食用。另一方法是将山药晒干研粉，每次取 30 g，加冷水调匀，置炉上，文火煮熟，不断搅拌，两三沸后取下，调入乳酪、白糖即可食用。山药性味甘平，可补虚羸，长肌肉，润皮毛，为治疗消瘦和美容之妙品。乳酪可养肺润肤，养阴生津。两者合用，可健运脾胃，故用于虚弱体瘦患者效果甚佳。

5. 增加体重健身人群的一日膳食营养安排

增加体重健身人群的一日膳食营养安排如表 8-3 所示。

表 8-3 增加体重健身人群的一日膳食营养安排

三餐名称	食物名称	进食量
早餐	皮蛋瘦肉粥或小米粥	1 碗
	豆浆或米浆、全脂牛奶	500 mL
	水煮蛋	1 个
	葡萄干、核桃、花生、香蕉	150 g
午餐	奇异果	1 个
	优酪乳	1 杯
	米饭或面条	1 碗
	水煮青菜	1 份
	高纤维饼干	1 份
	点心（奶、高纤维饼干、鸡蛋）	1 份

续表

三餐名称	食物名称	进食量
晚餐	鲜榨果汁	1份
	优酪乳	1份
	炒青菜	1份
	瘦肉或鱼肉	1份
	米饭或面条	1碗
	水果(菠萝、木瓜或番茄)	1份
夜宵	果酱、花生酱、奶油、大蒜酱作料,再喝一碗肉汤、牛奶或豆浆,但不要吃得太饱,以免睡不着。	

注意:还要根据个人的工作强度、运动量和身体状况来进行调整。如果个体患有疾病,应遵医嘱。

6. 增加体重健身人群的药物

1)增肥养身丸

主要采用纯天然中草药,含大量健脾开胃、温阳补肾的活性物质和高效易吸收的营养成分,对脾胃有特殊的滋养作用,能全面增强脾胃功能,增进食欲,促进消化吸收,加强脂肪发育,有效改善偏瘦、极瘦、多食不胖、挑食厌食等状况。优点是无副作用,缺点是见效慢,价格昂贵。

2)肌肉生长激素

主要采用西药,通过激素调节,让人体肌肉生长代谢加快,达到增肥的作用,如真肥乐等。优点是见效快、价格低廉,缺点是有副作用。

3)草本增肥丸

主要采用纯天然中草药,通过补充营养、健脾开胃的方法,改善人体瘦弱等问题,优点是无副作用,缺点是见效慢,价格昂贵。

4)营养流质粉

营养流质粉是营养均衡、配比合理、高能量和高密度的全营养素,为健康增重所必需,是专门针对消瘦人群研发的一种膳食营养品,优点是无副作用,增肥效果很好,缺点是见效慢,价格较贵。

服用增肥药应注意,增肥药品多为纯中药制剂,瘦弱者如果吃辛辣食品和泡菜则会降低药效,所以服药期间应少吃辛辣刺激性食物,以免影响药效。

第五节 亚健康健身人群的合理营养

亚健康现在还没有明确的医学指标来诊断,因此易被人们所忽视。一般来说,亚健康人群常伴有失眠、乏力、无食欲、易疲劳、心悸、抵抗力差、易激怒、经常性感冒或口腔溃疡、便秘等。亚健康人群主要集中在压力大、精神负担过重者,脑力劳动繁重、体力劳动负担重者,长期从事简单、机械化工作者(缺少与外界的沟通和刺激),生活无规律者,饮食不平衡、吸烟酗酒者等。

一、亚健康的原因与临床表现

亚健康人群是指其机体器官有功能性改变而无器质性改变,有体征改变但未发现病理改变,生命质量差,长期处于低健康水平的人群。

(一) 造成机体亚健康的原因

(1) 饮食不合理:当机体摄入热量过多或营养缺乏时,都可导致机体营养失调。

(2) 休息不充足:特别是睡眠不足。

(3) 起居无规律、作息不正常:有些青少年,由于沉溺于影视、网络、游戏、跳舞等娱乐活动,以及备考开夜车等,常打乱生活规律。成人有时候也会因为过度娱乐活动(如长时间打牌、打麻将)、看护患者等而影响休息。

(4) 不良情绪:过度紧张,压力太大,体力透支,长期不良情绪影响,特别是IT行业白领人士。

(5) 缺少运动:身体运动不足。

(6) 其他:过量吸烟、酗酒、情绪低落、心理障碍,以及大气污染、长期接触有毒物品,也是导致人体进入亚健康状态的重要原因。

(二) 亚健康的临床表现

亚健康是一种介于疾病和健康之间的状态,处于亚健康状态的人,虽然没有明确的疾病,但却出现精神活力和适应能力下降的情况,如果这种状态不及时纠正,非常容易引起心理和生理疾病,包括心理疾病、胃肠道疾病、高血压、冠心病、癌症、性功能下降等疾病。亚健康常见的症状有倦怠、注意力不集中、心情烦躁、失眠、消化功能不好、食欲不振、腹胀、心悸、胸闷、便秘、腹泻、感觉疲惫,甚至有欲死的感觉;然而体格检查并无器官上的问题。处于亚健康状态的人群,除了疲劳和不适,一般不会有生命危险。但如果碰到高度刺激,如熬夜和发脾气等应激状态下,很容易出现猝死。"过劳死"就是常见的亚健康猝死的一类。"过劳死"是一种综合性疾病,是指在非生理状态下的劳动过程中,人的正常工作规律和生活规律遭到破坏,处于疲劳状态并向过劳状态转移,使血压升高、动脉硬化加剧,进而出现致命的状态。

二、亚健康健身人群的膳食营养安排

(一) 亚健康健身人群的膳食营养和生活方式安排原则

1. 合理膳食、营养均衡

补充维生素和矿物质:人体不能合成维生素和矿物质,而维生素C、B族维生素和铁等对人体尤为重要,因此每天应适当补充;微量元素锌、硒、维生素 B_1 和维生素 B_2 等多种营养素都与人体非特异性免疫功能有关。维生素 A 能促进糖蛋白的合成,细胞膜表面的蛋白主要是糖蛋白,免疫球蛋白也是糖蛋白。维生素 A 摄入不足,呼吸道上皮细胞缺乏抵抗力,易患病。电脑前长期工作的人群维生素 A 消耗多,会出现精神不振、视物模糊等电脑综合征,应多摄入富含维生素 A 的食物(如动物肝、蛋黄、胡萝卜等),最好每天服用一粒维生素 A 胶丸。

2. 多饮水、多喝茶、适量饮酒

喝茶可以减少电脑辐射。每天至少喝三杯水:清晨空腹喝下一杯蜂蜜水,有润喉、清肺、生津、暖胃和滑肠作用;午休以后喝一杯淡淡的清茶,有醒脑提神、润肺生津和解渴利尿的功效;晚上睡觉前喝一杯白开水,能帮助消化、增进循环、增加解毒和排泄能力,加强免疫功能。适当饮酒:每天饮用 20～30 mL 的红葡萄酒,可以将心脏病的发病率降低 75%;过量饮啤酒则会加速心肌衰老,使血液内含铅量增加。

3. 养成吃水果的习惯

上班前吃水果最好,早餐吃一个水果可以补充维生素,还可促进机体的消化功能。吃香蕉可刺激神经系统,对促进大脑的功能大有好处。

4. 多吃碱性食物和可稳定情绪的食物

疲劳后多吃碱性食物,不宜多吃鸡、肉和蛋等,因为疲劳时人体内酸性物质积聚,而肉类食物属于酸性,会加重疲劳感。相反,新鲜蔬菜、水产品等碱性食物能使人迅速恢复体力。多吃可稳定情绪的食物,如钙具有安定情绪的作用,脾气暴躁者应该借助于牛奶、酸奶和奶酪等乳制品,以及鱼、肝和含钙食物来平静心态。当感到心理压力巨大时,人体所消耗的维生素 C 将明显增加。因此,精神紧张者可多吃鲜橙、猕猴桃等,以补充足够的维生素 C。

5. 调整心理状态,及时调整生活规律

亚健康与人的生活习惯有很大关系,因此,在还没有导致疾病发生前就应该注意养成良好的习惯,可以让人们离健康近一些。保持积极、乐观的态度对待压力,把压力看作是生活不可分割的一部分,学会适度减压,以保证健康、良好的心境。及时调整生活规律,劳逸结合,保证充足的睡眠;人体生物钟正常运转是健康的保证,而生物钟"错点"便是亚健康的开始。

6. 增加户外体育锻炼活动

每天保证一定的运动量。现代人热衷于都市生活,忙于事业,身体锻炼的时间越来越少。加强自我锻炼可以提高人体对疾病的抵抗能力,改善亚健康状态。

(二) 亚健康健身人群的膳食营养安排措施

合理的营养是远离亚健康的基础和保障。长时间的过度脑力和体力劳动造成精力、体力的严重透支,及时补充营养有利于身体的恢复;充足的营养可以补充健身过程中消耗的能量、维生素和矿物质等物质。

1. 注意膳食及饮食习惯的调整

必须要重视早餐,提高早餐的质量;饮食上应注意调配,宜清淡,强调以糖类为主,摄入适量优质蛋白质,例如牛奶、鱼类、牛羊肉等,控制高脂肪食物的摄入;除了膳食方面的调整,纠正不良的饮食习惯、合理地补充营养品,对帮助缓解亚健康状况、消除疲劳症状和提高免疫力等也是至关重要的。

2. 补充富含 B 族维生素的食物

富含 B 族维生素的食物,如杂粮、全麦面包、动物内脏和瘦肉等,能够在一定程度上缓解压力;感觉精神紧张、情绪不稳定时补充一些富含维生素 C 和维生素 E 的食物,如酸奶、鲜橙和猕猴桃等,有助于缓解精神紧张的症状。

3. 补充富含钙、镁的食物

补充富含钙、镁的食物,如奶制品、豆制品、香蕉、荞麦和种子类食物等;多吃碱性食物,如新鲜蔬菜和水果等,可以平衡体内酸碱度,缓解疲劳、减轻压力。

4. 日常生活中应多饮水

这是预防一些疾病的基本措施,能帮助消化,增进循环,增加解毒和排泄能力,加强免疫功能。另外,还要注意尽量保证三餐规律,减少应酬,晚上加餐一定要适量。

5. 适当科学补充膳食营养补品

1) 糖类膳食营养补品

健身饮和能量棒:健身饮和能量棒能够为机体快速提供能量,有利于补充血糖,延缓疲劳出现的时间,保证人们在繁忙的生活中具有充沛的体能,促进疲劳的恢复。

2) 蛋白类膳食营养补品

舒缓蛋白:舒缓蛋白中特别添加了舒缓肽。舒缓肽是从牛奶蛋白质内提取的一种生物缩氨酸的天然舒缓蛋白成分,是"牛奶中的钻石",舒缓蛋白对各种压力具有良好的改善作用,缓解焦虑状态、提高免疫力、调节睡眠和改善消化系统功能。

3) 抗氧化类膳食营养补品

番茄红素:番茄红素是类胡萝卜素的一种,属于植物来源的维生素 A。番茄红素是目前发现的功能最强大的抗氧化剂,它的抗氧化活性是维生素 E 的 1 000 倍。每天补充 10 mg 番茄红素,对清除体内自由基、消除疲劳和提高机体免疫力都有明显的促进作用。

6. 亚健康健身人群的一日膳食营养安排

亚健康健身人群的一日膳食营养安排如表 8-4 所示。

表 8-4 亚健康健身人群的一日膳食营养安排

三餐名称	食物名称	进食量
早餐	金银卷	1 个
	牛奶	1 袋
	咸鸭蛋	1 个
	凉拌小菜	1 碟
午餐	米饭	100 g
	姜汁基围虾	150 g

续表

三餐名称	食物名称	进食量
晚餐	醋熘豆芽	1份
	运动前、中、后健身饮	40 g(冲成 400 mL)
	杂面馒头	1个
	蒜蓉油麦菜	1份
	番茄鸡蛋汤	1碗
	苹果	1个
	餐后番茄红素	1粒
睡前 30 min	舒缓蛋白	1杯

注意：还要根据个人的工作强度、运动量和身体状况来进行调整。如果个体患有疾病，应遵医嘱。

(三) 亚健康健身人群的膳食营养策略

随着生活节奏的加快，人们所感受的压力会不断增加，处于亚健康状态者也越来越多，以下几类有针对性调节自身健康状况的饮食，可供选择。

(1) 失眠、烦躁、健忘、记忆、脾气不好时，多吃含钙、磷的食物。如大豆、牛奶(包括酸奶)、鲜橙和牡蛎，菠菜、栗子、葡萄、土豆和禽蛋类。补充维生素 C 及维生素 A，增加饮食中蔬菜、水果的数量，少吃肉类等酸性食物。富含维生素 C 及维生素 A 的食物主要有鲜辣椒、鱼干、竹笋、胡萝卜、红枣、卷心菜等，绿茶中也含有维生素 A，每天喝一杯(加水 2 次)对改善记忆力很有好处。

(2) 神经敏感、眼睛疲劳时，适合吃蒸鱼，但要加点绿叶蔬菜。吃前先躺下休息一会，松弛紧张的情绪，也可喝少量红葡萄酒，帮助胃肠蠕动。午餐可食用鳗鱼、韭菜炒猪肝等，这些食物含有丰富的维生素 A，可缓解视力疲劳。

(3) 机体疲劳时，嚼些花生、杏仁、腰果和核桃仁等干果，它们富含蛋白质、B 族维生素、钙、铁以及植物性脂肪。大脑疲劳时，可吃坚果，如花生、瓜子、核桃、松子、榛子和香榧，对健脑和增强记忆力有效果。

(4) 心理压力过大时，多摄取含维生素 C 的食物，如青菜、菠菜、嫩油菜、芝麻和水果(柑、橘、橙、草莓、杧果、猕猴桃等)。

另外，当一个人处于亚健康状态时，往往会有多种表现，所以在食物选择时，可选两三类，互相搭配，效果会更好。

课后作业

1. 健身运动者合理膳食营养的基本原则是什么？
2. 简述增强肌力健身人群的膳食营养安排原则及措施。
3. 简述减少脂肪健身人群的膳食营养安排原则及措施。

4. 简述增加体重健身人群的膳食营养安排原则及措施。
5. 简述亚健康健身人群的膳食营养安排原则及措施。
6. 简述什么是消瘦。
7. 简述什么是亚健康状态。

第九章 不同健身人群的营养

学习目标
(1) 要求熟悉儿童少年、中老年及女性产后的物质代谢特点；
(2) 掌握儿童少年、中老年及女性产后的物质代谢特点的营养需求。

本章提要
儿童少年、中老年人以及产后女性均为特殊人群，有其阶段性的生理代谢特点，合理安排各个时期的膳食营养可以促进儿童青少年的生长发育，提高老年人的生命质量，促进产后恢复。本章主要介绍儿童青少年、中老年人及产后女性的营养需求和膳食营养安排。

关键术语
均衡营养　产褥期

第一节　儿童、少年健身人群的营养

儿童、少年时期是指由儿童发育至成年人的过渡时期，可以分为 6～12 岁的儿童期和 13～18 岁的少年期。儿童、少年身体正处于迅速发育时期，新陈代谢旺盛，是体格和智力发展的关键时期，这一时期的合理安排营养加以适当的体育锻炼可以更好地提高儿童少年的身体素质。

一、儿童少年的物质代谢特点与营养需求

与正常成人相比，儿童少年时期的营养需要有其显著的特点，儿童少年获得的营养除了维持生命活动、生活与劳动之外，还要满足生长发育的需要。在整个生长发育期间，由于儿童少年体内合成代谢大于分解代谢，需要的能量及各种营养素的量相对比成人高。儿童少年的营养素需要与生理成熟程度密切相关，同年龄男生和女生在儿童时期对营养素需要的差异很小，但在生长突增期开始后出现差异，从出生到 10 岁，大多数营养素的参考摄入量男女生之间很相近，没有性别之分，在 10 岁以后，由于青春期开始的年龄、活动方式、体成分等方面出现性别上的差异，因此男女生的膳食营养素参考摄入量是分开的。

(一) 能量

能量是儿童青少年生长发育的基础。能量摄入不足时，即使蛋白质和维生素摄入很丰富也不能充分发挥其作用，出现体重下降、生长速度减慢、学习能力下降等问题。能量摄入过多，超过了生长发育的需要，则有可能引起肥胖，出现行动不便、体育不达标、心理

障碍等问题,儿童肥胖还是成年后心血管疾病、糖尿病的诱发因素。适宜的能量摄入是儿童青少年身心正常发育的必要条件。儿童少年身体正处在生长发育旺盛的阶段,需要能量较多,摄入的能量应高于消耗的能量以供生长发育,一般来说,婴儿期过后,特别在 10 岁以后的男孩摄入的能量逐渐比女孩高。中国儿童青少年膳食能量的推荐摄入量如表 9-1 所示。

表 9-1 中国儿童青少年膳食能量的推荐摄入量

年龄/岁	平均体重/kg	基础代谢率/(kcal/d)	轻体力活动/(kcal/d)	中度体力活动/(kcal/d)	重度体力活动/(kcal/d)
男					
6	19.8	944	1 479	1 669	1 860
7	22.0	944	1 557	1 758	1 958
8	23.8	1 035	1 621	1 830	2 039
9	26.4	1 094	1 713	1 934	2 155
10	28.8	1 155	1 808	2 041	2 275
11	32.1	1 213	1 809	2 144	2 389
12	35.5	1 272	1 992	2 249	2 506
13～15	42.0	1 368	2 170	2 450	2 730
16～17	54.2	1 600	2 610	2 937	3 345
女					
6	19.8	929	1 407	1 548	1 782
7	22.0	972	1 472	1 619	1 864
8	23.8	1 021	1 547	1 701	1 959
9	26.4	1 080	1 635	1 799	2 072
10	28.8	1 097	1 663	1 829	2 106
11	32.1	1 145	1 735	1 908	2 197
12	35.5	1 200	1 836	2 019	2 325
13～15	42.0	1 263	1 933	2 126	2 448
16～17	54.2	1 335	1 955	2 225	2 495

引自:中国营养学会,中国居民营养素参考摄入量,2000。

(二) 宏量营养素

1. 蛋白质

蛋白质是人体重要的组成部分,一切细胞组织都是由蛋白质参与组成的。儿童青少年发育期间新的细胞增生、组织合成及器官发育都需要蛋白质,它作为机体器官和组织不断新生和修复的原料,是其他任何物质所不能取代的,膳食中蛋白质摄入不足,影响儿童青少年正常的生长发育。儿童少年摄入的蛋白质要高于被分解破坏的蛋白质,对蛋白质和各种氨基酸的需要量比成人高,而且应摄入较多的优质蛋白质。一般来讲,饮食中能提供蛋白质的食物有两种来源:一是动物性的,像肉、奶、蛋等;另一种是植物性的,如豆子、谷类、硬果(如花生、核桃、榛子、瓜子)等。由于我国人民膳食构成以粮谷类为主,大部分蛋白质是从米、面、杂粮中取得的,这些食物中的蛋白质质量较差,不能更好地满足儿童青少年生长发育的需要,因此,儿童青少年平时应当多吃一些动物蛋白,如蛋类、乳类、瘦肉类、动物肝脏以及大豆及豆制品。中国儿童青少年膳食蛋白质的推荐摄入量如表9-2所示。

表9-2 中国儿童青少年膳食蛋白质的推荐摄入量

年龄/岁	推荐摄入量/(g/d)		年龄/岁	推荐摄入量/(g/d)	
	男	女		男	女
6～	55	55	10～	70	65
7～	60	60	11～	75	75
8～	65	65	14～18	85	80

引自:中国营养学会,中国居民营养素参考摄入量,2000。

2. 脂类

脂肪是人体的重要组成部分,是神经细胞、脑、心、肝、肾组织的组成材料,是贮存能量、供给能量的重要物质,能促进四种脂溶性维生素(维生素A、维生素D、维生素E、维生素K)的吸收,供给不饱和脂肪酸。脂肪的主要来源有植物油,如芝麻油、花生油、菜籽油、黄豆油、玉米油、葵花籽油、棉籽油等,这些油中含有较多的必需脂肪酸;动物油,如猪油、牛油和奶油等;其他一些干果如核桃、杏仁等及鱼、肉、禽类中也含有脂肪;蔬菜、水果中脂肪的含量甚少。根据中国营养学会的推荐,儿童青少年的脂肪摄入量为:通过膳食摄入脂肪提供的能量应占每日总能量的25%～30%。

3. 糖类

一般认为,人每天摄入的糖类数量以占全天热量的50%～77%为宜。糖类主要来自植物性食物,如谷类(大米、面粉)、薯类(红薯、马铃薯)、根茎类蔬菜(胡萝卜、藕),以及含淀粉较多的坚果(栗子、菱角);另外,还有食用糖(如绵白糖、白砂糖等)。

(三) 微量营养素

1. 矿物质

1) 钙

儿童少年时期正值生长突增高峰期,为了满足突增高峰期的需要,儿童期(6～10岁)钙的摄入量800 mg/d,青春期(11～18岁)钙的摄入量1 000 mg/d,钙的可耐受最高摄入量为2 000 mg/d。奶和奶制品(酸奶)是钙的重要食物来源,吸收利用率高,此外,小鱼小虾(连骨壳吃)、硬果类、豆类、绿色蔬菜含钙量也较高。

2) 铁

铁是造血的重要原料,铁缺乏除引起贫血外,还可能降低学习能力、免疫力和抗感染能力,青春期女生需要量多于男生需要量。动物血、肝脏及红肉是铁的良好来源,吸收利用率高。豆类、蛋黄、黑木耳、芝麻酱、干果含铁量也较丰富。中国儿童青少年膳食铁的推荐摄入量如表 9-3 所示。

表 9-3 中国儿童青少年膳食铁的推荐摄入量

年龄	AI/(mg/d)	UL/(mg/d)	年龄	AI/(mg/d)	UL/(mg/d)
6～	12	30	7～	12	30
11～			14～18		
男	16	50	男	20	50
女	18	50	女	25	50

引自:中国营养学会,中国居民营养素参考摄入量,2000

3) 锌

锌是许多催化酶的组成成分,促进生长发育和组织再生对儿童少年性器官的正常发育是必需的。儿童缺锌的临床表现是食欲差、味觉迟钝甚至丧失,严重时引起生长迟缓,性发育不良及免疫功能受损。红色肉类、动物内脏、贝壳类海产品、干果类等都是锌的良好来源。中国儿童青少年膳食锌的推荐摄入量如表 9-4 所示。

表 9-4 中国儿童青少年膳食锌的推荐摄入量

年龄	AI/(mg/d)	UL/(mg/d)	年龄	AI/(mg/d)	UL/(mg/d)
6～	12.0	23	7～	13.5	28
11～			14～18		
男	18.0	37	男	19.0	42
女	15.0	34	女	15.5	35

引自:中国营养学会,中国居民营养素参考摄入量,2000。

4) 碘

合成甲状腺素的重要原料,人体必需微量元素。调节机体能量代谢、促进体格发育;从胚胎到出生后 2 岁,脑发育必须依赖于甲状腺激素的存在。儿童少年膳食碘 RNI,6～10 岁为 90 $\mu g/d$,11～13 岁为 120 $\mu g/d$,14～18 岁为 150 $\mu g/d$。含碘的食物来源于海产品,包括海带、紫菜和海鱼等。儿童少年每日摄入碘量如果超过 800 $\mu g/d$,会引起高碘性甲状腺肿,对健康带来危害。

2. 维生素

1) 维生素 A

维生素 A 为人体所必需,不仅可以促进体内组织蛋白的合成,加速儿童生长发育,并能维护夜视功能,防止夜盲症。还可以维护上皮细胞组织,如呼吸道、泌尿道的黏膜及泪腺、唾液腺、汗腺等腺体组织,以及眼角膜及结膜等健康。如果服用过多可能引起中毒。缺乏维生素 A 时,会导致黑暗适应能力降低,发生夜盲症或者上皮组织萎缩,进而角化,皮肤干燥、溃疡,甚至穿孔失明还会增加对化学致癌物的易感性。通常,动物肝脏中含有大量维生素 A。除此之外,蛋黄和牛奶中也含有维生素 A。

中国儿童青少年膳食维生素 A 的推荐摄入量如表 9-5 所示。

表 9-5　中国儿童青少年膳食维生素 A 的推荐摄入量

年　　龄	RNI/(μg/d)	UL/(μg/d)
6～	12	
7～13	700	
14～18		2000
男	800	
女	700	

引自:中国营养学会,中国居民营养素参考摄入量,2000。

2) 维生素 B_1

维生素 B_1 与碳水化合物代谢有关,维持神经系统的正常功能,增进食欲,还可以促进生长发育。身体如果缺乏维生素 B_1,可影响神经组织和心肌的能量供给,引起代谢和功能的紊乱,出现脚气病。患者先感觉缺乏,下肢无力、肌肉酸痛、头痛、失眠、烦躁、食欲减退,逐渐出现周围神经炎。严重者,尤其是儿童青少年可出现"脚气病性心脏病",可能引起急性心力衰竭甚至死亡。维生素 B_1 主要存在于谷皮和胚芽中,所以应该多吃一些粗粮、杂粮。

中国儿童青少年膳食维生素 B_1 推荐摄入量如表 9-6 所示。

表 9-6　中国儿童青少年膳食维生素 B_1 推荐摄入量

年　　龄	RNI/(mg/d)	UL/(mg/d)
6～	0.7	
7～	0.9	
11～13	1.2	50
14～18		
男	1.5	
女	1.2	

引自:中国营养学会,中国居民营养素参考摄入量,2000。

3) 维生素 B_2

维生素 B_2 广泛存在于动植物食物中,如奶类、蛋类、肉类、谷类、蔬菜、水果。维生素 B_2 缺乏早期出现疲倦、乏力、口腔疼痛、眼睛瘙痒等症状,长期缺乏出现唇裂、口角炎、舌炎、皮炎、口腔生殖系综合征。中国儿童青少年膳食维生素 B_2 推荐摄入量如表 9-7 所示。

表 9-7　中国儿童青少年膳食维生素 B_2 推荐摄入量

年　龄	RNI/(mg/d)
6～	0.7
7～	1.0
11～	1.2
14～18	
男	1.5
女	1.2

引自：中国营养学会，中国居民营养素参考摄入量，2000。

4）维生素 C

维生素 C 又称抗坏血酸，广泛存在于蔬菜和水果中，尤其是绿色蔬菜、番茄和酸味水果，如橘子、酸枣、山楂等含量较丰富。维生素 C 是新陈代谢不可缺少的物质，参与细胞间质的生成，维持骨骼、牙齿、肌肉、血管的正常功能，促进伤口愈合，促进抗体的形成，提高蛋白质的吞噬作用，增加身体抵抗力，促进核酸的合成，且有解毒防癌的作用，还能促进肠道中铁的吸收，为治疗贫血病的辅助药物。由于维生素 C 在烹饪加工过程中容易破坏，因此，要供给多些才有利于促进身体的抵抗力和健康，一般成年人每日 70～75 mg。儿童青少年应以体重计算，高于成人。

中国儿童青少年膳食维生素 C 的推荐摄入量如表 9-8 所示。

表 9-8　中国儿童青少年膳食维生素 C 的推荐摄入量

年　龄	RNI/(mg/d)
6～	70
7～	80
11～	90
14～18	100

引自：中国营养学会，中国居民营养素参考摄入量，2000。

二、儿童少年健身人群的膳食营养安排

儿童青少年时期是一个人体格和智力发育的关键时期，也是一个人行为和生活方式形成的重要时期。儿童青少年在青春期生长速度加快，充足的营养摄入可以保证其体格和智力的正常发育，为成人时期乃至一生的健康奠定良好的基础。儿童青少年的膳食指南包括以下四个内容。

(一) 三餐定时定量，保证吃好早餐，避免盲目节食

1. 养成健康的饮食行为

儿童青少年应该建立适应其生理需要的饮食行为，一般为每日三餐，三餐比例要适宜，

早餐提供的能量应占全天总能量的 25%～30%,午餐占 30%～40%,晚餐占 30%～40%。

2. 不吃早餐影响学习和健康

早餐是一天中能量和营养素的重要来源,对人体的营养和健康状况有着重要的影响。每天食用营养充足的早餐可以为儿童青少年提供体格和智力发育所需的能量和各种营养素。不吃早餐或早餐营养不充足,不仅会影响学习成绩和体能,还会影响消化系统的功能,不利于健康。

3. 早餐的营养要充足

早餐应食用种类多样的食物,通过早餐摄取的能量应该充足。谷类食物在人体内能很快转化为葡萄糖,有利于维持血糖稳定,保证大脑活动所需的能量。所以,谷类食物是早餐不可缺少的。合理的早餐应包括牛奶或豆浆,还可加上鸡蛋或豆制品或瘦肉等富含蛋白质的食物。另外,水果和蔬菜的摄入也很有必要。

4. 不要盲目节食

有些儿童青少年为了追求体型完美,有意进行节食。这种做法对儿童青少年的健康成长有着巨大的危害的。严重者会导致神经性厌食症,发生营养不良,引起身体内分泌的改变,还会出现精神症状。因此,儿童青少年不应盲目进行节食减重,必要时可向营养专家或医生咨询。

(二) 吃富含铁和维生素 C 的食物

1. 儿童青少年中缺铁性贫血发生率较高

贫血是世界上最常见的一种营养缺乏病,儿童青少年由于生长迅速,铁需要量增加,女孩加之月经来潮后的生理性铁丢失,更易发生贫血。由于我国膳食中含较多植酸和膳食纤维,影响铁的吸收,且铁的实际利用率也较低,因而引起铁的摄入相对不足。

2. 贫血影响儿童青少年的发育和健康

贫血的症状包括皮肤黏膜苍白、头晕、眼花、耳鸣、心慌、气急等,儿童青少年贫血可影响生长发育,导致活动和劳动耐力降低、机体免疫功能和抗感染能力下降,常常出现食欲减退、厌食、畏寒等症状,容易诱发各种疾病,尤其是感冒、气管炎等上呼吸道感染。即使是轻度的贫血,也会对儿童青少年的生长发育和健康造成不良影响。

3. 积极预防贫血

为了预防贫血,儿童青少年应经常吃含铁丰富的食物,如动物血、肝脏、瘦肉、蛋黄、黑木耳等。维生素 C 可以显著增加膳食中铁的消化吸收率,单独补充维生素 C 可以在一定程度上改善人体的铁营养状况。

(三) 每天进行充足的户外活动

经常参加体育锻炼、减少静态活动时间,可以改善健康状况,促进心理健康并保持健康的体重。为了达到这个目标,每天进行至少 60 min 的运动,也可以通过每天 3～6 次,每次 10 min 的中等强度的短时间锻炼积累,因此应鼓励儿童青少年参与家务劳动。儿童青少年每天进行充足的户外活动,还能够增强体质和耐力,提高机体各部位的柔韧性和协调性,对某些慢性病也有一定的预防作用。此外，户外活动还能接受一定量的紫外线照射，有利于体内维生素 D 的合成，保证骨骼的健康发育。

（四）不抽烟、不饮酒

儿童青少年正处在迅速生长发育阶段，身体各系统、器官还未成熟，神经系统、内分泌功能、免疫机能等尚不十分稳定，对外界不利因素和刺激的抵抗能力都比较差，因而，抽烟和饮酒对儿童青少年的不利影响远远超过成年人。另外，儿童青少年的吸烟和饮酒行为还直接关系到其成人后的行为。因此，儿童青少年应养成不吸烟、不饮酒的好习惯。

三、复习、考试期间膳食营养安排

前营养需求多，营养是体力劳动和脑力劳动的物质基础，平常就应该注意营养，而不是"急来抱佛脚"。复习、考试期间，由于生活和学习节奏较快，大脑活动处于高度紧张的状态，对氧和某些营养素的需求比平时增多。大脑是人体中消耗氧的最大器官，对缺氧非常敏感，当脑细胞活动过度剧烈，或活动时间过长（长时间学习），仍然会有氧气供应不足的表现。这个时候大脑就会从两个方面进行自身调节：一方面通过扩张血管来增加供血量，长时间读书学习会感到头昏脑涨，就是由于脑血管极度扩张的缘故；另一方面，大脑的活动减慢，表现为思维迟钝，甚至强迫休息，表现为打瞌睡。建议不要搞疲劳战术，劳逸结合会提高学习效率，达到事半功倍的效果。除氧耗增加外，大脑对某些营养素如蛋白质、磷脂、碳水化合物、维生素 A、维生素 C、B 族维生素以及铁的消耗也有所增加，因此，要注意多补充这些营养素。

（一）安排好一日三餐

复习、考试期间上午的学习负担很重，血糖是大脑能直接利用的唯一能量。如果不吃早餐或早餐吃得不好，上午第三、四节课时血糖水平降低，就会产生饥饿感，反应迟钝，从而影响学习效率。

早餐要每天吃，而且还要吃好。不吃早餐或早餐凑合，就会影响上午的学习效率。考试期间，吃好早餐，是保证成绩高水平发挥的物质基础。早餐最好包括四类食物：谷类、动物性食物（鸡蛋、肉类）、奶类或豆制品以及蔬菜水果。如果因为某些原因没吃早餐，如孩子过于紧张，没有食欲时，可给孩子带上一块巧克力或一片面包和一瓶牛奶或酸奶，在上午 10 点左右吃。食物的量不宜过多，以免影响午餐的进食。午餐可以选择 2～3 种蔬菜，荤菜可以选择鱼、瘦肉类或是鸡肉，主食要充足，保证足够的能量，注意粗细搭配。另外，再吃点水果。晚餐以清淡为主，可选择粥类，菜可以选择豆制品及蔬菜。

（二）摄入充足的食物

复习考试期间，学习紧张可能会降低食欲，家长应选择孩子平时喜欢吃的食物，不断地变换食物品种花样可增加孩子的食欲。主食要足量，以保证充足的能量供应，并配以如红豆、绿豆、糙米等含有丰富的维生素 B_1 和膳食纤维的粗粮、杂粮。

（三）保证优质蛋白质的摄入

多选用鱼虾、鸡蛋、豆腐、瘦肉、牛奶、豆浆等，这些食物不但含有丰富的优质蛋白质，还含有丰富的钙、铁、维生素 A、维生素 B_2 和维生素 D。鱼、虾、贝类特别是深海鱼富含 DHA，可以提高大脑功能，增强记忆。

（四）每天吃新鲜蔬菜和水果

蔬菜水果中含有丰富的维生素 C 和膳食纤维，维生素 C 既可促进铁在体内的吸收，还可增加脑组织对氧的利用，帮助消化，增加食欲。

（五）清淡饮食

天气炎热加上考生生活节奏快，消化功能下降。饮食应该清淡，不吃或少吃含脂肪高的油炸食品。

（六）注意饮食卫生

在考试复习期间，除了注意膳食还应重视卫生问题，不吃或少吃生冷食品，不在街头小摊吃东西。

此外，要给学生创造轻松愉快的就餐环境，不过分相信和依赖营养品对智力和考试成绩的作用。

第二节 中老年健身人群的营养

人类的衰老是一个不可逆转的发展过程，这个过程受多种因素的影响及制约，出现加速或者减缓的倾向。联合国世界卫生组织经过对全球人体素质和平均寿命进行测定，对年龄的划分标准做出了新的规定。该规定将人的一生分为五个年龄段：44岁以下为青年人，45岁至59岁为中年人，60岁至74岁为年轻的老人，75岁至89岁为老年人，90岁以上为长寿老年人。在中国按年龄划分为四个年龄组，即青年组（29岁以下），中青年组（30～39岁），中年组（40～49岁）和中老年组（50岁以上）。中老年人的营养需求与青壮年有其共同点，也有其特殊性，中老年这一阶段包括了几十岁的年龄跨度，个体差异比其他年龄段的人更为显著。

一、中老年人的生理特点

（一）身体成分及代谢功能的改变

老年人身体水分减少，新陈代谢逐渐减慢，耗热量逐渐降低，摄入的热量高于消耗量，细胞数减少，细胞通透性降低，离子交换能力也下降，骨连结的无机代谢异常最明显，表现为骨质疏松。

老年人糖代谢会产生一系列的变化，比如，老年人糖代谢功能降低，并有患糖尿病的倾向。脂代谢也会产生相应的变化，不饱和脂肪酸形成的脂质过氧化物易积聚，脂质过氧化物非常容易产生自由基，此外血清脂蛋白也是自由基的来源，老年人蛋白质代谢分解速率大于合成速率，人血白蛋白含量下降而球蛋白上升，当蛋白质轻度缺乏时，可出现易疲劳、体重减轻、抵抗力降低等症状,严重缺乏蛋白质时则可引致营养不良性水肿、低蛋白血症及肝、肾功能降低等症状。

(二) 器官功能的改变

老年人的皮肤敏感,对温度的感觉降低,表面反应性减弱,皮肤免疫力下降,再生愈合能力减弱。听力视力减退,视野变得更小,嗅觉不敏感,行动缓慢,步履蹒跚。老年人的鼻软骨弹性下降,支气管黏膜萎缩,弹性组织减少,肺活量降低。心脏增大,心肌细胞纤维化,胶原蛋白增加,淀粉样变性,心肌兴奋性,自律性和传导性降低。牙龈萎缩,牙齿松动,牙釉质较少,牙很容易磨损,易过敏。胃肠道腺体和胃肠道平滑肌纤维萎缩、胃黏膜变薄,肠上皮化生,主细胞减少松弛,胃和结肠扩张,内脏下垂,特别是胃下垂严重。胆囊和胆管壁增厚,胆汁会浓缩。增加胆固醇和胆汁,胆囊结石的发病率增加。肾重量会减轻,肾血流量减少,肾功能衰减而出现少尿、尿素,肌酐清除率下降,稀释功能降低。脑细胞数减少,脑组织开始萎缩。脑细胞的新陈代谢速率下降,脑动脉逐渐硬化,血循环阻力增大。免疫功能与机体衰老呈平行下降,老年人的骨老化,骨内胶质减少或消失,骨内水分增多,碳酸钙减少,骨密度降低等原因造成老年人骨的脆性增加,骨质疏松,易发生骨折、易断,骨质畸形。

与此同时,老年人的对内外环境的适应力也下降了,表现为从事体力活动时易出现心慌气短的现象,并且活动后需要的恢复时间长。老年人对冷、热适应能力减弱,夏季容易中暑,冬季容易感冒。血压容易受环境和情志的影响,波动比较大。

二、中老年人营养需求

(一) 能量

人体摄入的能量主要用于满足维持基础代谢、体力活动和食物特殊动力作用消耗的能量需要。基于中年人的基础代谢和器官功能逐渐降低,所以,能量的摄入不宜过高,要与消耗量保持平衡,避免肥胖。中国营养学会按60岁、70岁及80岁细分三种推荐量,老年人能量推荐量如表9-9所示。

表 9-9 老年人能量推荐量

年 龄/岁	能量/[MJ/(kcal/d)]	
	男	女
60~		
轻体力活动	7.94(1 900)	7.53(1 800)
中等体力活动	9.20(2 200)	8.36(2 000)
70~		
轻体力活动	7.94(1 900)	7.10(1 700)
中等体力活动	8.80(2 100)	8.00(1 900)
80~	7.74(1 900)	7.10(1 700)

引自:中国营养学会,中国居民营养素参考摄入量,2000。

（二）宏量营养素

1. 蛋白质

蛋白质是人体细胞的主要构成原料，是生命的物质基础，如在代谢中起催化作用的酶、抵抗疾病的抗体、促进生理活动的激素都是蛋白质的衍生物。蛋白质还有维持人体的体液平衡、酸碱平衡、动载物质、传递遗传信息的作用。老年人容易出现负氮平衡，且由于老年人肝、肾功能降低，摄入蛋白质过多，可增加肝、肾负担。所以，中老年人要更加注重蛋白质供给的充足。

中年人和60～69岁的老年人的蛋白质供给量与成年人基本相同，按劳动强度不同，男性每天为70～80 g，女性为60～70 g；70岁以上，蛋白质的供给量减少，70～79岁时，男性每天为65～70 g，女性每天为55～60 g；80岁以上时，男性每天为60 g，女性每天为55 g。其中，优质蛋白质不少于1/3。牛奶、禽蛋、兽类、瘦肉、鱼类、家禽、豆类和豆制品都富含优质蛋白质。大豆类及其制品含有较丰富的植物蛋白质，对中老年人非常有益。

2. 脂肪

脂肪具有提供能量和必需脂肪酸，促进脂溶性维生素吸收等功能。但在中年期间，由于人体内分解脂肪的酶活性降低，促进脂肪乳化的胆汁酸盐分泌减少，人体分解脂肪的能量会下降，中年人饮食应低脂肪，低胆固醇。

由于老年人胆汁分泌减少和酯酶活性降低而对脂肪的消化功能下降，因此，脂肪的摄入不宜过多，脂肪供能占膳食总能量的20%～25%为宜，胆固醇的摄入量宜小于300 mg/d。一些含胆固醇高的食物，如动物脑、鱼卵、蟹黄、蛋黄、肝、肾等食物不宜多食。植物油含有不饱和脂肪酸，能促进胆固醇的代谢，防动脉硬化。动物脂肪、内脏、鱼子、乌贼和贝类含胆固醇较多，进食过多易诱发胆石症和动脉硬化。

3. 糖类

糖类是供给人体能量的主要物质。中老年人对能量的消耗一般不如青壮年，所以要适当限制糖类。由于中年后胰腺功能减退，如果食用含糖食物过多，就会增加胰腺的负担，易引起糖尿病。在患消化性疾病时，如果进甜食，还可促进胃酸分泌，可使症状加重。老年人的糖耐量降低，血糖的调节作用减弱，容量发生血糖增高。过多的糖在体内还可转变为脂肪，引起肥胖、高脂血症等疾病。建议碳水化合物提供的能量占总热量的50%～60%为宜。老年人应降低糖和甜食的摄入量，增加膳食中膳食纤维的摄入。

（三）微量营养素

1. 矿物质

中老年人由于种种原因容易造成体内某些矿物质的相对不足，影响机体的正常代谢，危害健康。

1）钙

钙吸收率随着年龄增长而逐渐下降，人到中年，激素分泌减少，骨钙丢失加速。此外，日光照射或食物供给不足,也可导致钙的不足。长期腹泻、紧张、抑郁也会影响钙的吸收。植物性食物,如菠菜、竹笋、茶叶等均可与钙结合成难溶性盐,影响钙的吸收。

老年人的钙吸收率低,一般小于20%,对钙的利用和贮存能力降低,容易发生钙摄入不足或缺乏而导致骨质疏松症。中国营养学会推荐老年人膳食钙的适宜摄入量男女均为1 000 mg/d,可耐受最高摄入量为2 000 mg/d。

2) 铁

老年人对铁的吸收利用率下降且造血功能减退,血红蛋白含量减少,易出现缺铁性贫血。老年人对铁的适宜摄入量男女均为15 mg/d,可耐受最高摄入量为50 mg/d。铁摄入过多对老年人的健康也会带来不利的影响。

3) 钠

老年人食盐摄入小于6 g/d为宜,高血压、冠心病患者以5 g/d为宜。此外,微量元素硒、锌、铜、铬每天膳食中亦需要有一定的供给量以满足机体的需要。

2. 维生素

1) 维生素A

动物的肝脏、鱼肝油、奶类、蛋类及鱼卵是维生素A的最好来源,如杏子、杧果等。维生素A对热、酸、碱比较稳定。在一般的烹调和罐头制品中,不易破坏但易被空气中的氧气氧化而破坏。维生素A只存在于动物体内。红色、橙色、深绿色植物性食物中含有丰富的β-胡萝卜素,如胡萝卜、红心甜薯、菠菜、苋菜等。我国老年人维生素A RNI 为 800 μg/d 视黄醇当量。

2) 维生素E

各种植物油(麦胚油、棉籽油、玉米油、花生油、芝麻油)、谷物的胚芽,许多绿色植物、肉、奶油、奶、蛋等都是维生素E良好或较好的来源。我国老年人维生素E RNI为30 mg/d,维生素E的摄入量不应超过300 mg/d。

3) 维生素B_1

维生素B_1广泛存在于天然食物中,最为丰富的来源是葵花子仁、花生、大豆粉、瘦猪肉,其次为粗粮、米糠、全麦、燕麦等谷类食物,鱼类、蔬菜和水果中含量较少。维生素B_1在高温时,特别是在高温碱性溶液中,非常容易破坏,并易受紫外线破坏;在酸性溶液中,稳定性较好,甚至热时也是稳定的。另外,某些鱼类及软体动物体内,含有硫胺素酶,生吃可以造成其他食物中维生素B_1的损失。维生素B_1的摄入量应达到1.3 mg/d。

4) 维生素B_2

动物中以动物肝脏含维生素B_2最多,其他动物性食物如猪肉、鸡蛋,水产品中的鳝鱼、河蟹等也都含有较多的维生素B_2,植物性食品除绿色蔬菜和豆类外一般含量都不高。体内维生素B_2的贮存是很有限的,因此每天都要由饮食提供。在碱溶液中加热可被破坏。维生素B_2的摄入量应达到1.3 mg/d。

5) 维生素C

维生素C主要来源于新鲜蔬菜和水果,水果中酸枣、山楂、柑橘、草莓、野蔷薇果、猕猴桃等含量高。蔬菜中辣椒维生素含量最多,其他蔬菜也含有较多的维生素C,蔬菜中的叶部比茎部含量高,新叶比老叶高,有光合作用的叶部含量最高。我国老年人维生素C RNI为130 mg/d。

6) 维生素D

老年人的户外活动减少,由皮肤形成的维生素D量降低,易出现维生素D缺乏而影响钙、磷的吸收,出现骨质疏松症,我国老年人维生素D RNI为10 μg/d,高于青年人。

(四) 水和液体

中老年人每天应注意饮用适量的水,一般认为饮水量在2000 mL/d左右为宜,不宜大量饮水,饮水过多会加重心脏和肾的负担,对健康有害。

三、老年人的合理膳食营养安排

《中国居民膳食指南》中关于老年人的膳食指南特别强调:食物要粗细搭配,易于消化;积极参加适度的体力活动,保持能量平衡。老年人的合理膳食原则包括"四多五少":多饮水、多食用粗粮、多吃蔬菜、多吃水果;少吃能量高、油脂、盐、糖的食物和少饮酒。

(一) 饮食多样化

营养全面、品种多样,使不同的食物所含的营养成分能互相补充,发挥更大的生物效用。如鱼、肉、乳、蛋是优质蛋白的来源,但它们是含胆固醇高的食物,对心血管不利,应多食用豆制蛋白、低碳水化合物食品。此外,还要注意酸碱性食物的多样化选择。

(二) 食物要粗细搭配

适量吃一些含纤维素的食品,粗杂粮包括全麦面、小米、荞麦、燕麦等,比精粮含有更多的维生素、矿物质和膳食纤维,预防老年人便秘。

(三) 适量食用动物性食品

禽肉和鱼类脂肪含量较低,较易消化,适合老年人食用。

(四) 积极参加适度体力活动,保持能量平衡

随着年龄的增长,老年人骨骼、肌肉,以及消化、心血管等系统功能逐渐衰退,参加适度的体力活动,可延缓老年人体力、智力和各器官功能的衰退。

(五) 饮食要清淡、少盐

烹调加工要适合于中老年人的需要,应易于咀嚼、消化,做到色、香、味俱全,促进食欲。在加工过程中,应注意维生素的保存。中老年人膳食应以清淡、可口为准则。不要吃过咸、口味过重的食物,以避免诱发高血压。

第三节 女性产后运动康复的营养

一、女性产后的物质代谢特点与营养需求

孕妇在怀孕期间体重会突然增加,出现妊娠纹、妊娠斑。产后由于怀孕分娩造成腹部皮肤松弛、脂肪堆积等问题。由于母体分娩时消耗各种营养素,产后大量出汗、恶露,也要损失一部分营养,产后一般都需要进行营养补充。饮食调养对产妇和新生儿都非常重要,恰当的饮食调养可尽快补充足够的营养素,可补益受损的体质,防治产后病症,帮助产妇早日恢复健康,维持新生儿的生长发育。

女性产后的营养需要:一是为泌乳提供物质基础;二是为了促进产后恢复和维持母体的健康。中国营养学会提出乳母的每日能量推荐摄入量在非孕成年妇女的基础上每日要增加 2 090 kJ,蛋白质、脂肪和碳水化合物的供热比分别为 13%～15%、20%～30%、55%～60%。

(一) 能量

产后一个月内乳汁分泌每日约 500 mL,这个时期的膳食能量适当即可。三个月后每日泌乳量可增加到 750～850 mL,对能量的需求也随之增加。母乳的能量平均为 2 900 kJ/L,机体转化乳汁的效率约为 80%,1 L 的乳汁需要约 3 625 kJ 的能量合成。孕期的脂肪储备可为泌乳提供 1/3 的能量,但另外的 2/3 就需要由膳食提供。《中国居民膳食营养素参考摄入量》建议乳母能量 RNI 是在非孕育龄妇女的基础上增加 500 kcal/d,即 2 600 kcal/d,轻体力劳动的哺乳期妇女能量 RNI 为 3 000 kcal/d。

(二) 宏量营养素

1. 蛋白质

母乳的蛋白质均含量为 1.2 g/100 mL,每日泌乳量可增加到 750～850 mL,所含蛋白质 9～10 g,母体膳食蛋白质转化为乳汁蛋白质的有效率为 70%,故每日分泌的乳汁需要消耗膳食蛋白质 13～15 g。按照中国营养学会的建议,乳母每日增加蛋白质到 85 g,其中一部分为优质蛋白质如牛肉、鸡蛋、肝和肾等富含蛋白质食物,有利于促进泌乳。

2. 脂肪

一般来说,每次哺乳过程中,后段乳中脂肪含量比前段乳的脂肪含量高,有利于控制婴儿的食欲,乳母能量的摄入和消耗相等时,乳汁中的脂肪酸与膳食脂肪酸的组成相近,乳中脂肪含量与乳母膳食脂肪的摄入量有关。脂类与婴儿的脑发育有密切关系,尤其是其中的不饱和脂肪酸如二十二碳六烯酸对中枢神经的发育非常重要。

(三) 微量营养素

1. 矿物质

1) 钙

母乳中钙含量稳定,当摄入的钙不足以合成乳汁中稳定的钙含量(30～34 mg/100 mL)

时,机体就会动员乳母的骨钙,所以为保证乳汁中钙的稳定及母体钙的平衡,应增加乳母钙的摄入量。《中国居民膳食营养素参考摄入量》建议乳母膳食钙摄入量为 1 200 mg/d,可耐受最高量为 2 000 mg/d。2001 年中国营养学学会妇幼分会提出的《改善我国妇女儿童钙营养状况的建议》中建议乳母要注意膳食多样化增加富含钙的食品,每日饮奶至少 250 mL,以补充约 300 mg 的优质钙,摄入 100 g 左右的豆制品和其他富含钙食物可获得 100 mg 的钙,再加上膳食中其他食物来源的钙,摄入量可达到约 800 mg,剩余不足部分可增加饮用牛奶量或采用补钙制剂补充。此外,还要补充维生素 D(多晒太阳或服用鱼肝油等)以促进钙的吸收与利用。

2) 铁

母乳中含铁量极少,约为 0.05 mg/100 mL,而且铁是不能通过乳腺进入乳汁的,为恢复孕期铁的丢失(胎儿铁储备和产时出血),《中国居民膳食营养素参考摄入量》建议乳母膳食铁的摄入量为 25 mg/d,可耐受的最高摄入量值为 50 mg/d。由于食物中的铁的利用率比较低,乳母可适当补充小剂量铁补充剂以预防和纠正母体缺铁性贫血。

2. 维生素

1) 维生素 A

母体中维生素 A 可以通过乳腺进入乳汁,乳母膳食的维生素 A 摄入量可影响乳汁中的维生素 A 的含量。乳母需要注意膳食的合理调配,多选用富含维生素 A 的食物,建议每周食用一次(50~100 g)动物肝脏。《中国居民膳食营养素参考摄入量》建议乳母膳食维生素 A 的摄入量为每日 1200 μg,可耐受最高摄入量每日为 3000 μg。

2) B 族维生素

母乳中维生素 B_1 含量平均为 0.02 mg/100 mL。研究证明维生素 B_1 能提高乳母的食欲,促进乳汁的分泌还可以预防婴儿维生素 B_1 缺乏病(婴儿脚气病)。膳食中维生素 B_1 被转运到乳汁的效率仅为 50%,《中国居民膳食营养素参考摄入量》建议乳母膳食维生素 B_1 的每日摄入量为 1.8 mg。乳母应增加富含维生素 B_1 的食物如瘦猪肉、粗粮和豆类以及坚果类等。

母乳中维生素 B_2 含量平均约为 0.03 mg/100 mL,《中国居民膳食营养素参考摄入量》建议乳母膳食维生素 B_2 的每日摄入量为 1.7 mg,应多食多吃肝脏、奶、蛋、绿叶蔬菜以及豆类等食物。

3) 维生素 C

母乳中维生素 C 含量平均约为 5 mg/100 mL,乳汁中维生素 C 与乳母膳食有密切关系。《中国居民膳食营养素参考摄入量》建议乳母膳食维生素 C 的每日摄入量为 130 mg,可耐受最高摄入量为每日 1 000 mg,只要经常吃新鲜蔬菜和水果,特别是鲜枣和柑橘类即可满足需要。

4) 维生素 D

母体中维生素 D 几乎不能通过乳腺进入乳汁,母乳中维生素 D 的含量很低。《中国居民膳食营养素参考摄入量》建议乳母膳食维生素 D 的每日摄入量为 10 μg,可耐受最高摄入量为每日 50 μg。由于富含维生素 D 的食物很少,建议乳母和婴儿多进行户外活动,必要时可补充维生素 D 制剂,以改善母子双方维生素 D 的营养状况和促进钙的吸收。

二、女性产后运动康复的营养安排

《中国居民膳食指南及平衡膳食宝塔》针对哺乳期的膳食指南中增加了保证供给充足的能量,增加鱼、蛋、奶、肉、海产品摄入量两个方面的内容。

(一)产褥期营养安排

从胎盘娩出到产妇全身各器官除乳腺外恢复或接近正常未孕状态所需的一段时间,称为产褥期,一般规定为 6 周,俗称坐月子。

由于产妇在妊娠期和分娩时消耗大量体力,宫内尚有较大创面,全身又有一系列的内分泌改变,以致身体虚弱,抵抗力下降,易于感染疾病,因此产褥期的营养十分重要。产褥期营养主要是为了补偿妊娠和分娩时的消耗,促进母体进行组织修复和体内各器官尽快恢复到未孕状态,改善机体营养状况,提高机体抵抗力,预防产褥期的各种并发症,提供乳汁分泌所需营养素。

正常分娩后产妇可进食适量、易消化的半流质食物,如红糖水、藕粉、蒸蛋羹、蛋花汤等。分娩时若会阴撕伤Ⅲ度缝合,应给无渣膳食 1 周左右,以保证肛门括约肌不会因排便再次撕裂。做剖宫手术的产妇术后 24 h 给术后流质食物 1 d,(但忌用牛奶、豆浆、大量蔗糖等胀气食品),以后再转为普通膳食。母体在分娩过程中失血过多,需要补充造血的重要物质,如蛋白质和铁等。鸡蛋含有很高的蛋白质,但每日进食鸡蛋的量不要多于 6 个,以免增加肾脏的负担。此外,我国的习惯只强调动物性食物的摄入,如鸡、肉、鱼、蛋,而忽视蔬菜与水果的摄入,容易造成维生素 C 与膳食纤维的不足。

产妇在坐月子时,正是分娩后的恢复期,体质比较虚弱,应忌食一些不利健康的食品。

1. 忌食寒凉生冷食物

产后身体气血亏虚,应多食用温补食物,以利于气血的恢复。若产后进食生冷或寒凉食物,会不利于气血的充实,容易导致脾胃消化吸收功能障碍,并且不利于恶露的排出和瘀血的去除。

2. 忌食辛辣刺激性食品

食用辛辣食品,如辣椒,容易伤津、耗气、损血,加重气血虚弱,并容易导致便秘,进入乳汁后对婴儿也不利。而且孕妇产后气血虚弱,若进食辛辣发散类食物,如辣椒,可致发汗,不仅耗气,并可伤津损血,加重产后气血虚弱,甚至发生病症。刺激性食品,如浓茶、咖啡、酒精,会影响睡眠及肠胃功能,对婴儿也不利。

3. 忌食酸涩收敛食品

孕妇产后,瘀血内阻,不宜进食酸涩收敛的食品,如乌梅、莲子、柿子、南瓜等,以免阻滞血行,不利于恶露的排出。

4. 忌食过咸食品

过咸的食物,如腌制品,其含盐分多,盐中的钠可引起水潴留,严重时会造成水肿。但也不可忌盐,因产后尿多、汗多,所以排出的盐分也增多,需要补充一定量的盐来维持水电解质的平衡。

5. 忌食过硬、不易消化的食物

产妇本身胃肠功能较弱,加上运动量又小,坚硬、油炸、油煎和肥厚味的食物,不利于产妇消化、吸收,往往还会导致消化不良。

6. 忌食过饱

产妇胃肠功能较弱,过饱会妨碍其消化功能。

(二) 哺乳期的营养安排

1. 膳食多样化

产后应做到少食多餐,每天可进食 4～5 次。乳母吃的食物应该尽量做到种类齐全,副食尽量多样化。不要偏食,以保证能够摄入足够的营养素。主食粗细搭配,主食不能只吃精米面,每天食用一定量的粗粮,并适当搭配燕麦、小米、赤小豆、绿豆等杂粮。

2. 摄入充足的优质蛋白质

动物性食品如鱼类、禽、肉等可提供优质蛋白质,素食者或经济条件有限者可充分利用豆类制品或花生等硬果类食品补充优质蛋白质。

3. 多食用含钙铁丰富的食品

牛奶、酸奶、奶酪等乳及乳制品含钙量很高,易吸收利用,每天至少摄入 250 g,小鱼、小虾(皮)可连骨带壳食用,此外,深绿色蔬菜、豆类也含有一定量的钙。也可多食用动物的肝脏、肉类、鱼类、菠菜等蔬菜含铁量丰富的食物。

4. 重视蔬菜和水果的摄入

新鲜蔬菜、水果中含有丰富的水分、多种维生素、纤维素等,可通便预防便秘,促进乳汁分泌,是其他食物不能代替的,每天应保证供应 500 g 以上。

5. 摄入充足的水分

乳母每天应多喝水和多吃流质的食物,如汤、各种粥等,以补充乳汁中丢失的水分,并保证乳汁质量。尤其是汤汁的供给,如鸡、鸭、鱼、肉汤或豆类及其制品和蔬菜制成的菜汤,量根据乳汁的多少进行调整。

6. 注意烹调方法

烹调产褥期膳食时,应该是比较容易消化,注意烹饪方式,应多用炖、煮、炒,少用油煎油炸,动物性食物(畜肉,鱼类)以炖和煮为宜,食用时同时要喝汤,既可增加营养,又可促进乳汁分泌。

此外,产妇不宜节食。妇女在生育后,体重会增加不少,跟怀孕前大不相同。因此,有些人为了尽早恢复生育前苗条的体形,分娩后便立即节食。这样做是有害身体健康的。因为产后妇女虽然身体发胖,但产后所增重量主要为水分和脂肪,如果授乳,这些脂肪根本就不够用,况且,产妇本身恢复健康也需要营养,所以不可节食。

课后作业

1. 试述儿童青少年的营养需求。
2. 试述儿童青少年的营养膳食安排。
3. 试述儿童青少年复习、考试期间的营养膳食安排。
4. 试述中老年的生理特点。
5. 试述中老年的营养需求。
6. 试述中老年的营养膳食安排。
7. 试述产后女性的营养需求。
8. 试述产后女性的营养膳食需求。

第四篇
常见慢性病症患者的运动营养

第十章　常见慢性病患者的运动营养

学习目标
（1）了解营养与高血压之间的关系，掌握运动时营养在防治高血压中的作用。
（2）了解营养与高脂血症之间的关系，掌握运动时营养在防治高脂血症中的作用。
（3）了解营养与糖尿病之间的关系，掌握运动时营养在防治糖尿病中的作用。
（4）了解营养与骨质疏松症之间的关系，掌握运动时营养在防治骨质疏松症中的作用。
（5）了解营养与肥胖症之间的关系，掌握运动时营养在防治肥胖症中的作用。

本章提要
随着当今经济发展和生活质量的提高，现代人的饮食结构产生了很大的改变，不合理的生活方式导致各种新型疾病的发生，慢性非传染性疾病的发病率显著增加。以往的研究证明，绝大多数慢性疾病与营养不合理和体力活动缺乏相关。因此，将合理的营养、合理的体育锻炼和健康生活方式有效结合是防治慢性疾病，增进健康的有效方式。本章主要介绍了营养与高血压、高脂血症、糖尿病、骨质疏松症、肥胖症等慢性疾病的关系，以及营养在这些慢性疾病患者运动中所产生的作用。

关键术语
高血压　高脂血症　糖尿病　骨质疏松症　肥胖症

第一节　高血压病患者的运动营养

现代社会，高血压所导致的心血管疾病严重危害着人类的健康，据世界卫生组织统计，世界各地高血压患者发病率为 1‰～18‰，据推算，全世界约有 5 亿高血压病人。多数流行病学专家预测 2025 年中国高血压人数可能超过 3 亿人。近年来，由高血压导致的心脑血管疾病已经成为中国人第一死亡原因，因高血压并发症花费的直接和间接费用约 3 000 亿人民币。我国政府和各类医学专业机构虽然做了大量的工作，但是依然面临着严重的挑战。而如果采取良好的健康的生活方式、合理膳食、适当运动、戒烟戒酒、避免心理失衡，可减少 600 万患者死亡，因此，如何对高血压患者进行健康管理，让高血压患者提高生活质量，已成为我国重要的公共卫生课题。

一、高血压

高血压的形成病因非常复杂，一旦形成就是终身性疾病。长期的高血压可以直接造成机体各个部分，包括心、脑、肾等重要器官组织的损害。

高血压可分为原发性高血压和继发性高血压两大类。高血压准确地说是指原发性高血压，其发病原因不明确，约占高血压病人总数的90%。继发性高血压又称为症状高血压，是由其他疾病引起的高血压，最常见的是由内分泌和肾脏疾病引起的，某些药物如激素类药物、避孕药也会升高血压。继发性高血压患者约占整个高血压患者的5%～10%，若能及时发现并对其原发病进行治疗，则可得到根治。目前的研究无法明确高血压的病因，除却年龄等不可抗因素外，吸烟、喝酒、高盐饮食、肥胖等不良生活方式也会诱发高血压，而这些不良生活方式是可以进行调控的。纠正这些不良生活方式不但有利于控制高血压，而且可降低与心脑血管相关疾病的危险性。

（一）血压水平的定义

人的血液输送到全身各部位需要一定的压力，这个压力就是血压。而高血压是一种以动脉压升高为特征，可伴有心脏、血管、脑和肾脏等器官功能性或器质性改变的全身性疾病，它有原发性高血压和继发性高血压之分。

（二）血压及高血压等级的分类

按血压水平将高血压分为：一级、二级、三级。

(1) 理想血压：收缩压<120 mmHg，舒张压<80 mmHg。
(2) 正常血压：收缩压<130 mmHg，舒张压<85 mmHg。
(3) 正常值：收缩压130～139 mmHg，舒张压<85～89 mmHg。
(4) 一级高血压（轻度）：收缩压140～159 mmHg，舒张压90～99 mmHg。
(5) 二级高血压（中度）：收缩压160～179 mmHg，舒张压100～109 mmHg。
(6) 三级高血压（重度）：收缩压≥180 mmHg，舒张压≥110 mmHg。

若收缩压≥140 mmHg和舒张压<90 mmHg单列为单纯性收缩期高血压。当收缩压与舒张压分属不同等级时，则以较高的分级为准。

（三）高血压流行的一般规律

经过多年的流行病学研究，目前对高血压在人群中的流行特征和规律有了比较清楚的认识。高血压流行的一般规律是：

(1) 高血压具有一定的遗传基础，这是由多基因造成的。直系亲属之间血压有明显关系。不同种族和民族之间血压水平存在一定的群体差异。
(2) 高血压患病率与年龄成正比，随着年龄的增长患病风险也逐渐增加。
(3) 同一人群有季节差异，冬季患病率高于夏季。
(4) 高血压的发病与地理分布也有关系。一般规律是高纬度（寒冷）地区高于低纬度（温暖）地区，高海拔地区高于低海拔地区。
(5) 高血压的发生与饮食习惯有密切关系。大量饮酒，吸烟，摄盐量高，超重和肥胖的人群患高血压的风险更大。
(6) 高血压患病率与情绪波动和精神压力的变化呈正相关，与体力活动呈负相关。
(7) 高血压患病率与经济文化发展水平呈正相关，经济发达地区高血压人群的数量高于经济文化落后的地区。

(8) 女性更年期前患病率低于男性，之后则高于男性。

(四) 高血压的诊断和治疗

1. 高血压的诊断

高血压的隐蔽性很强，可能不会有任何不适，因此高血压又被称为"无声杀手"，高血压有四个广泛的特点，称为"四个之最"。

(1) 历史最悠久。高血压是古老的疾病，考古学家对木乃伊和欧洲"冰人"的研究，发现其身上已有动脉硬化现象。

(2) 流行最广。高血压在世界范围内无论男女老幼均可患病。

(3) 隐藏最深，又被称为"无声杀手"。半数以上的人没有症状，不知不觉患病。

(4) 危害最大。高血压的患病率、致残率均居首位，患病早期易被轻视，随着发展则可引起心、脑、肾等全身脏器的损害，导致死亡率的增加。

高血压的典型症状是：头痛、头晕、失眠、胸闷、气短、嗜睡、颈部僵硬感、眼胀、注意力不集中、记忆力下降等；再出现相关器官组织动脉硬化或功能损害时，可出现相应症状，如步态不稳、口角歪斜、呛咳、反应迟钝等。

根据患者的病史、体格检查和实验室检查结果，可确诊高血压。诊断内容应包括：

(1) 确定血压水平及高血压分级。

(2) 有无合并其他心血管疾病的危险因素。

(3) 判断高血压的原因，明确有无继发性高血压。

(4) 评估心、脑、肾等靶器官的情况。

(5) 判断患者出现心血管疾病的危险程度。

2. 高血压的治疗

(1) 早期一旦发现有高血压的症状，及时就医。

(2) 坚持服药很重要。一般来说，高血压病人要终身服药，当血压调整到理想范围时千万不要随意停药。即使血压偏低也只能漏服一至两次，绝不能停服。

(3) 注意自身保护。养成良好的生活习惯，规律作息，戒烟戒酒，适量运动，合理膳食，保持良好的心态。

(4) 充分了解自己的血压状况。每个人的血压变化是不一样的，有些人白天高，有些人夜间高，了解这些可以更加合理地指导用药。

二、与高血压相关的营养因素

国际公认的高血压发病危险因素是：超重、高盐膳食和中度及以上饮酒。我国流行病学也证实这三大因素与高血压的发生显著相关，但又各有其特点。

(一) 体重超重和肥胖或腹型肥胖与高血压

人体主要的热能来源是糖，但热能摄入过多，会导致过剩的能量堆积，合成脂肪，使血脂升高，影响血液循环从而损伤血管壁形成高血压。高能量饮食易导致肥胖，肥胖症患者大多伴有高血压。研究发现,我国人群血压水平和高血压患病率北方高于南方,与人群体重指数差异相平行,所以针对肥胖患者应限制糖类的摄入,多运动,以消耗多余的能量。

(二) 高盐膳食与高血压

膳食中高盐钠会导致血液中钠浓度升高,血管外肌肉组织中的水分大量进入血管内,补充到血液中,血液总量增加,血压对血管壁的压力增大,从而造成血压的升高。

人体每天正常的钠盐摄入量为 3~4 g,所以每日的最高摄入量不能超过 6 g。据卫生部公布的数据显示,中国南方人群和北方人群的每日盐摄入量分别为 7~8 g 和 12~18 g,这也说明了为什么北方人群的高血压患病率高于南方人群的高血压患病率。

(三) 不良生活方式

少量饮酒有利于血管的扩张,活血通脉,增加食欲,消除疲劳的作用,因此适量饮用酒精含量低的啤酒、果酒、黄酒对人体有益。但是国内外流行病学研究证明,饮酒超过一定限度会导致血压的升高,而且饮酒会降低药物降血压的作用。按每周至少饮酒一次计算,我国中年男性的饮酒率为 30%~66%,女性为 2%~7%。男性持续饮酒者比不饮酒者 4 年内发生高血压的危险增加 40%。因此,减少饮酒或戒酒是高血压患者预防血压升高的措施之一。

三、高血压患者运动时应遵循的膳食营养安排

(一) 保持热量摄入与消耗的动态平衡

高血压患者在进行运动期间会消耗能量,促进食欲的增加。因此在每日的能量摄入时应科学计算需要摄取的总热量,保证能量的摄入和消耗达到动态平衡。高血压患者需要忌食高糖和含淀粉量高的食物,以防能量摄入过多,对机体产生过大的负担。

(二) 少高胆固醇,高优质蛋白质

胆固醇容易吸附在血管壁,使血管狭窄或堵塞血管,导致血压的升高。因此,高血压患者在运动时的饮食应少食蛋黄、动物的皮和动物的肝脏。蛋白质在运动中的分解速度会加快,运动后需要补充优质蛋白质,所以膳食中应该增加如牛奶、瘦肉、蛋白等富含优质蛋白质的食物;多吃鱼类和大豆类蛋白有利于降低高血压和脑卒中的发病率。对血尿素氮升高的患者,则应限制蛋白质的总摄入量,以免增加肾脏的负担,蛋白质摄入过多不利于高血压患者的健康。

(三) 多吃蔬菜水果,增加无机盐、膳食纤维和维生素的摄入

蔬菜水果中含有丰富的无机盐、膳食纤维和维生素,而高血压患者在运动时消耗了上述物质,所以应该在锻炼后进行补充,但应注意少食含糖量高的水果,如哈密瓜和西瓜等。无机盐的补充应注重低钠的食物,高钾低钠的饮食对降压具有积极的作用。高钾低钠的食物有豆类、玉米、腐竹、芋头、花生、核桃、香蕉等。镁和钙对降血压也具有积极的影响作用,高镁低钙的食物包括鲜豆、豆芽、香菇、荠菜、菠菜、桂圆等。

蔬菜中含有的膳食纤维不会被小肠吸收,但会增加饱腹感,同时能延缓糖和脂肪的吸

收,达到降压的效果,而谷物、麦片、豆类中含有的可溶性膳食纤维能吸附肠道内的胆固醇,有利于降低胆固醇和胆固醇水平。

某些维生素尤其是 B 族维生素和维生素 C 有利于改善脂质,维持血管系统的结构,促进血管系统的功能。高血压患者在运动时会造成上述维生素的消耗,因此要增加富含 B 族维生素和维生素 C 的食物,如小白菜、油菜、芹菜、橘子、柠檬等食物的摄入。

(四) 少食多餐,保持良好的作息习惯

高血压患者运动时应避免大吃大喝,提倡少食多餐,以保证餐后血糖不会升得太高。高血压患者的晚餐时间不应太晚,保证足够的饭后运动时间。

(五) 养成良好的生活方式

吸烟和喝酒会造成血压的升高,因此高血压患者应该戒烟、戒酒。茶叶中除含有多种维生素和微量元素外,还含有茶碱和黄嘌呤等物质,有利尿、降压的作用,所以高血压患者可适当饮茶。

第二节 高脂血症患者的运动营养

随着生活水平的提高,人们的饮食习惯和膳食结构发生了巨大的改变,由此带来的最显著效应就是人们的血脂逐渐提高。据统计,全国 30 岁以上的成年人中,高脂血症的发病率在 10%～20% 之间,高脂血症患者人数高达 9000 万,这严重威胁着人类的身体健康和生命安全。

一、高脂血症

高脂血症是指由于脂肪代谢或运转异常使血浆中的一种或多种脂质高于正常,血液中胆固醇和(或)甘油三酯过高。目前,国际公认的高脂血症包括高胆固醇血症、高甘油三酯血症及二者都高的复合型高脂血症。临床上常将高脂血症分为两类:① 原发性——罕见,属遗传性脂代谢紊乱疾病;② 继发性——常见于控制不良糖尿病。

(一) 血脂概念及其正常值

血脂是血浆中的中性脂肪(甘油三酯和胆固醇)和类脂(磷脂、糖脂、固醇、类固醇)的总称,广泛存在于人体中。它们是生命细胞基础代谢的必需物质。一般来说,血脂中的主要成分是甘油三酯和胆固醇,其中甘油三酯参与人体内能量的代谢,胆固醇则主要用于合成细胞浆膜、类固醇激素和胆汁酸。

成年男性与成年女性的血脂正常值如表 10-1 所示。

表 10-1 成年男性与成年女性的血脂正常值

类　别	成　年　男　性	成　年　女　性	增　　高
总胆固醇	2.90～5.70 mmol/L	2.90～5.70 mmol/L	>5.72 mmol/L
甘油三酯	0.56～1.70 mmol/L	0.56～1.70 mmol/L	>1.70 mmol/L

续表

类　别	成年男性	成年女性	增　高
高密度脂蛋白胆固醇	1.14～1.76 mmol/L	1.22～1.91 mmol/L	
低密度脂蛋白胆固醇	1.30～3.10 mmol/L	1.30～3.10 mmol/L	＞3.10 mmol/L
载脂蛋白 a	0.96～1.76 g/L	1.04～2.04 g/L	
载脂蛋白 b	0.43～1.40 g/L	0.42～1.40 g/L	

注：成人总胆固醇值＞5.72 mmol/L,可诊断为高胆固醇血症;甘油三酯＞1.7 mmol/L,可诊断为高甘油三酯血症,甘油三酯国际推荐值,男性为 0.45～1.70 mmol/L,女性为 0.40～1.53 mmol/L;高密度脂蛋白胆固醇＜0.9 mmol/L 是导致冠心病、心肌梗死、动脉粥样硬化的危险因素之一。

(二) 高脂血症的分类

根据血清胆固醇、甘油三酯和高密度脂蛋白胆固醇的检测结果,可对高脂血症进行以下分类：

(1) 高胆固醇血症：总胆固醇＞5.72 nmol/L,甘油三酯含量＜1.70 nmol/L。
(2) 高三酰甘油血症：总胆固醇＜5.72 nmol/L,甘油三酯含量＞1.70 nmol/L。
(3) 混合型高脂血症：总胆固醇＞5.72 nmol/L,甘油三酯含量＞1.70 nmol/L。
(4) 低高密度脂蛋白血症：高密度脂蛋白胆固醇含量＜9.0 mmol/L。
(5) 高低密度脂蛋白血症：低密度脂蛋白胆固醇含量＞3.65 mmol/L。

(三) 高脂血症患者的症状

高脂血症被认为是"沉默的杀手",因此,很多人不清楚高脂血症的症状,高脂血症的临床表现主要是脂质在真皮内沉积所引起的黄色瘤和脂质在血管内皮沉积所引起的动脉硬化。尽管高脂血症可引起黄色瘤,但其发生率并不很高;而动脉粥样硬化的发生和发展又是一种缓慢渐进的过程。因此,在通常情况下,多数患者并无明显症状和异常体征。不少人是由于其他原因进行血液生化检验时才发现有血浆脂蛋白水平升高。不同程度的高脂血症症状和体征也不同,主要表现为以下几种。

(1) 轻度高脂血症通常没有任何不舒服的感觉,但没有症状不等于血脂正常,因此需要定期检查血脂。

(2) 一般高脂血症的特点为头晕、乏力、失眠健忘、肢体麻木、胸闷、心悸等,还会与其他疾病的临床症状相混淆,有些患者血脂高但无任何症状,往往是在血检时发现高脂血症。而且,高脂血症常常伴有体重超重与肥胖。

(3) 高脂血症较严重时会出现头晕目眩、胸闷气短、心悸、口角歪斜、无法说话、肢体麻木等症状,最终会导致冠心病、脑卒中等严重疾病,并出现相应表现。

(4) 若患者长期血脂高,则脂质在血管内皮内沉积所引起的动脉粥样硬化,会引起冠心病和周围动脉疾病等,表现为心绞痛、心肌梗死、脑卒中和间歇性跛行(行动后肢体疼痛)。

(5) 少数高脂血症患者还可出现眼角膜弓和眼底改变。角膜弓又称老年环,若发生在40 岁以下,则多伴有高脂血症,以家族性高胆固醇症多见,但特异性不强。高脂血症眼底改变是由于富含甘油三酯的大颗粒脂蛋白沉积在眼底小动脉上引起光折射所致,常常是严重的高甘油三酯血症,并伴有乳糜颗粒血症的特征表现。

(四) 高脂血症的诊断

高脂血症的诊断应详细询问生活及饮食习惯,病史(包括个人饮食和生活习惯,有无引起继发性血脂异常的相关疾病病史,引起血脂异常的药物病史和有无高脂血症及早发冠心病的家族史);了解有无头晕、腹痛、心绞痛及肢体乏力疼痛或伴由活动后疼痛等症状;体格检查需要全面、系统,并注意眼底有无黄色瘤、角膜环和高脂血症眼底改变等;除需要根据前述系统的分类进行鉴别外,还应鉴别原发性血脂异常和继发性血脂异常。

(五) 高脂血症的治疗

1. 西医治疗

(1) 对症下药,选择合适的药物,根据高脂血症的病因及类别,选择疗效高、不良反应小、适应证明确的药物。高脂血症是慢性疾病,因此,调脂药物原则上应当维持治疗,或在医师的指导下进行调整,不可自行调整。

(2) 联合用药,单用一种药物无效时考虑联合用药,并注意不同药物之间的相互作用。

(3) 积极治疗原发病。继发性高脂血症在调脂的期间应注意同时治疗原发病,才能标本兼治。

(4) 坚持饮食疗法和运动疗法。运动、饮食和药物疗法是治疗高脂血症的"三部曲",只有相互配合才能起到好的疗效。

(5) 其他治疗方法包括血浆净化治疗、手术治疗、基因治疗,由于这些治疗花费较大,因此可以根据自己的经济条件选择适宜的治疗方法。

2. 饮食疗法

(1) 限制总热量的摄入,限制高脂肪、高胆固醇、高糖食物。严格选择胆固醇含量较低的食物,多摄取蔬菜、豆制品等,对体重超过正常标准的人,应在医生的指导下逐步减轻体重,以每月减重 1~2 kg 为宜;糖可在肝中转化为内源性甘油三酯,增加血浆中甘油三酯的浓度,所以要限制高糖食物。

(2) 多摄取高膳食纤维食物。膳食纤维是植物类食物中不能被消化液分解、吸收的物质,其化学结构属多糖类,是植物的细胞壁部分。膳食纤维有利于胆固醇的清除,减少胆固醇在小肠内的滞留。

(3) 戒烟,少饮酒,避免过度紧张。适量饮酒有利于血管的扩张,降低冠心病的发生率。而酗酒或长期饮酒则会增加肝脏内源性甘油三酯的合成,增加血液中低密度脂蛋白的浓度引起高胆固醇血症。研究发现吸烟者冠心病的发病率和死亡率是不吸烟者的 2~6 倍。情绪紧张、过度兴奋则会引起血中胆固醇和甘油三酯含量的增加。

(4) 改变做菜方式,少放油,尽量以蒸、煮、凉拌为主,少吃油炸、烧烤食品。

二、与高脂血症相关的营养因素

(一) 脂类

将脂肪酸和醇作用生成的酯及其衍生物统称为脂类。其中脂肪酸包括饱和脂肪酸、单不饱和脂肪酸和多不饱和脂肪酸。

1. 饱和脂肪酸(SFA)

饱和脂肪酸由于没有不饱和键,性质较很稳定,不易被氧化,所以当其成为脂肪的时候,难以被消耗。饱和脂肪酸过多可升高血清胆固醇和低密度脂蛋白胆固醇(LDL-C),降低高密度脂蛋白胆固醇(HDL-C)。

2. 单不饱和脂肪酸(MUFA)

单不饱和脂肪酸是指含有1个双键的脂肪酸。单不饱和脂肪酸主要是油酸,橄榄油和茶油中含量较高,只有1个不饱和键。单不饱和脂肪酸不仅有利于血清总胆固醇(TC)和低密度脂蛋白胆固醇的降低,还能升高高密度脂蛋白胆固醇,促进血小板的凝聚。饱和脂肪酸:单不饱和脂肪酸:多不饱和脂肪酸之间的比为1:1:1,但最近的研究认为它们之间的比为1:1.5:0.5。

3. 多不饱和脂肪酸(PUFA)

多不饱和脂肪酸是指含有2个或2个以上双键且碳链长度为18～22个碳原子的直链脂肪酸。多不饱和脂肪酸按照从甲基端开始第1个双键的位置不同,可分为ω-3多不饱和脂肪酸和ω-6多不饱和脂肪酸。

其中ω-3多不饱和脂肪酸同维生素、矿物质一样是人体的必需品,ω-3多不饱和脂肪酸是由寒冷地区的水生浮游植物合成,以食此类植物为生的深海鱼类(野鳕鱼、鲱鱼、鲑鱼等)的内脏中富含该类脂肪酸,缺乏易导致心脏和大脑等重要器官的功能障碍,其中深海鱼油中的ω-3多不饱和脂肪酸约占鱼油总脂肪酸的25%。ω-3不饱和脂肪酸中对人体最重要的两种不饱和脂肪酸是二十二碳六烯酸和二十碳五烯酸。EPA具有清理血管中的垃圾(胆固醇和甘油三酯)的功能,俗称"血管清道夫"。DHA具有软化血管、健脑益智、改善视力的功效,俗称"脑黄金"。因此,在通过脂肪补充能量时,应注意多摄取含多不饱和脂肪酸的食品。鱼油中含有丰富的EPA和DHA,因此,对高脂血症病人可以遵医嘱摄取用量。食用鱼油时,为了防止脂质过氧化作用必须同时服用维生素E,一般每食用1 g鱼油需要服0.9 mg维生素E。

4. 胆固醇

膳食中胆固醇的摄入与高脂血症的发生呈正相关的,故应该限制胆固醇的摄入量,少食动物肝、蛋黄等含胆固醇高的食物。正常人胆固醇的摄入每日不超过300 mg,而高脂血症患者的摄入量则应等于或少于200 mg。

(二) 碳水化合物

碳水化合物的摄入量增加,会引起血糖的升高,刺激胰岛素的分泌增加,出现高胰岛素血症,后者可促进肝脏合成TG和VLDL(极低密度脂蛋白)的增加,从而造成血浆TG水平的升高。高糖膳食还可诱发载脂蛋白CⅢ(APOCⅢ)基因表达的增加,使血浆中APOCⅢ增高,造成脂蛋白酯酶的活性降低,引起高TG血症。因此,高脂血症患者应尽量少吃甜食、少饮含糖量高的饮料。

(三) 膳食纤维

膳食纤维是人体七大营养素之一。目前的研究认为,可溶性膳食纤维对胆固醇水平的下降具有一定的作用。可溶性膳食纤维每增加 1 g,LDL 平均下降 2.2 mg/dL,其原理是膳食纤维可以吸收大量的胆汁酸,防止进入血液,并增加了人体的排泄速度,从而增加了胆固醇与胆酸的转换率,起到了降低胆固醇的作用。同时,膳食纤维也能促使血清总胆固醇合成胆汁酸的速度加快,血脂和血清胆固醇水平下降。

绿色蔬菜、水果和粗粮都含有丰富的膳食纤维,有利于血脂的降低,延缓血糖的升高,维持肠道内有益菌群的稳定性。我国居民膳食纤维的摄入量每人每天应不低于 30 g。其中,可溶性膳食纤维具有稳定的降脂效果,可以有效地降低血脂,预防和治疗高脂血症。

(四) 植物固醇

植物固醇主要来源于植物油、坚果类及蔬菜、水果。其分子结构与胆固醇相似,可以竞争性抑制肠内胆固醇酯的水解,促使其由肠道排出,另外,竞争性地占据微粒内胆固醇的位置,影响胆固醇与肠黏膜细胞接触的机会,妨碍其吸收。有研究表明,植物固醇能降低大约 20% 的血胆固醇和 LDL。对 HDL 和 TG 无作用。含有植物固醇的食物能降低胆固醇水平已经被证实。美国食品与药物管理局建议每天摄取 2.6 g 的植物固醇能降低 10% 左右的胆固醇和 LDL。

(五) 矿物元素

研究发现矿物元素的缺乏或过量也可影响机体血脂的水平,主要是通过构成体内各种生物酶,影响酶的活性起作用,从而参与机体代谢。铜、镁、锰、锌与脂代谢有密切关系。机体缺铜促使催化胆固醇转变为胆酸的 7α-羟酶和 12α-羟化酶活性降低,胆酸合成和清除减少胆固醇排出障碍,导致高总胆固醇血症。缺镁能引起血中胆固醇和甘油三酯上升,导致中小动脉内膜及内膜下弹力纤维受损张力增加,促使血管壁内 Ca^{2+} 聚集、斑块形成,故有学者认为高镁饮食有益于保护血管。锰缺乏时导致脂蛋白脂酶活性降低,血浆甘油三酯清除障碍,组织对甘油三酯的摄取减少,使血浆甘油三酯水平升高,形成高甘油三酯血症。锌对脂代谢的影响研究报道甚多,结果各不一致,有研究表明缺锌或高锌均可引起脂代谢紊乱。

(六) 其他因素

目前,大多数资料显示大豆蛋白中异黄酮有降血脂的作用。研究表明:大豆异黄酮各剂量组肥胖大鼠血清中 TC、TG 水平均低于肥胖对照组,具有良好的剂量-反应关系。说明大豆异黄酮能降低血脂,这与以前的很多报道都一致。有研究认为:食用大蒜亦会对血脂代谢产生有益的影响。实验结果表明:每天食用 300 mg 大蒜,发现治疗后降低 TC12.03%、LDI17.99%,升高 HDL8.81%,与治疗前有差异性显著。另外,研究证实生姜具有明显降低血脂的作用,多饮茶也会适当改善脂代谢。

三、高脂血症患者运动时应遵循的膳食营养安排

(1) 高脂血症患者运动时以谷物、粗杂粮为主,如米、面、燕麦、玉米面等,因为这些食物

中含有较多的维生素、无机盐、膳食纤维,不仅有利于补充运动所消耗的部分,其中的膳食纤维还具有降血脂和降糖的作用。

(2) 高脂血症患者运动切忌高脂肪、高糖、高能量的食物,宜补食优质蛋白质,以大豆及其制品为好,不仅质好量多,还不含胆固醇,有利于降脂,因此可代替动物性蛋白。

(3) 运动锻炼时的热能消耗增加,可食用含糖和脂肪少的蔬菜,不仅可以起到补充能量的作用,还能通过补充膳食纤维降低胆固醇。

(4) 高脂血症患者运动锻炼少用或不用含饱和脂肪酸、高胆固醇的食物,例如猪油、牛羊油、奶油等含饱和脂肪酸的食物和蛋黄及动物内脏等。

(5) 高脂血症患者运动锻炼时应减少烟酒或戒烟、戒酒。因为吸烟会导致血管壁的狭窄或阻塞,致使血液的流通速度减慢,酒类主要含酒精,产热高,其他健康营养素含量几乎没有,故不饮为宜。

第三节 糖尿病患者的运动营养

糖尿病作为现代人类社会高速发展形成的一类慢性非传染性疾病已严重影响到人类的身体健康和生命安全。随着社会发展及人们生活水平质量的提高,糖尿病已成为全球性疾病,目前,仅次于心脑血管疾病和癌症,列为第三位疾病。而糖尿病本身是一种与生活方式相关的疾病,合理的膳食结构和科学的运动习惯有利于预防和治疗糖尿病。

一、糖尿病

糖尿病是在遗传因素和环境因素的共同作用下,由于胰岛素缺乏和胰岛素抵抗而引起的人体碳水化合物、蛋白质及脂质代谢紊乱的一种慢性、终身性疾病,其典型症状是"三多一少",即多饮、多食、多尿、体重减轻。据统计,现在中国糖尿病患者约占全世界患病者的2%。

(一) 糖尿病的诊断标准

血糖是糖尿病的唯一诊断标准,患糖尿病以后体内胰岛素不足或作用缺陷,血糖自然会升高,当空腹血糖≥7 mmol/L,餐后或糖耐量试验服糖后 2 h,血糖≥11.1 mmol/L,就可以诊断为糖尿病(见表10-2)。

表 10-2 糖尿病的诊断标准

诊断名称	空腹血糖/(mmol/L)			餐后 2 h 血糖/(mmol/L)		
	静脉(全血)	毛细血管	静脉(血浆)	静脉(全血)	毛细血管	静脉(血浆)
糖尿病	=6.1	=6.1	=7.0	=10.0	=11.1	=11.1
糖耐量受损	<6.1	<6.1	<7.0	=6.7	=7.8	=7.8
空腹血糖受损	5.6~6.1	5.6~6.1	6.1~7.0	<6.7	<7.8	<7.8

注:糖化血红蛋白<6.0 mmol/L(检查近三个月的血糖变化总体情况)。

（二）糖尿病的类型

1. Ⅰ型糖尿病

Ⅰ型糖尿病又称为青年发病型糖尿病，是指由于胰岛 B 细胞遭到大量破坏引起胰岛素绝对量不足所致的糖尿病。常在 35 岁前发病，多见于儿童和青少年。患者往往起病急，"三多一少"症状较明显，容易发生酮症酸中毒，许多患者以酮症酸中毒为首发症状。

2. Ⅱ型糖尿病

Ⅱ型糖尿病又称为成人发病型糖尿病，是指原因不明并存在有不同程度胰岛 B 细胞功能障碍（胰岛素分泌缺陷）与不同程度胰岛素抵抗的糖尿病。多在 35 岁以后发病，以体重超重或肥胖的中老年人居多，占糖尿病患者的 90% 以上。患者大多起病缓慢，"三多一少"症状轻或者不典型，早期也没有任何不适症状，较少出现酮症酸中毒现象。

3. 妊娠期糖尿病

妊娠期糖尿病是指女性在妊娠期发生的糖尿病，尤其是有糖尿病家族史、肥胖、高龄的孕妇中，患者妊娠前未发现有糖尿病，只在妊娠期发病，分娩后恢复正常，但近 1/3 的患者 5~10 年后可能会患Ⅱ型糖尿病。

4. 特殊类型的糖尿病

特殊类型的糖尿病是指病因和发病机制较为明确的糖尿病。主要包括遗传性 β 细胞缺陷、胰腺疾病、内分泌疾病以及药物因素所致的糖尿病。要在医生的指导下治疗，对明确病因的糖尿病要注意原发病的治疗。

（三）糖尿病的典型症状

糖尿病的症状有很多，患者会出现乏力、皮肤瘙痒、手足麻木、腹泻和便秘交替，视力下降或视物模糊等症状，但其典型症状为"三多一少"，即多饮、多食、多尿、体重减轻。

（四）糖尿病的影响因素

1. 遗传因素

糖尿病具有家族遗传易感性，一般来说，Ⅱ型糖尿病的遗传性较Ⅰ型更明显。

2. 环境因素

在遗传因素的基础上，环境因素作为发病原因在糖尿病发病中占有极大的比例。空气污染、噪声、工作压力等都会诱发基因突变，当基因突变达到一定程度时就会引发糖尿病。

3. 肥胖

肥胖是糖尿病发病的重要因素之一，肥胖者体内脂肪总量增加，而脂肪细胞表面的胰岛素受体数目减少，降低了对胰岛素的敏感性，最终引发糖尿病。

4. 运动不足

随着社会的发展，脑力劳动者越来越多，运动量减少，而运动可以增加组织对胰岛素的敏感性；运动量减少，机体的热量消耗减少，致使能量堆积，引发肥胖等一系列疾病，从而引发糖尿病，因此，降低体重可以改善糖代谢和脂代谢，降低胰岛素抵抗。

5. 不良情绪

人体胰岛素分泌的多少,除了受有关内分泌激素和血糖等因素的调节外,还受到自主神经功能的影响。当人处于紧张、焦躁等不良情绪时,会直接抑制胰岛素的分泌,同时肾上腺素增加抑制胰岛素的分泌。

6. 生活不规律

饮食和作息不规律,经常熬夜等不良生活习惯为糖尿病埋下了隐患。

7. 饮食结构不合理,热量摄入过多

糖是人体获得能量的直接来源,而机体内糖过多,则可能导致血液总糖的含量升高,致使胰岛素抵抗,引起高胰岛素血症和高三酰甘油血症。鱼油可减轻胰岛素抵抗,食物纤维可减缓糖在肠道内的吸收,食物中的锌、铬可提高糖耐量,降低Ⅱ型糖尿病的发病率。

8. 不良生活方式

吸烟、喝酒会导致多种疾病的产生,当前对吸烟是如何引起糖尿病的机制还不明确,但研究已证实吸烟是Ⅱ型糖尿病的独立危险因素,可增加胰岛素抵抗,并对胰岛B细胞有毒害作用,引起胰岛素分泌不足。

9. 妊娠因素

妊娠期由于雌激素、乳激素分泌增加,拮抗胰岛素,促使血糖升高,而且妊娠会诱发遗传基因缺陷的妇女产生糖尿病。

(五)糖尿病的预防和治疗

1. 增强体育锻炼

每天进行适当的体育锻炼,有利于葡萄糖的消耗,控制血糖,长期坚持可以有效抵抗和控制血糖水平。

2. 调整饮食结构

少吃高油、高糖的食物,少吃零食,尽量选择血糖生成指数(GI)较低的食物。

3. 积极治疗其他疾病

体内的各种炎症或感染,例如,感冒、发烧等都会引起肾上腺素的增多,导致患者体内出现高血糖症状。因此,在患病的情况下应当积极配合治疗,以免到时血糖严重超标。

4. 增加血糖检测频率

当血糖水平超标时应当每日增加血糖监测的次数,直到血糖恢复为正常水平。

5. 适量多喝水

机体脱水也会引起血糖的升高,多喝水可以冲淡血液、降低血糖水平,产生饱腹感,降低食欲,有利于血糖的控制。

二、与糖尿病症相关的营养因素

糖尿病的产生与不合理的膳食结构密切相关,改变不合理的膳食结构,形成平衡膳食、合理营养的习惯,是预防和治疗糖尿病的基本措施。影响糖尿病的营养因素有很多,主要有

糖、脂肪、蛋白质、膳食纤维、微量元素、维生素及其他膳食成分。

(一) 糖

碳水化合物的摄入应合理。碳水化合物主要包括：单糖(葡萄糖、果糖、半乳糖等)、双糖(蔗糖、乳糖、麦芽糖等)和多糖(淀粉类)。目前，主张糖类占总能量的50%～65%为宜，但空腹血糖高于11.1 mmol/L，尿糖较多时须限制糖类的摄入量。单糖和双糖的吸收比多糖要快，在肠道内不需要消化酶，可被血液直接吸收，使血糖迅速升高，而且摄入过多含单糖和双糖的食物会促使体内甘油三酯的合成、升高血脂，因此，糖尿病患者要减少单糖和双糖的摄入，但当病人出现低血糖时，则要补充单糖和双糖，促使血糖迅速恢复正常水平。最新研究显示：糖尿病患者睡前补充糖类，可增加血液胰岛素浓度、抑制夜间脂肪酸浓度过高，并改善糖耐量和C肽反应，而对餐后甘油三酯的含量无影响。

(二) 脂肪

糖尿病患者应控制脂肪的摄入量，采用低脂的蔬菜性食物，减少动物性食品与油脂。脂肪的含量应少于每日总热量的30%。最好以多不饱和脂肪酸取代易堵塞动脉的饱和脂肪酸，用单不饱和脂肪酸取代更佳。日常可适量摄取奶制品、豆油、葵花籽油、核桃油、红花油、大豆色拉油和坚果类食物补充不饱和脂肪酸。

(三) 蛋白质

糖尿病患者膳食中蛋白质的供给量应充足。部分患者担心蛋白质增加会导致肾脏的负担加重，但当肾功能正常时，糖尿病患者的膳食蛋白质应与正常人近似。目前，主张蛋白质应占总能量的10%～20%。植物蛋白的生理价值低于动物蛋白，所以在膳食中应适当控制植物蛋白的摄取，尤其在合并肾病时，应控制植物蛋白的食用。糖尿病患者选择蛋白质时需要注意选择富含蛋白质食物的脂肪含量。选择动物性蛋白质时应注意选择低脂肪肉类，如瘦牛肉、瘦猪肉、淡水鱼等。

(四) 膳食纤维

糖尿病患者应注意膳食纤维的摄取，因为膳食纤维在一定程度上可以减缓食物在肠道内的消化和吸收的速度，使糖分的吸收维持缓慢而稳定的状态，胰岛素水平相对升高，使血糖维持正常的浓度。对于正在控制体重而且限制热量的Ⅱ型糖尿病患者而言，膳食纤维还能增加饱腹感，减少热量的摄入。因此，主张糖尿病患者饮食中增加膳食纤维的量，建议每天摄入25～35 g。全麦、大麦、燕麦、豆类、蔬菜、水果都含有丰富的膳食纤维，可以提供充足的营养。

(五) 微量元素

糖尿病与微量元素之间存在密切联系，锌、锰、铁、镁、磷等与糖尿病的发病及并发症的发生、发展存在一定的关系。微量元素铬是胰岛素发挥作用的辅助因子，在糖代谢中起着重要的作用。给糖尿病患者补充适量铬(糖耐量因子)，可以增加葡萄糖的利用，加速琥珀酸的氧化。微量元素锌可协助葡萄糖在细胞膜上的运转，促进胰岛素的结晶化，增加胰岛素的活性，锌缺乏会影响机体对胰岛素的敏感性，表现为胰岛素抵抗。微量元素锰通过影响胰岛素的代谢而影响糖代谢,直接影响葡萄糖的生成。锰对胰岛素合成量的影响可能是通过胰岛素 B 细胞进行的,导致自由基受到损伤。微量元素锂具有调节内分泌的功能,既可以降低血糖,也可以升高血糖。很多研究表明:铬对糖尿病的治疗也有一定的效果,其可改善糖耐量。

(六) 维生素

影响糖尿病发生的维生素有 B 族维生素、维生素 C、维生素 D 和维生素 E。糖尿病患者经常处于高血糖状态,糖代谢过程要消耗维生素 B_1,因此,维生素 B_1 必然经常处于潜在性不足的状态。维生素 B_1 缺乏可引起周围神经功能障碍,严重时发生韦尼克脑病(急性出血性脑灰质炎),周围神经功能障碍是糖尿病患者常见的症状。糖尿病患者体内维生素 B_1 水平明显低于正常人,因此,糖尿病患者适当补充维生素 B_1 是有益的。维生素 B_6 与糖原异生、糖酵解等相关的辅助作用有关。维生素 B_6 可使人体组织代谢正常进行,缓解由于糖尿病引起的肾脏病变;同时维生素 B_6 还能预防糖尿病性视网膜病变、减少血中糖化血红蛋白,改善糖耐量。研究发现因缺乏维生素 C 而导致坏血病的豚鼠,糖耐量显著下降,因坏血病引起的血管病变和糖尿病引起的血管病变有相似之处,因此,维生素 C 可能有预防糖尿病性血管病变的作用,并能预防糖尿病患者发生感染性疾病。研究发现,糖尿病患者血中糖化血红蛋白增加的同时,维生素 E 浓度也随之升高,这是为防止过高血糖引起的有害作用而出现的反应。如果维生素 E 不随之增加、平衡被破坏,则血管内皮细胞将遭到破坏,并伴随低密度脂蛋白胆固醇在血管壁进行氧化反应,而引起血管并发症。适当补充上述维生素对糖尿病患者是有益的,但并非越多越好,超量使用也可能引起不良后果。

(七) 其他膳食成分

大蒜素、仙人掌、苦瓜、芦荟对糖尿病患者的治疗具有积极的作用。大蒜素可明显改善糖尿病患者"三多一少"的症状,空腹血糖明显下降,其降糖作用主要是通过增强内源性胰岛素样物质的作用。仙人掌、芦荟、苦瓜能不同程度地降低无症状期糖尿病患者的空腹血糖在餐后 2 h 的血糖,苦瓜的降糖作用最明显,可以使空腹血糖降至正常水平。

三、糖尿病症患者运动时应遵循的营养安排

(一) 确定每日所需总热量,严格控制热量的摄入

运动锻炼会消耗机体的能量,耗能增加,锻炼后会增加食欲,在锻炼期要控制总能量的摄入。维持总能量的目的是保证机体可以进行正常的生活而不受影响,如果运动后大量摄食补充能量,则会增加胰岛素抵抗,降低胰岛素的敏感性,不利于糖尿病的治疗。提供能量的三大能源物质(糖、脂肪、蛋白质)应分别占总热量的 55%~60%、25%~30%、10%~15%。

(二) 保证均衡饮食

糖尿病患者在锻炼中除了消耗一定量的能量外,微量元素、无机盐、矿物质也有不同程度的丢失,因此,运动后应注意荤素搭配,保证营养素的摄入均衡。

(三) 膳食纤维的摄入

膳食纤维有助于增加饱腹感,吸附胆固醇和脂质,降低餐后血糖水平,减缓机体糖的吸

收,摄入量每天不少于 30 g。水果和绿叶蔬菜中的膳食纤维含量较多,薯类食物中也含有大量的膳食纤维。

(四) 保持良好健康的生活方式

日常生活中少吃零食,饮食规律,减少食盐的摄入量,不吸烟,少饮酒或不饮酒。

第四节　骨质疏松症患者的运动营养

随着人民生活水平的提高和人口老龄化进程的发展,骨质疏松症的发病率呈现逐年上升的趋势。骨质疏松症是威胁老年人健康的老年退行性疾病之一,它是以骨量减少,骨组织微结构恶化,并且伴随着骨脆性增高,骨折的敏感度增加的全身性骨骼疾病。骨质疏松症被称为"静悄悄的疾病",其发病率已跃居常见病的第七位,被称为"21 世纪的流行病"。世界卫生组织将每年的 10 月 20 日定为"国际骨质疏松日",加强骨质疏松症的防治力度。骨质疏松症的发生除了受遗传因素的影响外,年龄、性别、生活方式、运动等都是影响因素。其中运动和饮食是可以通过自我调控进行管理的。

一、骨质疏松症

骨质疏松症是多种原因引起的骨疾病。骨质疏松症的发病较缓慢,以骨骼疼痛、骨折危险度增加为主要特征,一般生化检查正常。

(一) 骨质疏松症的病因

1. 内分泌因素

导致骨质疏松症的激素主要有雌激素、甲状旁腺激素、降钙素、甲状腺激素、活性维生素 D、雄激素、皮质类固醇激素及生长激素。在这些激素中,性激素具有决定性的作用,尤其对女性的影响更为显著。

2. 营养因素

蛋白质、钙、磷、镁、维生素 D、维生素 C 和微量元素与骨的代谢有着密切的关系。有的参与骨合成,有的参与骨代谢过程。钙缺乏会导致胃酸分泌不足,胃肠功能变差,影响钙质和蛋白质的吸收。维生素 C 缺乏会影响骨胶原纤维的成熟而影响骨质的形成。维生素 D 缺乏会影响钙在肠道的吸收和利用。

3. 机械应力作用

正常情况下,人体的骨骼在外力负荷的作用下会加速生长,并增加骨密度。而当外力作用消失及长期处于静止状态时,骨骼受到的刺激减小,破骨细胞相对活跃,造成骨骼中的钙溶出,钙排出增加,最终导致骨质疏松症。

4. 疾病因素

一些全身性的疾病,比如甲状旁腺、甲状腺功能亢进、糖尿病、肝肾疾病等都会引起骨质疏松的发生,长期使用皮质激素及抗癫痫药物也会形成骨质疏松症。

5. 运动

适宜的体育运动可增加骨细胞的活性,对成骨细胞产生刺激,增加骨质的形成,有利于骨的形成。随着增龄,人体内的骨骼系统和肌肉功能出现退行性变化,而运动不仅可以增加肌肉含量,提高肌肉质量,使骨骼得到更好的保护,防止骨流失,而且运动产生的重力负荷可以促进机体骨量的增加,增加骨密度,预防和延缓骨质疏松症的发生。

(二) 骨质疏松症的分类

1. 根据骨质疏松症的病因分类

(1) 原发性骨质疏松症:老年性骨质疏松症、绝经后骨质疏松症。

(2) 继发性骨质疏松症:甲亢性骨质疏松症、糖尿病型骨质疏松症等。

(3) 原因不明特发性骨质疏松症:遗传型骨质疏松症、妊娠期暂时性骨质疏松症等。

2. 根据骨质疏松症发生的范围分类

(1) 全身性骨质疏松症:老年性骨质疏松症、糖尿病性骨质疏松症等;

(2) 局部性骨质疏松症:类风湿性关节炎型骨质疏松症等。

(三) 骨质疏松症的症状

1. 骨痛

骨痛是骨质疏松症的主要症状之一,原发性骨质疏松症可出现不同部位、不同程度的疼痛,以腰背部疼痛最为明显。仰卧或坐位时疼痛减轻,直立、久坐疼痛加剧,白天疼痛较轻,夜间疼痛加剧。女性患者疼痛发生率占80%以上,部分患者可出现腓肠肌阵发性痉挛,而男性则往往不明显。

2. 身长缩短、驼背

人体发生骨质疏松症后,脊柱椎体内部的骨小梁萎缩、吸收,数量减少,负重能力减小。受压的椎体疏松、前倾、弯曲,使脊柱高度逐渐压缩压扁,从而导致缩短变矮,驼背现象出现。

3. 内脏功能障碍

骨质疏松导致椎体缩短变形,椎体前倾,弯曲加深,胸廓出现凹陷变性,从而影响呼吸功能。临床常见胸闷、气短、呼吸困难等心肺功能病变。

4. 骨折

骨折是骨质疏松症最常见和最严重的并发症,对机体的危害非常大,会进一步导致骨量的流失。

5. 妊娠暂时性骨质疏松症

通常出现在妊娠晚期或分娩后3个月内,患者突然急性腰背部或髋骨疼痛,可发作为单侧或双侧。

(四) 骨质疏松症的诊断

1. X线检查

骨量减少到30%以上,X线检查才能显示病变,因此,早期骨质疏松症难以发现,且误差较多。

2. 骨密度测定

骨密度测定是检验骨质疏松症的金标准。诊断时要根据临床情况进行分析,了解妇女是否绝经、有无脆性骨折史、家族遗传史、有无容易合并骨质疏松症的疾病(甲状腺疾病、糖尿病、肾脏疾病等)等。

3. 生化指标检测

检测血钙、血鳞、血清碱性磷酸酶(ALP)、尿羟脯氨酸(HOP)、骨代谢激素(甲状旁腺素、降钙素等)。生化指标的检测只能反映体内骨代谢的状况,说明骨质疏松症的病理变化,可作为骨质疏松症诊断参考,但不是特异性指标。

(五) 骨质疏松症的治疗

1. 早期治疗

人体骨量在30～35岁达到峰值,因此,在峰值骨量到达以前需要促进骨沉积,增加骨密度,增强骨强度,可以延缓随着增龄造成的骨量流失速度。

2. 补钙的同时注意维生素D的补充

骨量随着人体的衰老逐年减少,是不可逆的,因此补充钙剂和维生素D要尽早。老年人发生骨质疏松症是必然的趋势,有些人认为补钙越多越好是错误的。补钙而不注意钙的吸收则不会起到延缓骨质疏松症的发生速度,维生素D尤其是其活性形式 $1,25\text{-}(OH)_2D_3$ (骨化三醇)通过作用于靶器官小肠黏膜,对维生素D受体发挥作用,刺激胃肠道对钙的吸收,提供正常组织所需钙化原料。可选用钙和维生素D的复合剂,每日服钙600 g,维生素D400单位即可。常用的补钙药物有钙尔奇等。

3. 雌激素治疗

雌激素通过刺激雌激素受体骨细胞对骨骼产生影响,从而影响骨量的发展。妇女到了更年期前后,体内雌激素含量明显减少,骨骼中的钙质脱出血液经尿液排出体外。在雌激素含量明显不足的情况下,单纯服用钙片和维生素D不能使骨骼中的钙增多,必须同时服用雌激素。常用的雌激素药物有植物雌激素(大豆异黄酮等)、尼尔雌醇等,但患有子宫肌瘤或乳腺增生等病者则不能服用。

4. 男性骨质疏松症的治疗

在医生的指导下服用脱氢表雄酮、十一酸睾酮片等能提升血液中睾酮的含量,使骨骼中的钙增多,从而达到防治骨质疏松症的目的。

5. 综合治疗

在服用钙片、维生素D和雌激素的基础上,根据病情添加降钙素、氟化钠片等有利于刺激骨细胞活性,增加钙沉积,抑制骨吸收的药物。

6. 中药治疗

中药治疗骨质疏松症有一定的优势,通过综合调理,可以达到补肾壮阳、改善症状的作用。

二、与骨质疏松症相关的营养因素

营养与骨质疏松症的发病率紧密相关，良好的膳食营养是维持骨骼正常发育的基础。和骨质疏松症相关的营养素有蛋白质、钙、磷、维生素 D、微量元素、维生素 K、膳食纤维、植物激素等。

（一）蛋白质

蛋白质是人体组织的重要组成部分，参与人体一切组织细胞的合成，构成和修补人体的组织。然而摄入过多或过少蛋白质对人体健康都不利。当蛋白质过少，骨骼的生长发育会受到影响，骨基质不牢固，相反摄入过多则会导致骨骼中的钙加速排出体外，加速骨质疏松症的发生。日常生活中会发现有些营养很好的人也会发生骨折的原因就是因为鸡、鸭、鱼等动物蛋白摄入过多。

（二）钙

钙质不足是引起骨质疏松症的重要原因之一。我国营养学会颁发的膳食营养标准规定，老年人每日应摄入的钙质为 500 mg。然而，当前我国老年人摄入的钙质平均不足 500 mg，因此，导致骨质疏松症的发病率增高。在机体出现低钙摄入量时添加钙制剂有利于骨密度的增加，减少骨折发生率，而且补充钙能有效防治机体各个部位的骨质丢失。口服钙剂方便、安全、易吸收等优点适用于长期的医疗和保健。因此，保证有规律地进行补钙对防治骨质疏松症是非常有必要的。

（三）维生素 D 及其活性产物

维生素 D 是骨代谢的重要调节激素之一，维生素 D 可以促进人体磷和钙的吸收，是造骨的必需原料，因此缺少维生素 D 会得佝偻病。鱼肝油、动物肝、蛋黄中的维生素 D 含量较丰富。轻到中度的维生素 D 缺乏会导致继发性甲状旁腺功能亢进，导致骨转化标记物水平的升高，降低骨密度。而维生素 D 最重要的活性物质 $1,25-(OH)_2D_3$ 能促进肠道对钙的吸收，并且调节骨质的钙化，有利于钙沉积，延缓骨质疏松的发病速度。晒太阳得来的维生素 D 并不够吸收补充的钙，所以一般补钙要同时补充维生素 D。

（四）磷酸盐类

磷酸盐是元素磷自然产生的形态，磷可以促进骨基质的合成和骨矿物质的沉积，在低磷饮食的状态下，低血磷可刺激肾合成 $1,25-(OH)_2D_3$，使血中 $1,25-(OH)_2D_3$ 水平升高，增加骨的重吸收。高磷会造成骨代谢的紊乱，减少血中的 $1,25-(OH)_2D_3$，而且血磷过高时，钙进入血浆与磷形成不接力的钙-磷复合物，降低钙含量，结果刺激甲状旁腺素分泌增加，促进骨吸收，增加血钙。

（五）微量元素

微量元素氟、铜、锌、锰、硒等对骨代谢存在各种影响，不但与骨代谢有关，还与骨基质存在密切的联系。

(六) 维生素 K

近年的研究发现维生素 K 与骨代谢有密切的关系。维生素 K 是骨钙素中谷氨酸-γ-羧化酶的辅酶。可促进骨矿物沉积和骨的形成;通过降低尿钙的排出而影响骨代谢,参与调节体内钙平衡。而且维生素 K 还能抑制骨吸收激活因子(IL-1、IL-6),抑制破骨细胞活性和骨吸收,从而提高骨胶原蛋白的质量,并最终提高钙的结构力学性能。

(七) 膳食纤维

膳食中纤维素并不是越多越好,每人每日摄入的膳食纤维不能少于 35 g,当每日摄入量超过 50 g 时。就会干扰钙质在肠道内的吸收,使骨骼在发育和代谢中缺少钙质,诱发骨质疏松症。

(八) 植物激素

大量的研究表明,雌激素对女性预防骨质疏松具有决定性的作用,适当补充激素和钙可以防止骨量的流失。豆科植物中的大豆异黄酮与雌激素结构相似,又称为"植物雌激素"。它在体内与雌激素受体相结合,对骨细胞产生积极的影响,具有潜在的预防骨质疏松症的作用。

三、骨质疏松症患者运动时应遵循的膳食营养安排

(1) 骨质疏松症患者运动锻炼时,需要注意保持合理饮食,锻炼后多食用含钙、磷高的食物,但要注意钙磷比(正常比值为 2∶1)。含钙磷高的食物有海产品、牛奶、乳制品、鸡蛋、粗粮类、绿叶蔬菜等。

(2) 保持良好的生活方式,不吸烟不喝酒,少喝浓茶、咖啡及含碳酸的饮料,不挑食,不偏食,少吃糖及食盐,以免影响钙、磷的吸收。

(3) 多在户外进行运动,不仅可以增加骨强度,而且可以促进钙的吸收。

(4) 对绝经前后的女性可以适当补充雌激素类药物,促进骨吸收,增加骨密度,延缓骨流失。

(5) 锻炼后不可摄入过多动物性蛋白,因为锻炼后机体内部的酸度增加,蛋白质的增加会增加钙的排泄。

第五节 肥胖症患者的运动营养

肥胖是一种常见的营养障碍性疾病,目前已与艾滋病、吸毒和酗酒并列为世界四大生活难题,被公认为是困扰人类健康的重要顽症之一。据不完全统计,全世界肥胖症正在以每 5 年翻一番的速度增长,目前,患者已近 5 亿,每年由肥胖造成的直接死亡人数已达 30 万。我国目前超重和肥胖症的患病率分别为 22.8% 和 7.1%,现有超重和肥胖患者分别为 2 亿人

和6000万人。尤其值得注意的是,我国儿童超重和肥胖的发病率明显增加。肥胖症不仅仅是一种疾病,还是多种疾病的危险因素。因此,如何预防和治疗肥胖症将是我国未来社会需要面临的重大健康问题。

一、肥胖

肥胖是由于食物摄入过多或机体代谢的改变而导致体内脂肪积聚过多造成体重过度增长与脂肪层过厚,引起人体病理、生理改变的一种状态。

(一) 肥胖的评判标准

1. 标准体重

标准体重(kg)=[身高(cm)-100]×0.9,超过标准体重的10%称为超重,超过20%则判定为肥胖。其中:

男性:标准体重(kg)=身高(cm)-105

女性:标准体重(kg)=身高(cm)-100

2. 肥胖度

肥胖度=(实际体重-标准体重)÷标准体重×100%

(1) 体质指数(BMI)

BMI(kg/m^2)=体重(kg)÷身高(m)的平方

轻体重:BMI<18.5,

健康体重:18.5≤BMI<24

超重:24≤BMI<28

肥胖:BMI≥28

(2) 腰臀比:测量腰围和臀围的大小,腰围/臀围即为腰臀比。女性腰臀比>0.85,男性>0.9即为肥胖。

(3) 生物电阻法:利用生物电阻法可精确计算出人体脂肪含量,正常人体脂肪含量在35岁以前>27%;35岁以后>29%,即为肥胖。

(二) 肥胖的分类

1. 单纯性肥胖

肥胖症是指单纯性肥胖。

(1) 体质性肥胖:与遗传有关,在出生后或出生半岁左右出现肥胖症状。

(2) 获得性肥胖:一般在20~25岁开始,与生活方式、运动量不足、营养过剩或其他因素为特点,使得全身脂肪过度增生,能够合并多种疾患的慢性疾病。获得性肥胖约占肥胖病人总数的95%。

2. 继发性肥胖

继发性肥胖约占肥胖病人总数的5%,常由药物和疾病引起,治疗应以处理原发病为目标。

(三) 肥胖的治疗

1. 中医疗法

中医看病提倡望、闻、问、切,辨证论治,可根据病因确定适当中药疗法。减肥当以健脾益气、疏肝行气、活血化瘀等为主,以行气消食、降脂消痰、疏理三焦等法为辅,从而调节整个机体功能,加速体内多余脂肪的分解,达到减肥消胖的目的。如陈皮、川朴、苍术等健脾益气,化痰祛湿;川芎、柴胡、红花等行气解瘀等。

2. 西医疗法

服用苯丙胺类、维洛沙秦等具有抑制食欲的药物,减少摄食量,从而达到减肥的目的。

3. 运动疗法

肥胖患者体内的脂肪量堆积过多,通过运动可以有效地消耗多余的脂肪,加速脂肪的分解,有效减少脂肪。运动疗法因其健康、安全的特点得到大多数减肥人群的推崇,但运动应适度。

4. 饮食疗法

肥胖症患者平时应严格控制饮食,营养适度,成年男性每天的总热量摄入为 6 270～8 360 kJ(1 500～2 000 kcal),蛋白质每天每千克体重为 1 g,碳水化合物每天 150～200 g,其余以脂肪补充,并给予足量的维生素;控制动物脂肪的摄入,保持低盐饮食,戒烟酒。

二、与肥胖症相关的营养因素

(一) 碳水化合物

碳水化合物消化吸收快,会刺激胰岛素的分泌,促使糖转化为脂肪贮存起来,耐饥饿性较差,易诱发食欲。糖类,尤其是单糖类中的蔗糖、果糖等在体内转变为脂肪的可能性很大,并能提高甘油三酯的水平,所以应该严格限制糖,尤其是单糖类的摄入。一般认为,减肥时应采取低碳水化合物膳食,每日供给量以 100～200 g 为宜,但不宜少于 50 g,否则,会引起体脂过度动员引起酮症酸中毒。

(二) 脂肪

在减肥中脂肪的热能比以低于 30% 为宜。烹调油以含不饱和脂肪酸较多的植物油为好,应尽量减少含饱和脂肪酸较多的动物性脂肪的数量,如肥肉、动物油。

人体脂肪代谢与脂肪细胞的特性有关。脂肪组织由白色脂肪和棕色脂肪组成。当前的研究认为,肥胖的发生可能与棕色脂肪的功能下降有关。棕色脂肪功能障碍会引起热能代谢不平衡,使摄入体内的能量不能以热的形式散发出去,而在体内转化为脂肪。另外,白色脂肪细胞的数量和体积也与肥胖有关。正常情况下,脂肪细胞中脂肪的合成和分解代谢保持平衡,如果该平衡一旦被打破,脂肪的合成大于分解,则肥胖症就会发生。

(三) 膳食纤维

膳食中的膳食纤维具有高膨胀性和持水性,有利于增加饱腹感,吸附胆固醇、胆酸的作用,同时,膳食纤维有利于延缓糖类的吸收,降低食物的消化率,达到控制体重和减肥的目的。日常生活中保持低盐饮食,有利于减少水潴留,使体重下降,对防治肥胖并发症具有重要的作用。

(四) 其他影响因素

酒精的热量较高,每克酒精产热 294 kJ(70 kcal),因此,要控制饮酒量。

三、肥胖症患者运动时应遵循的膳食营养原则

(一) 严格限制每日热量,食物均衡比热量更重要

通过科学计算每日所需热量,限制热量的摄入。肥胖症患者在进行运动锻炼时,会消耗大量的热量,导致食欲增加,因此,锻炼后的饮食中要注意控制能源物质的摄入,使机体形成能量负平衡,促进机体内脂肪的消耗。限制热量的饮食应减少薯类、谷物类、肥肉、甜点、坚果等含脂肪、含糖较高的食物。很多肥胖症患者对热量控制很严格,但是饮食不均衡,对酸碱性食物的问题很纠结,认为碱性食品可以大量摄取,酸性食物严格限制,碱性食物的物质比较理想,但是机体在进行剧烈运动后需要酸性物质补充组织的必要营养成分,所以应该保证膳食摄入的均衡性。

(二) 养成良好的饮食习惯和生活方式

饮食尽量清淡,少吃刺激性的食物,做饭时尽量少放调味品,进餐时细嚼慢咽,少吃多餐,戒烟酒或少饮酒。

(三) 营养干预

减肥是一个长期的过程,需要持之以恒。研究发现运动结合营养干预对肥胖症患者的减肥效果更佳。生物活性物质以及常见的蔬菜水果等对治疗肥胖发挥着重要的作用。膳食纤维、微量元素铬和绿茶提取物均可以促进体重的下降,其中前两者有利于抑制食欲的功效,绿茶具有促进能量消耗的作用,在锻炼期间补充对减肥效果更好。食物中黄瓜含有丙醇二酸有助于抑制糖向脂肪的转化;萝卜中含有芥子油有利于体内脂肪的新陈代谢减少体内脂肪的堆积等。因此,日常生活中我们应该注意对食物功效的了解,有的放矢。

课后作业

1. 试述各种慢性疾病的症状及其运动营养所应遵循的原则。
2. 试述怎样诊断高血压、高脂血症。
3. 高血压和高脂血症的治疗有何异同点?二者有何关系?
4. 思考高血压、高脂血症、糖尿病、肥胖症几种疾病之间是否存在必然的联系,并说出你的看法。
5. 营养与骨质疏松症有何关系,骨质疏松症患者的运动营养应该遵循怎样的原则?

附录 A

一般活动的能量消耗率如表 A-1 所示。

表 A-1 一般活动的能量消耗率

动作名称	kcal/(m² · min)	kcal/(kg · min)
睡眠	0.66	0.015 7
卧着休息	0.78	0.021 5
坐着休息	0.91	0.022 3
站立等候	0.96	0.026 3
穿脱衣服	1.64	0.045 2
洗脸刷牙	1.06	0.029 2
大小便	0.98	0.027 0
洗澡	1.11	0.030 5
吃饭	1.19	0.032 7
铺床	1.84	0.050 7
洗衣	2.11	0.058 0
擦窗户	1.98	
提水	3.69	0.101 5
做饭	1.59	0.043 7
擦地板	2.77	
大扫除	3.36	0.092 3
织毛衣	0.98	0.027 6
理发	1.45	0.039 8
谈话(坐)	1.03	0.028 3
谈话(站)	1.19	
步行(110步/分)	2.45	0.067 3
上下山坡	2.79	0.076 7
挑水	4.14	0.113 8
扫地	1.49	0.040 0
散步	1.48	0.040
上下楼	2.79	0.076 7
乘车(坐)	1.23	0.033 8
乘车(站)	3.65	

续表

动作名称	kcal/(m² · min)	kcal/(kg · min)
骑自行车 8.5 km/h	2.11	0.050
骑自行车 10 km/h		0.070
骑自行车 15 km/h		0.100
骑自行车 20 km/h		0.143
听课	0.99	0.027 3
自习、阅读	1.18	0.032 5
讨论	1.03	0.028 3
写字	1.19	0.032 7
看电影	0.96	0.026 3
整理书信	1.77	0.048 7
打扑克、下棋	1.03	0.028 3
唱歌	2.22	0.061 0
跳集体舞	4.03	
吹口琴	1.77	0.048 7
跳广播操	2.77	0.076 6
打康乐棋	1.77	0.048 7
打电话	1.11	0.030 5
开会	0.81	0.022 3
剪指甲	0.93	0.025 5

各项运动的能量消耗率如表 A-2 所示。

表 A-2 各项运动的能量消耗率

运动项目		RMR	4 184 J/(kg · min)
步行	速度/(m/min)		
	60	1.9	0.053 4
	70	2.4	0.062 3
	80	3.1	0.074 7
	90	4.0	0.090 6
	100	5.0	0.108 3
	110	6.4	0.133 1
	120	8.5	0.170 3
体操	广播体操	2~5	0.055 2~0.108 3
	准备体操	2~4	0.055 2~0.090 6
	竞技体操 鞍马	23	0.426 9
	双杠	27	0.497 7
	单杠	37	0.974 7
	跳马	75	1.347 3
	吊环	26	0.480 0
	自由体操	24	0.444 6

续表

运动项目			RMR	4 184 J/(kg·min)
跑步	比赛	100 m	205	3.648 3
		400 m	95	1.701 3
		1 500 m	30	0.550 8
		10 000 m	17	0.320 7
		马拉松	15.6	0.295 9
	练习	短距离	5.1	0.110 5
		中距离	7.7	0.156 1
		长距离	6.7	0.138 4
投掷		铅球	54~56	0.975 6~1.170 3
		铁饼	58~70	1.046 4~1.058 8
		链球	89~134	1.595 1~2.391 6
		标枪	100	1.789 8
		投掷练习	4.4~9.0	0.097 7~0.179 1
跳		跳远	65~116	1.117 2~2.073 0
		三级跳	126~165	2.250~2.940 3
		撑竿跳	99~125	1.752 3~2.232 3
		跳高	68~78	1.223 4~1.400 4
		跳跃练习	4.6~6.1	0.101 2~0.127 7
游泳比赛		100 m 爬泳	47	0.851 7
		1500 m 爬泳	21	0.391 5
		100 m 仰泳	45	0.816 0
		100 m 蛙泳	40	0.727 8
		100 m 蝶泳	56	1.011 0
		长距离	6~8	0.126 0~0.161 4
硬地网球	男	单	10.9	0.212 7
		双	7.7	0.156 1
	女	单	8.6	0.172 0
		双	6.3	0.131 3
软地网球	男	前卫	4.5	0.099 5
		后卫	7	0.143 7
	女	前卫	3.2	0.076 4
		后卫	6.1	0.127 8
羽毛球	男	单	6.6	0.136 6
		双	5.3	0.113 0
	女	单	5.1	0.110 1
		双	3.3	0.078 2
	练习(女子)		7.4	0.150 8

续表

运动项目			RMR	4 184 J/(kg·min)
乒乓球（大学生）			7.3	0.149 0
橄榄球	比赛 (50 min)	前锋	11.5	0.223 4
		后卫	10	0.196 8
		队平均	11	0.214 5
	练习	前锋	7.6	0.155 2
		后卫	6.9	0.141 9
旱冰	练习（男）		3～5	0.090 6
	练习（女）		6.6～8.3	0.152 5
速滑比赛	500 m		54	0.975 6
	1 500 m		25	0.462 3
	5 000 m		17	0.320 7
	10 000 m		15	0.285 3
	冰上练习（女）		7	0.143 7
滑雪	平地		3.3～6.5	0.078 2～0.134 8
	上坡 5°		6.0～7.4	0.126 0～0.150 8
	直滑降下		5.9～10.9	0.124 2～0.212 7
	障碍		23.4	0.434 0
举重	推举		88	1.577 4
	抓举		104	1.860 6
	挺举		104	1.880 6
柔道	比赛		10～16	0.196 8～0.303 0
高尔夫球（平均）			3.6	0.083 5
击剑比赛			6.6～18.6	0.136 6～0.349 0
自行车	平地 10 km/h		3.4	0.080 0
	平地 15 km/h		5.7	0.120 7
	上坡 10 km/h		7.2	0.147 2
	上坡 15 km/h		13.6	0.260 5
	下坡		0.4	0.026 9
公路自行车 38 km/h			12.5	0.241 0
健身运动	哑铃		11～12	0.223 4
	杠铃		6.8～10.5	0.140 2～0.205 7
	腹肌练习		7.6	0.154 3
	平均		9.4	0.186 2

注：RMR 为相对能量代谢率，表示运动强度指数，其优点是消除了个体大小的差异。
RMR＝运动代谢量/基础代谢量。

男子体操专项运动的热能消耗率如表 A-3 所示。

表 A-3 男子体操专项运动的热能消耗率

运动项目名称		RMR	热能消耗率/[(kcal/(kg·min)]
吊环	规定联合动作	30.6	0.587 3
	自选联合动作	23.5	0.445 1
	自选全套动作	27.0	0.520 8
鞍马	基本动作	51.8	0.980 2
	规定联合动作	58.2	1.106 5
	自选全套动作	41.9	0.795 8
单杠	基本动作	31.9	0.611 1
	规定联合动作	48.0	0.909 5
	自选全套动作	42.2	0.802 1
双杠	规定联合动作	34.8	0.664 8
	自选全套动作	27.9	0.537 4
自由体操	规定全套徒手动作	13.9	0.277 4
	技巧动作(空翻)	112.4	2.099 9
跳马	规定动作	71.4	1.341 5

女子体操专项运动的热能消耗率如表 A-4 所示。

表 A-4 女子体操专项运动的热能消耗率

运动项目名称		RMR	热能消耗率/[(kcal/(kg·min)]
平衡木	基本动作	14.4	0.269 3
	规定徒手动作全套	13.3	0.249 9
	自选徒手动作全套	11.2	0.212 9
	技巧动作(滚翻)	25.5	0.463 3
自由体操	规定徒手动作全套	16.2	0.301 2
	自选徒手动作全套	16.7	0.301 0
	技巧动作	4.21	0.735 7
高低杠	基本动作	17.3	0.319 7
	自选全套动作	24.0	0.435 9
跳马	规定动作	87.0	1.532 8

男子体操辅助运动的热能消耗率如表 A-5 所示。

表 A-5　男子体操辅助运动的热能消耗率

运动项目	RMR	热能消耗率/[kcal/(kg·min)]
柔软活动(压腿、拉韧带)	1.7	0.052 6
准备活动(上肢为主)	2.7	0.071 1
准备活动(下肢为主)	5.6	0.124 4
倒立(倒立架上)	6.1	0.133 7
腹肌练习(腿部负重 3.5 kg)	8.1	0.170 7
引体向上(12 次)	34.0	0.650 1
仰卧推举(12 次,60 kg)	32.1	0.614 5
推倒立(倒立架上推 10 次)	27.4	0.527 6
压十字(加橡皮带压 8 次)	37.0	0.705 0

女子体操辅助运动的热能消耗率如表 A-6 所示。

表 A-6　女子体操辅助运动的热能消耗率

运动项目	RMR	热能消耗率/[kcal/(kg·min)]
准备活动(上肢为主)	3.8	0.084 8
准备活动(下肢为主)	3.5	0.080 1
基本功(舞蹈动作)	3.0	0.071 0
倒立	3.9	0.085 8
推倒立(有助力,10 次)	11.9	0.225 4
腹肌练习	8.5	0.165 9
跳绳(双足跳 115 次/分)	15.2	0.283 3
拉力练习	9.7	0.187 6

武术运动的热能消耗率如表 A-7 所示。

表 A-7　武术运动的热能消耗率

项目名称	性别	完成全套动作时间/min	热能消耗率	
			kcal/(kg·min)	kcal/(m²·min)
杨氏简化太极拳	男	3.87	0.100 2	3.656 7
	女	3.27	0.073 9	2.455 4
吴氏简化太极拳	男	4.39	0.081 4	2.963 0
	女	4.17	0.073 9	2.597 0
太极剑	男	2.22	0.119 4	4.161 1
	女	2.08	0.122 8	4.228 9
少林拳	男	1.31	0.191 4	6.985 5
	女	0.94	0.249 7	8.769 5

艺术体操运动的热能消耗率如表 A-8 所示。

表 A-8　艺术体操运动的热能消耗率

动作名称		热能消耗率/[kcal/(kg·min)]	RMR
专项准备活动	步伐	.078 5	3.42
	舞姿控制	.074 8	3.2
	转体	.088	3.98
	踢腿和跳跃	.102 1	4.81
器械练习	绳	.085 9	3.85
	圈	.076 5	3.3
	球	.082 3	3.64
	棒	.071 9	3.03
	带	.076 8	3.32
全套动作	绳	.155 6	7.63
	圈	.145 2	7.12
	球	.158 9	7.79
	棒	.157 4	7.72
	带	.170 14	8.34

芭蕾舞的热能消耗率如表 A-9 所示。

表 A-9　芭蕾舞的热能消耗率

动作名称	热能消耗率/[kcal/(kg·min)]	
	男	女
准备活动	0.057	0.077
把杆	0.103	0.102
课堂中的跳跃	0.162	0.145
双人舞	0.155	0.152
独舞	0.190	0.151

各项运动的热能消耗率如表 A-10 所示。

表 A-10　各项运动的热能消耗率

项目	kcal/(kg·min)	项目	kcal/(kg·min)	项目	kcal/(kg·min)
准备活动:		缓慢行走		杨氏太极拳(女)	0.071 1
上肢	0.071 0~0.085 0	在平坦路上行走	0.093 0	吴氏太极拳(男)	0.081 4
下肢	0.080 0~0.124 4	1 h 7 km		吴氏太极拳(女)	0.073 9
拉力练习	0.187 6	慢跑	0.209 5	太极剑(男)	0.119 4
背肌练习	0.158 4	跳跑	0.262 6	滑雪:	
腹肌练习	0.165 9	武术:		中等速度	0.100 0~0.250 0
负重 3.5 kg	0.047 7	杨氏太极拳(男)	0.100 2	1 h 8 km	0.145 8

续表

项目	kcal/(kg·min)	项目	kcal/(kg·min)	项目	kcal/(kg·min)
1 h 9 km	0.150 3	快速收发报	0.031 6	挺举 90 kg	1.343 6
1 h 12 km	0.200 0	原地测向	0.052 4	挺举 100 kg	1.345 3
1 h 15 km	0.265 8	途中测向	0.102 8	挺举 110 kg	1.392 0
登山：		负重跑步	0.204 3	少林拳（男）	0.191 4
1 h 2 km		体操：		少林拳（女）	0.249 7
坡度 50°	0.107 0	拉韧带练习	0.052 6	快跑：	
坡度 70°	0.242 0	倒立	0.133 7	60 m	0.650 0
骑自行车：		跳马（女）	1.533 0	100 m	0.750 0
1 h 20 km	0.142 7	举重：		赛跑：	
1 h 10 km	0.153 3	推举	0.161 45	每分钟 200 m	0.175 0
游泳：		高抓 50 kg	0.858 4	每分钟 400 m	0.167 0
1 min 10 m	0.050 0	前下 45 kg	0.662 4	1 h 8 km	0.135 5
1 min 20 m	0.070 8	高抓 60 kg	1.272 3	1 h 12 km	0.179 7
1 min 50 m	0.170 0	高抓 70 kg	1.784 1	1h 15 km	0.187 5
骑马：		高翻 60 kg	1.163 1	剑术（长剑）	0.155 0
在练习场练习	0.067 7	高翻 70 kg	1.508 7	滑冰：	
在跑马场疾驰	0.128 3	高翻 80 kg	1.690 5	1 min 200 m	0.130 0
摩托车		窄接 125 kg	0.795 6	1 min 325 m	0.211 7
平地驾驶	0.049 5	后下 135 kg	0.356 8	划船：	
越野跑	0.136 1	抓举 50 kg	0.744 4	1 min 50 m	0.043 0
越野上下坡	0.134 1	抓举 60 kg	1.306 5	1 min 80 m	0.087 0
推车上坡	0.114 1	抓举 70 kg	1.414 4	摩托车	
沙地推车	0.198 4	抓举 80 kg	1.667 5	越野跳跃	0.138 2
修理工作	0.062 5	挺举 70 kg	1.048 7	投掷	0.183 3
无线电：		挺举 80 kg	1.073 2		

球类运动的热能消耗率如表 A-11 所示。

表 A-11 球类运动的热能消耗率

项 目	动 作 名 称	热能消耗率/[kcal/(kg·min)]
男篮	跑运投篮	0.240 7
	个人防守	0.217 8
	运球	0.578 9
	快攻	0.513 4
	全场比赛	0.209 5
女篮	投篮	0.169 4
	一对一防守	0.230 3
	三人快攻	0.470 8
	全场比赛	0.169 4

续表

项目	动作名称	热能消耗率/[kcal/(kg·min)]
男排	发球	0.121 4
	四角传球	0.205 5
	扣球	0.225 5
	捡球	0.100 4
女排	发球	0.097 4
	传球	0.169 7
	扣球	0.111 6
	捡球	0.111 4
	边线切入射门	0.187 1
	左右移动小角度射门	0.215 9

常用食物成分(每 100 g 食物)如表 A-12 所示。

表 A-12 常用食物成分(每 100 g 食物)

类别	食物名称	蛋白质/g	脂肪/g	碳水化合物/g	热量/kcal	粗纤维/g	钙/mg	磷/mg	维生素A/IU	胡萝卜素	硫胺素/mg	核黄酸/mg	烟酸/mg	维生素C/mg
谷类	小站稻	7.5	0.5	79	351	0.2	10	100	0		0.16	0.03		
	机米	7.5	0.5	79	351	0.2	10	100	0					
	小米	9.7	1.7	77	362	0.1	21	240			0.12			
	玉米面	9.0	4.3	73	367	1.5	22	310			0.13			
	高粱米	8.2	2.2	78	365	0.3	170	230	0					
	八一粉	9.4	1.4	75	352	0.4	25	162						
	八五粉	9.9	1.8	75	355	0.6	38	268						
干豆类	黄豆	39.2	17.4	85	413	4.2	320	570			0.40			
	赤小豆	20.7	0.5	58	319	4.9	67	305	0					
	绿小豆	22.1	0.8	59	332	3.1	34	222			0.22			
	豌豆	24.6	1.0	58	339	4.5	57	225			0.04			
	蚕豆	28.2	0.8	49	316	67	71	340	0					
豆类制品	青豆芽	15.5	4.9	8	138	0.9	29	23			0.08			
	黄豆芽	11.5	2.0	7	92	1.0	68	102			0.03			
	绿豆芽	3.2	0.1	4	30	0.7	23	51			0.04			
	豆腐浆	1.6	0.7	1	17	0	—	—						
	豆腐干	18.8	5.8	8	159	0.2	80	351						
	线粉	0.3	0	84.6	348		27	24	0					

续表

类别	食物名称	蛋白质/g	脂肪/g	碳水化合物/g	热量/kcal	粗纤维/g	钙/mg	磷/mg	维生素A（国际单位）	胡萝卜素	硫胺素/mg	核黄酸/mg	烟酸/mg	维生素C/mg
鲜豆类	青扁豆类	3.0	0.2	6	38	1.4	123	77		0.58				
	四季豆	1.9	0.8	4	31	0.9	66	49		0.30				
	豌豆	7.2	0.3	12	80	1.3	13	90		0.15				
	蚕豆	9.0	0.7	11	80	0.3	15	217		0.15				
	豇豆	2.4	0.2	4	27	1.4	53	63		0.89				
根茎类	胡萝卜(红)	2.0	0.4	5	32	1.8	19	23		2.11				
	胡萝卜(黄)	0.9	0.3	7	34	0.9	32	32		4.05				
	甜薯	2.3	0.2	29	127	0.5	18	20		2.46				
	红萝卜(小)	1.2	0.1	3	18	0.7	38	23		0.01				
	红萝卜(大)	0.8	0.1	7	32	0.8	61	28		0.01				
	青萝卜	1.1	0.1	6	29.	0.6	58	27		0.32				
	心里美萝卜	1.0	0.0	6	28	0.5	44	40		0.01				
	白萝卜	0.6	0.0	6	26	0.8	49	34		0.02				
	马铃薯	1.9	0.7	28	126	1.4	11	59		0.01				

参 考 文 献

[1] 王广兰.实用营养学[M].湖北:湖北人民出版社,2009.
[2] 孙长颢.营养与食品卫生学[M].7版.北京:人民卫生出版社,2012.
[3] 曹建民.体能与营养恢复[M].北京:北京体育大学出版社,2010.
[4] 张钧,张蕴琨.运动营养学[M].2版.北京:高等教育出版社,2010.
[5] 中国营养学会.中国居民膳食指南2016[M].北京:人民卫生出版社,2016.
[6] 陈吉棣.运动营养学[M].北京:北京医科大学出版社,2002.
[7] 高言诚.营养学[M].北京:北京体育学院出版社,1992.
[8] 葛可佑,中国营养师培训教材[M].北京:人民卫生出版社,2005.
[9] 吕晓华.运动营养学[M].成都:四川大学出版社,2005.
[10] 曹蔚.营养学理论与运动实践[M].贵阳:贵州人民出版社,2007.
[11] 赵斌,姚鸿恩.体育保健学[M].北京:高等教育出版社,2011.
[12] 段桂华.运动营养学[M].北京:新星出版社,2005.
[13] [澳]Louise Burke,Vicki Deakin.临床运动营养学[M].王启荣,译.西安:世界图书出版西安有限公司,2011.
[14] 顾丽燕.运动医务监督[M]:北京:北京体育大学出版社,2006.
[15] (澳)格伦·卡德维尔.运动营养金标准[M].任青,等,译.北京:人民体育出版社,2010.
[16] (美)B. A. 鲍曼,R. M. 拉塞尔.现代营养学[M].8版.荫士安,汪之顼,译.北京:化学工业出版社,2004.
[17] (英)安妮塔.比恩,佩吉.威灵顿.女性运动营养学[M].许勉君,译.汕头:汕头大学出版社,2004.
[18] 蔡东联,陈新年.实用营养师手册[M].上海:第二军医大学出版社,1998.
[19] 宋宏新,毛跟年,薛海燕.现代食品营养与安全[M].北京:化学工业出版社,2007.
[20] 宋春莉,张基昌.中医防治慢性病系列:高血压[M].西安:第四军医大学出版社,2013.
[21] 于康.高血压营养康复食谱[M].重庆:重庆出版社,2007.
[22] 李宁.高血压防与调[M].南京:江苏科学技术出版社,2015.
[23] 静思之.高脂血症防治一本通[M].北京:中国中医药出版社,2010.
[24] 张友毅.运动、营养与健康[M].成都:四川大学出版社,2011.
[25] 马建林,曾广民.高脂血症合理治疗答疑[M].北京:人民军医出版社,2008.
[26] 陈伟.糖尿病防与调[M].苏州:江苏科学技术出版社,2015.
[27] 刘兵.糖尿病的中医调养[M].武汉:湖北科学技术出版社,2008.
[28] 李维林,郑汉臣.治疗糖尿病的中草药[M].南京:东南大学出版社,2006.

[29] 万力生,顾宁.专家答疑解惑糖尿病[M].北京:化学工业出版社,2008.

[30] 徐明,徐时.应用功能性食物防治糖尿病[M].北京:人民军医出版社,2010.

[31] 王治元.糖尿病健康指南[M].北京:中国农业大学出版社,2009.

[32] 李绢.骨质疏松症诊治问答[M].北京:人民军医出版社,2003.

[33] 刘汴生.非常健康6+1:远离骨质疏松[M].南京:江苏科学技术出版社,2008.

[34] 张艳玲.肥胖症自我调养[M].北京:科学技术文献出版社,2010.

[35] 杨玺.肥胖症饮食调控[M].北京:科学技术文献出版社,2008.

[36] 邓先强,董俊球.健走运动对绝经后妇女雌激素及血脂的影响[J].西安体育学院学报,2006,23(4):68-70.

[37] 刘哑酱,张新梅.中老年人血脂血糖水平的影响因素[J].职业与健康,2007,23(15):1328-1329.

[38] 闫自强.高血脂的影响因素分析[J].第四军医大学学报,2007,28(14):13-14.

[39] 黄晓玲,郑玉聪.血脂异常治疗的新进展[J].医药世界,2006,(7):70-74.

[40] Ashraf R, Aamir K, Shaikh AR. et al. Effects of garlic on Dyslipidemia in patients with type2 diabetes mellitus[J]. J Ayub Medb CollAbbottabad,2005,17(3):60-64.

[41] 余飞苑,刘浩宇,刘锡仪,等.微量元素与血脂代谢及心血管疾病的关系[J].微量元素与健康研究,2005,22(5):10-12.

[42] 吴碧荔,刘浩宁,刘锡仪.微量元素的生物学作用及其与脂代谢和肥胖的关系[J].广东微量元素科学,2005,12(4):1-6.

[43] 余飞苑,刘浩宇,刘锡仪.高脂饮食对小鼠脂代谢和矿物元素代谢的影响[J].中国组织工程研究与临床康复,2007,11(8):1502-1504.

[44] 李俊杰,张照英,舒为群.镁抗动脉粥样硬化的研究进展[J].微量元素与健康研究,2003,20(2):49-52.

[45] 杨肯俊.锰缺乏对饲高胆心醇膳食大鼠脂质代谢的影响[J].现代预防医学,2001.28(3):349-350.

[46] WuY, SunZ, CheS, etal. Effects ofzincandselenium onthe disordersof blood glucose and lipid metabolism and its molecular mechanism in diabetic rats[J]. Weisheng Yanjiu,2004,33(1):70-73.

[47] 冯晓凡,张立实.大豆异黄酮对膳食诱导肥胖大鼠的影响及其作用机制研究[D].四川大学硕士学位论文,2006:30.

[48] 倪淑华,李秀花,刘霄枫,等.生姜对大鼠血脂代谢影响的研究[J].中国老年学杂志,2006,26(1):98-99.

[49] 唐前,张行志.血脂异常的诊疗新进展[J].湖北职业技术学院学报,2005,8(4):84-86.